Strategisches Affinity-Group-Management

Walter Schertler

Strategisches Affinity-Group-Management

Entwicklung serviceorientierter Community-Geschäftsmodelle

2., überarbeitete und erweiterte Auflage

Prof. Dr. Walter Schertler
Universität Trier
Deutschland

ISBN 978-3-8349-3159-7 ISBN 978-3-8349-6951-4 (eBook)
DOI 10.1007/978-3-8349-6951-4

Die Deutsche Nationalbibliothek verzeichnet diese Publikation in der Deutschen Nationalbibliografie; detaillierte bibliografische Daten sind im Internet über http://dnb.d-nb.de abrufbar.

Springer Gabler
© Gabler Verlag | Springer Fachmedien Wiesbaden 2012
Das Werk einschließlich aller seiner Teile ist urheberrechtlich geschützt. Jede Verwertung, die nicht ausdrücklich vom Urheberrechtsgesetz zugelassen ist, bedarf der vorherigen Zustimmung des Verlags. Das gilt insbesondere für Vervielfältigungen, Bearbeitungen, Übersetzungen, Mikroverfilmungen und die Einspeicherung und Verarbeitung in elektronischen Systemen.

Die Wiedergabe von Gebrauchsnamen, Handelsnamen, Warenbezeichnungen usw. in diesem Werk berechtigt auch ohne besondere Kennzeichnung nicht zu der Annahme, dass solche Namen im Sinne der Warenzeichen- und Markenschutz-Gesetzgebung als frei zu betrachten wären und daher von jedermann benutzt werden dürften.

Lektorat: Ulrike Lörcher, Katharina Harsdorf
Einbandentwurf: KünkelLopka GmbH, Heidelberg

Gedruckt auf säurefreiem und chlorfrei gebleichtem Papier

Springer Gabler ist eine Marke von Springer DE.
Springer DE ist Teil der Fachverlagsgruppe Springer Science+Business Media
www.springer-gabler.de

Vorwort zur 2. Auflage

Es ist schön, feststellen zu können, dass die Entwicklung einem Recht gegeben hat, denn als wir an der 1. Auflage gearbeitet hatten, war vieles noch vage, mehr hypothetische Konstruktion denn konzeptionelle Sicherheit. Die vorliegende 2. Auflage wurde nicht nur aktualisiert, sondern vollständig überarbeitet, durch neue Erkenntnisse zum strategischen Affinity-Group-Management erweitert und in drei Teile gegliedert.

Erster Teil: Die Marktsegmentierung nach Affinitätsgruppen hat sich als stabil und valide für die Strategieentwicklung erwiesen, weil leidenschaftsgetriebene Inhalte und Interessen nicht nur homogenes Kaufverhalten erzeugen, sondern auch den Zugang zu Wertegemeinschaften eröffnen, die sich immer mehr auch als eigene Gemeinde Gleichgesinnter verstehen, die ihre Erfahrungen untereinander austauschen und Wertungen („finde ich gut") fällen, die mehr als nur die Nachfrageströme der Märkte, sondern die politische Entwicklung ganzer Nationen beeinflussen können.

Zweiter Teil: Mit der 1. Auflage haben wir die Phänomene und die strategische Relevanz von Affinity-Group-Märkten aufgearbeitet und eine nachhaltig wirksame Konstellation beschrieben, wie soziologische Gruppen als Netzwerke Gleichgesinnter eine Logik der strategischen Marktsegmentierung begründen. Solche Netzwerke verfügen im Zusammenhang mit der Entwicklung von Internet-Communities und den informationstechnischen Technologiesprüngen bei Bandbreite und Suchalgorithmen über eine Kommunikationsinfrastruktur, die den Zugang zu Marktinformationen in einem ungeahnten Ausmaß und fast zu Grenzkosten ermöglicht.

Die strategische Logik unseres AFG-Ansatzes basierte bisher auf folgender „Formel":

1. Identifiziere Märkte, die durch Werte und Interessen getrieben sind,
2. unterstütze deren Wunsch nach Interaktion und Kommunikation mit der Infrastrukturtechnologie des Internets und der Social Media,
3. kombiniere diese Nachfragemärkte mit den dahinter stehenden Anbietermärkten und
4. organisiere das dabei entstehende Wissen (Market Intelligence) so, dass Knowledge-Management zu einer Kernkompetenz des Unternehmens wird.

Dritter Teil: Die Arbeit an der Weiterentwicklung unseres AFG-Ansatzes hat gezeigt, dass diese Logik nicht nur die Segmentierung nach AFG-Märkten betrifft, sondern die gesamte Geschäftsgrundlage von Unternehmen so stark beeinflusst, dass die oben dargelegte Formel mit dem Punkt

5. entwickle ein serviceorientiertes Geschäftsmodell

erweitert werden musste. Das, was wir dabei entdeckt haben, wird nun in der 2. überarbeiteten und um den dritten Teil erweiterten Auflage vorgestellt. Die konzeptionelle Entwicklung des AFG-Management-Ansatzes ist also um einen wichtigen Schritt weitergekommen. Ich danke daher meinen Mitarbeitern Herrn Boris Knödel und Herrn Fabian Lorig sowie meiner Mitarbeiterin Frau Dipl.-Vw. Karin Krüger und meinem Mitarbeiter Herrn Dipl.-Wirt.-Inf. Wolfgang Drews für ihren Einsatz im Projektteam „2. Auflage AFG-Buch", vor allem aber Herrn Dipl.-Kfm. Dennis Schwarz für die Ausarbeitung des dritten Teils und für seinen Einsatz, die von mir entwickelten Konzeptionen mit mir auch empirisch in einer Serviceindustrie zu testen. Danken will ich auch meiner technischen Mitarbeiterin Frau Dorothea Eisele M.A. sowie Frau Ulrike Lörcher vom Gabler Verlag für die Geduld, die sie mit uns bei der Drucklegung hatte.

Trier, im Februar 2012					*Univ.-Prof. Dr. Walter Schertler*

Vorwort zur 1. Auflage

Die vorliegende Publikation ist auf Basis des Forschungsprojektes „Market-Intelligence MINT" entstanden, dessen Konzeption, Akquisition und Durchführung unter meiner wissenschaftlichen Leitung standen. Mein wissenschaftlicher Ansatz und meine Idee, Märkte nach Affinitäten zu segmentieren und sie mit der Gruppensoziologie sowie den neuesten Möglichkeiten der Internettechnologie und deren „Web-2.0"-Nutzung zu verbinden, sie für das Wissensmanagement zugänglich und strategisch für die Unternehmensführung und das Marketing nutzbar zu machen, bilden die Grundlagen der thematischen Aufbereitung.

Über einen Zeitraum von zwei Jahren wurde Idee um Idee ausgearbeitet, wissenschaftlich dokumentiert und im Rahmen des Drittmittelprojektes „Market-Intelligence MINT" der Österreich Werbung GmbH (ÖW) empirisch getestet und in Form von Konzepten mit entsprechenden Handlungsanweisungen dem Auftraggeber präsentiert. Die vielen Workshops, Diskussionen und Erhebungen, aber auch die Chance, an einem gemeinsamen, weltweit operierenden Knowledge-Managementsystem unsere Konzeptionen testen zu können, haben grundlegend dazu beigetragen, dass wir heute die vorliegenden Erkenntnisse über Affinity-Groups gewinnen konnten. Dafür möchte ich in erster Linie Dr. Arthur Oberascher, Geschäftsführer der Österreich Werbung GmbH in Wien, Dank sagen. Seiner visionären Kraft ist es zuzuschreiben, dass er den richtigen Zeitpunkt für diesen strategischen Wandel seiner Organisation gewählt und damit heute die Voraussetzungen für den Erfolg von morgen geschaffen hat. Er und die Teams um Dr. Markus Gratzer und Erich Neuhold haben in Sachen Affinity-Group-Ansatz im Tourismus wahrhaft Pionierarbeit geleistet.

Die allgemeinen, branchenneutralen Ergebnisse unserer Entwicklungsarbeit am MINT-Projekt haben nun meine Mitarbeiter und ich zu diesem vorliegenden Werk zusammengefasst. Aus der gemeinsamen Projektarbeit am MINT-Projekt resultierend, ist das vorliegende Werk daher eine Gemeinschaftsarbeit und als solche nicht mein, sondern unser Werk: So haben

Herr Dipl.-Kfm. Frank Balmes für Kapitel 7.3 und 8.3;

Herr Dipl.-Kfm. Christian Dernbach für Kapitel 1;

Herr Dipl.-Kfm. Christian Göbel für die Kapitel 2, 7.1, 7.2 und 9.1;

Herr Dipl.-Kfm. Felix Scholzen für Kapitel 3 bis 5, 8.1, 8.2, 9 und

Herr Dipl.-Kfm. Guido Sommer für Kapitel 6

Literatur recherchiert und vorliegende Forschungsberichte, Vorlesungsunterlagen etc. thematisch ausgewählt. Ihnen allen möchte ich meinen Dank und meine Anerkennung für die vorbereitende Text- und Recherchearbeit aussprechen, die dann von mir zu einem Ganzen zusammengefasst, umstrukturiert und -formatiert sowie ergänzt wurde.

Mit dem Schaffen der vorliegenden konzeptionellen Grundlagen möchte ich den ursprünglichen Industriefokus verlassen und die Ergebnisse unseres Forschungsprojektes einem weiteren Kreis von Lesern und Interessierten erschließen.

Darüber hinaus eröffnet diese Arbeit weitere fachspezifische und individuelle Vertiefungen in Form von Forschungsseminaren und Forschungsprojekten, aus denen zahlreiche Diplom- und Magisterarbeiten sowie Dissertationsprojekte resultieren werden.

Frau Irmgard Maringer hat mit viel Geduld für Kontinuität bei den Sekretariatsarbeiten gesorgt. Frau Ulrike Lörcher vom Gabler Verlag danke ich für die unbürokratisch schnelle Druckzusage und die sorgfältige Drucklegung.

Trier, im September 2006 *Univ.-Prof. Dr. Walter Schertler*

Inhaltsverzeichnis

TEIL I: AFFINITÄTSGRUPPEN: ENTWICKLUNG EINES NEUEN ZIELGRUPPENVERSTÄNDNISSES 13

1	Eigene empirische Beobachtungen im Umgang mit Zielgruppenmärkten......... 15	
1.1	Entdeckung 1: Adressaten der Online-Umfrage entwickeln Eigeninitiative......... 18	
1.2	Entdeckung 2: Existenz gruppenspezifischer Kommunikationskanäle 20	
1.3	Entdeckung 3: Bekenntnis zur Gruppe auf Basis der Leidenschaft 22	
1.4	Entdeckung 4: Netzwerk und Marktstrukturen als endogene Marktstrukturen .. 24	
1.5	Entdeckung 5: Erste Informationen über Affinitäten sind schnell gefunden 26	
1.6	Fazit 26	
2	Gesellschaft und Märkte im Wandel 28	
2.1	Gesellschaftliche Trends 28	
2.1.1	Multioptionale Gesellschaft... 28	
2.1.2	Flexibilität des Werdens... 29	
2.1.3	Wertewandel... 30	
2.1.4	Soziale Orientierungslosigkeit 31	
2.1.5	Gruppenindividualisierung 32	
2.2	Veränderte Marktbedingungen 33	
2.2.1	Produkthomogenisierung und deren Folgen... 33	
2.2.2	Die Informationsgesellschaft und der mündige Kunde 35	
2.3	Konsequenzen für eine marktgerichtete und -gerechte Unternehmensführung .. 36	
2.3.1	Von der Produkt- zur Kundenorientierung... 36	
2.3.2	Vom Massenmarkt zum Zielgruppenmarkt 38	
3	Affinity-Groups – Zielgruppen aus Leidenschaft 40	
3.1	Zielmenge vs. Zielgruppe – Kritik am allgemeinen Zielgruppenkonzept............. 40	
3.1.1	Zielgruppe als theoretisches Konstrukt 40	
3.1.2	Zielgruppe als soziales Beziehungsnetzwerk 42	
3.2	Szenen als Grundlage eines neuen Zielgruppenverständnisses 44	
3.2.1	Zum Begriff der Szene 44	
3.2.2	Szenedefinition... 45	
3.2.3	Szenestruktur 48	
3.2.4	Szene-Lebensphasen 50	
3.2.5	Szenen als Kriterium der Marktsegmentierung 51	
3.3	AFG als neuer Ansatz der Marktsegmentierung.. 52	
4	Konzept für ein Strategisches Affinity-Group-Management............................... 58	
4.1	Zum Strategischen Management... 58	
4.1.1	Merkmale des Strategischen Denkens.. 58	
4.1.2	Das Trierer Modell des Strategischen Managements... 59	
4.2	AFG-Kompetenz als Wettbewerbsvorteil.. 61	
4.3	Elemente des Strategischen AFG-Managements.. 62	

Teil II: Das Trierer Modell des Strategischen AFG-Managements		**67**
5	**Vision des Affinity-Group-Managements**	**69**
5.1	Zentrale Ideen des AFG-Managements	69
5.1.1	Soziale Gruppe als „Zielgruppe"	69
5.1.2	Community – Eintritt in die Web-2.0-Gesellschaft	70
5.1.3	Höhere Kundenloyalität und Kundenwert	72
5.1.4	Market-Intelligence–Kompetenz	74
5.1.5	Möglichkeiten zur Wertsteigerung	76
5.2	Qualitäten einer Vision für das AFG-Management	77
5.2.1	Realitätsbezug	78
5.2.2	Konkretisierung und Nachhaltigkeit	79
5.2.3	Kreativität und Intuition	81
5.2.4	Messbarkeit	82
5.2.5	Allgemeingültigkeit und Zukunftsbezogenheit	83
6	**Strategie und Affinity-Group-Management – Neue Märkte entstehen**	**84**
6.1	Marktsegmentierung im Mittelpunkt der strategischen Planung	84
6.1.1	Segmentierungskriterien	84
6.1.2	Lifestyle-Segmentierung	86
6.1.3	Notwendigkeit neuer Segmentierungsstrategien	90
6.2	Zur Qualität von AFG als neue Segmentierungslogik von Märkten	91
6.2.1	AFG bestimmt Kaufverhalten	91
6.2.2	AFG nutzt gleiche Kommunikationskanäle	94
6.2.3	AFG ist leicht adressierbar	95
6.2.4	AFGs leben lange	95
6.2.5	AFG-Bearbeitung ist wirtschaftlich	96
6.3	Kundenwert: Kriterien der Eignung von AFGs als relevante Marktsegmente	97
6.4	Bestimmung der Attraktivität von AFG-Märkten	99
6.5	AFG-Management und Maßnahmenprogramme	102
6.5.1	Produktpolitik für AFG-Märkte	103
6.5.2	Konditionenpolitik für AFG-Märkte	104
6.5.3	Kommunikationspolitik in AFG-Märkten	106
6.5.4	Distributionspolitik in AFG-Märkten	109
6.5.5	Personalbeschaffung für AFG-Märkte	110
6.5.6	Personalentwicklung für AFG-Märkte	111
6.6	Strategiecontrolling in AFG-Märkten	111
7	**Unternehmensorganisation und Affinity-Group-Management**	**114**
7.1	AFG-Management im Kontext der Netzwerkorganisation	114
7.1.1	Beschreibung des AFG-Netzwerkes	114
7.1.2	Strukturelle Dimension des AFG-Netzwerkes	116
7.1.3	Netzwerkfähigkeiten als Kernkompetenz entwickeln	122
7.1.4	Organisatorische Herausforderungen auf B2C-Ebene	125

7.1.5	Organisatorische Herausforderungen auf B2B-Ebene	126
7.2	Management von sozialen Netzwerken und Online-Communities	128
7.2.1	AFG im Internet als Virtual Communities	128
7.2.2	Internet-Channels – zentral für die Kommunikation einer AFG	130
7.2.3	Aktivitätsdimensionen im E-Business für AFG-Management nutzen	136
7.2.4	E-Business-Fähigkeiten entwickeln	138
7.3	AFG und Wissensmanagement	139
7.3.1	Der Ansatz der wissensbasierten Organisation ("Knowledge-Management")	139
7.3.2	Zur Bedeutung von Wissensmanagement-Systemen	141
7.3.3	Datenbankgestütztes Wissensmanagement als Voraussetzung	146
7.3.4	Gestaltungsdimensionen des AFG-Wissensmanagements	149
7.3.5	AFGs für CRM hervorragend geeignet	150
8	**Unternehmenskultur und Affinity-Group-Management**	**151**
8.1	AFG als Wertegemeinschaft	151
8.1.1	Gruppenkohäsion durch Vereinbarung von Verhaltensnormen	151
8.1.2	Identifikation der Netzwerkpartner mit AFG-Werten als Erfolgsgrundlage	153
8.2	Leidenschaften der AFG in Unternehmenskultur integrieren	155
8.3	Kultur der Wissensarbeit in AFG-Unternehmen aufbauen	158
8.4	Unternehmenswandel durch AFG-Management	160

TEIL III: AFFINITY-GROUP-MANAGEMENT: NEUE GESCHÄFTSMODELLE ENTSTEHEN 163

9	**Grundlagen zu Geschäftsmodellen für Dienstleistungen**	**165**
9.1	Geschäftsmodelle in der Management-Lehre	167
9.1.1	Historische Entwicklung und theoretische Ansätze zum Geschäftsmodell	169
9.1.2	Abgrenzungen des Begriffs „Geschäftsmodell"	173
9.1.3	Konstitutive Merkmale des vorliegenden Geschäftsmodellverständnisses	180
9.2	Dienstleistung und AFG-Management	181
9.2.1	Definition der Dienstleistung	181
9.2.2	Service Design: Konzept der (De-)Komposition von Nutzenelementen	184
9.2.3	Service Engineering: Qualitätssicherung für Dienstleistungsprozesse	187
9.3	Konzept eines serviceorientierten AFG-Geschäftsmodells	192
10	**Prozessphasen eines serviceorientierten AFG-Geschäftsmodells**	**195**
10.1	Der 7-Stufen-Prozess des AFG-Servicekonzeptes	196
10.2	Suche nach alternativen Geschäftsideen	198
10.3	Service Exploration	199
10.4	Service Design	200
10.5	Service Engineering: Optimierung affinitätsgetriebener Geschäftsprozesse	202
10.6	Service Solution und Service Pricing	205
10.7	Service Controlling	207

Literaturverzeichnis 209

Teil I:
Affinitätsgruppen: Entwicklung eines neuen Zielgruppenverständnisses

1 Eigene empirische Beobachtungen im Umgang mit Zielgruppenmärkten

Ausgangspunkt für die in vorliegender Arbeit geschilderten Zusammenhänge waren Entdeckungen, die wir im Rahmen der Analyse von Zielgruppenmärkten gemacht haben. Einen ersten Ansatzpunkt stellte die Zusammenarbeit mit einer nationalen Tourismusorganisation (NTO) dar. Im Zuge der Auftragsforschung wurde die Produktstrategie dieser NTO untersucht. Es zeigte sich, dass aus dem bestehenden Produktverständnis heraus bereits die mäßig anspruchsvolle Organisation einer Pressekonferenz in einem der Quellmarktbüros der NTO als eigenständiges „Produkt" angesehen wurde.

An diesem Beispiel wird klar, wie einfach das Produktportfolio der NTO durch andere Anbieter imitiert werden konnte und wie hoch die Bedrohung der Substituierbarkeit der eigenen Produkte durch Konkurrenten war.

Was fehlte, war somit eine neue Produktstrategie, die den dynamischen Veränderungen im Markt Rechnung trug und die Existenzberechtigung der NTO außer Frage stellte.

Im Ergebnis wurde eine neue Wertschöpfungsstrategie entwickelt, die einen vollständigen Paradigmenwechsel in der Definition von Produkten und Leistungen der NTO einläutete. Produkte wurden nun aus dem Fokus der „Market Intelligence" heraus betrachtet und neu definiert. Dies führte letztlich zu einem völlig neuen Kunden- und Zielgruppenverständnis, was notwendig wurde, um die aus dem Wandel des strategischen Erfolgspotenzials resultierenden Absatzpotenziale realisieren zu können.

Im Zuge dieser Arbeiten rückte die Betrachtung von Zielgruppen und deren Abgrenzung und Definition verstärkt in den Fokus unserer Forschung.

Eine andere explorative Studie zur Versicherungswirtschaft zeigte vor diesem Hintergrund ein ähnlich rudimentär ausgeprägtes Zielgruppenverständnis. Unter Zielgruppen werden in erster Linie die attraktiven Bestandskunden verstanden. Darauf konzentriert sich die Vertriebssteuerung. Werbemaßnahmen sprechen grundsätzlich den Massenmarkt an. Eine Nischenstrategie findet sich kaum. Erste Ansätze zeigen sich in den Versorgungsprodukten wie z.B. für die Altersgruppe „50+".

Die auch hier festgestellten Probleme im Umgang mit Zielgruppen waren, neben weiteren Hinweisen aus Wissenschaft und Praxis, Anlass genug, sich einmal genauer mit der Struktur, Erfassung und Bearbeitung von Zielgruppenmärkten zu befassen und diese empirisch zu untersuchen. Kern der Betrachtung waren dabei zuerst die Zielgruppen selbst, die im Rahmen klassischer Marktsegmentierung mit Hilfe von Segmentierungskriterien (demographisch, soziodemographisch, geographisch, psychographisch) ermittelt werden. Das Untersuchungsfeld setzte sich dabei zusammen aus Märkten im Allgemeinen, ausgehend von der Tatsache, dass alle „Mitglieder" der durch Marktsegmentierung konstruierten Marktsegmente primär als individuelle Akteure auf Märkten – als Anbieter und/oder Nachfrager – aktiv sind.

Eine erste Strukturierung von Zielgruppenmärkten konzentrierte sich auf Themen wie Sport, Musik oder Tiere etc. Diese wurden dann spezifisch anhand von Stilrichtungen in der Musik oder einzelnen Disziplinen im Sport unterteilt. Wegen der Vielzahl der so möglichen Abgrenzungen lag der Fokus für den Einstieg in die weitere empirische Arbeit im Bereich Sport.

Mittels teilnehmender und nichtteilnehmender Marktbeobachtung wurden nun einzelne Sportmärkte untersucht, wie z.B. Mountainbike (MTB), Rennrad, Nordic-Walking, Beachvolleyball etc. Es wurde ein offenes Vorgehen gewählt, bei dem die Sportler mitbekommen konnten, dass sie beobachtet werden. Dabei muss damit gerechnet werden, dass die beobachteten Personen über Sinn und Zweck der Untersuchung spekulieren. Diese Interaktion war jedoch ausdrücklich von uns erwünscht, da es als verdeckter Beobachter häufig nur schwer möglich ist, sich in den Kreis der Untersuchungspersonen zu integrieren. Wird jedoch der Beobachter als aktiver Bestandteil des Geschehens akzeptiert, so kann er damit rechnen, Einblicke zu erhalten, die ihm als Außenstehender verwehrt bleiben.[1] Da es Sinn, Zweck und fester Bestandteil unseres Untersuchungsplans war, das reale aktive Geschehen innerhalb der identifizierten Zielgruppen zu erfassen, um Rückschlüsse auf ihre Eignung als Zielgruppenmarkt zu erhalten, war die Interaktion und Akzeptanz des Forschungsteams ein Kriterium, auf das äußerst viel Sorgfalt verwendet wurde.

Der in diesen Beobachtungen gewonnene Eindruck, dass es sich bei den Untersuchungsgruppen um leidenschaftsgetriebene, selbstselektive Gruppen handelt, wurde nun durch quantitativ ausgerichtete Online-Befragungen untersucht. Das weitere konkrete Vorgehen wird im Folgenden exemplarisch anhand des MTB-Zielgruppenmarktes erläutert.

Ausgangspunkt für die Erstellung der Umfragen war, gemäß dem klassischen Vorgehen, die Betrachtung des Gesamtmarktes für Mountainbikes und den MTB-Sport. Da der Begriff „Mountainbiker" zu ungenau und vielschichtig ist, gilt es, diesen in einem ersten Schritt definitorisch zu erläutern, um ein gemeinsames Verständnis für die Auswahl der Grundgesamtheit zu schaffen:

So ist nicht jeder Besitzer eines Mountainbikes bereits ein MTBer. Zum einen ist allein der Besitz nicht ausschlaggebend. So werden viele MTBs nicht ihrer Funktion entsprechend genutzt, sondern lediglich für das Fahren in Ortschaften und nicht abseits befestigter Straßen eingesetzt. Ein Grund für die „zweckentfremdete" Nutzung ist die robuste und meist zuverlässige Bauart von MTBs, die sie zu idealen und wartungsarmen Alltagsfahrrädern macht. Zum anderen ist wegen der Formenvielfalt der Fahrräder gar nicht mehr klar, welche Fahrräder als Mountainbikes zu werten sind und welche nicht. Eindeutig zur Gruppe der Mountainbikes zählen u.a. Downhill-Räder, leichte Renn-MTBs (das Gewicht der Top-Bikes beträgt weniger als 9 kg) und universell einsetzbare Enduros. Fraglich ist dagegen, ob z.B. Trekking- und Fitness-Räder, eine Mischung aus MTB und Rennrad, auch als MTBs

---

[1] Vgl. Bortz/Döring 2003, S. 267ff.

anzusehen sind. Weiterhin gibt es neben der Formenvielfalt auch eine starke Differenzierung der Verarbeitungsqualität. Fahrräder mit geringer Qualität mögen zwar wie „typische" MTBs aussehen und sich auch so nennen, halten aber den Beanspruchungen einer Geländefahrt und somit der vorgesehenen Funktion nicht stand. Die zunächst nahe liegende Definition der Grundgesamtheit über den Besitz eines Mountainbikes kann also nicht gelingen. Daher werden Mountainbiker über die Tätigkeit definiert: Menschen, die mit dem Fahrrad abseits befestigter Straßen im Gelände fahren, stellen die Grundgesamtheit der MTBer dar.[2]

Um ein Gefühl für das Marktgeschehen und das Marktvolumen zu vermitteln, wird im Folgenden anhand einiger Zahlen der MTB-Markt in Deutschland kurz vorgestellt:

Die Allensbacher Markt- und Werbeträgeranalyse 2011 zur Freizeitbeschäftigung „Mountainbike fahren" gibt an, dass 3,23 Mio. Deutsche häufig Mountainbike fahren und 9,47 Mio. Deutsche ab und zu Mountainbike fahren. Laut dem Bund Deutscher Radfahrer (BDR) sind es 4 bis 6 Mio. Deutsche, die zu den MTBern zu zählen sind, wobei das Augenmerk hierbei stärker auf die sportlichen, regelmäßiger fahrenden MTBer gelegt wird. Diese beeindruckenden Größenzahlen werden durch weitere wichtige Informationen u.a. der „Deutschen Initiative Mountain Bike" (DIMB) ergänzt, die ein hohes zeitliches sowie finanzielles Engagement bescheinigen. Ein Großteil der Biker befasst sich über 30 Stunden/Monat mit seiner Affinität und investiert monatlich im Durchschnitt zwischen einhundert und zweihundert Euro (ohne Reiseausgaben) in das Mountainbiken.

Anhand dieser Basisdaten könnte man bereits wieder versuchen, klassische Marktsegmente abzugrenzen, z.B. die „Best-Ager – kaufkräftig, offen, abenteuerlustig". Gewiss stellen diese aus ökonomischer Sicht eine attraktive Zielgruppe dar, doch wie soll man diese Personen finden? Wo halten sie sich auf, wer sind sie und vor allen Dingen, wie sind sie am besten ansprechbar? Pauschal ist es unmöglich, eine konkrete Antwort auf diese Fragen zu geben.

Ziel unserer Online-Umfrage unter den Mountainbikern war es daher, weitere präzise Basisdaten über die Struktur der Zielgruppe Mountainbiker zu sammeln und mehr über ihre touristischen Wünsche und Vorstellungen zu erfahren.

Im Falle des vorgestellten Beispiels „Mountainbiker" wurde daher im Rahmen eines Forschungsprojektes eine offene Online-Umfrage erarbeitet und unter der Adresse http://www.mtb-studie.de online gestellt.[3]

Die Kommunikationsstrategie des Forschungsteams war dabei so ausgerichtet, dass es die Selbstselektion der Befragungsteilnehmer, im Grunde eine methodische Schwäche der Befragungstechnik Online-Survey, bewusst herausfordern und fördern wollte. So wurden die Untersuchungspersonen bereits auf der Startseite vor die Entscheidung gestellt, ob sie sich als Mountainbiker(in) angesprochen fühlen oder nicht. Deutlich gemacht wurde wei-

---

[2] Vgl. Wöhrstein 1998, S. 9ff.; vgl. Vollmer 1999, S. 15ff.
[3] Die Befragung fand im Zeitraum 15.06.2005 bis 05.10.2005 statt. Von 7.000 gestarteten Fragebögen wurden 4.797 vollständig ausgefüllt.

terhin, dass die Umfrage nur für solche Personen relevant ist, die sich selbst als Mountainbiker verstehen. Unterstützt wurde dies durch einen MTB-spezifischen Verlosungspreis, wodurch, soweit möglich, die Teilnahme von nicht MTB-begeisterten Personen reduziert wurde.

1.1 Entdeckung 1: Adressaten der Online-Umfrage entwickeln Eigeninitiative

Der Link zu der Befragung wurde nun gezielt über die zuvor recherchierten, MTB-spezifischen Informationskanäle im Internet verbreitet. Diese Aktion verlief sehr erfolgreich; auf über 50 relevanten MTB-Webseiten von Herstellern, Verbänden, Magazinen, Destinationen etc. wurde der Link eingestellt; hinzu kam eine Vielzahl von Einträgen in Newsgroups, Foren und Newslettern. Bereitwillig verlinkten professionelle und private Anbieter ihre Webseiten mit der Befragungsseite und stiegen damit aktiv in die Verbreitung des neuen Links der MTB-Community ein.

Die positive Aufnahme der Umfrage-Webseite durch die MTBer konnte wiederholt beobachtet werden. Die MTBer suchten die Kommunikation, interessierten sich für den Verlauf der Umfrage und diskutierten darüber in Chatrooms und Online-Foren. Damit wurde das Forschungsprojekt zu einem Teil der Community. Fast 7 000 Personen hatten im Befragungszeitraum Kontakt zu der Befragung, d.h. sie haben die Webseite www.mtb-studie.de besucht und sind dem Link zur Befragung gefolgt. Die hohe Akzeptanz der Umfrage bei der Zielgruppe belegt, dass über die direkte Kommunikation mit den Akteuren eine gezielte Interaktion mit diesen entstehen kann, die Zielgruppe darauf reagiert und, unter der Voraussetzung, dass zielgruppenspezifische Gepflogenheiten und informelle Regeln beachtet werden, bereit ist, eine Interfusion zuzulassen. Dass dies im Falle der MTB-Studie gelungen ist, zeigt sich daran, dass rund 3 000 Mitglieder der MTB-Community sich freiwillig in einer Adressdatenbank registrierten und zu einem großen Teil ihre Bereitschaft zur Teilnahme an weiteren Studien erklärten.

Die Mountainbiker haben es dem Forschungsteam ermöglicht, als eigentlich externer und nicht MTB-spezifischer Akteur, unmittelbar an der aktuellen Dynamik der Community teilhaben zu können. Somit wurden aktuelle Entwicklungen direkt und unverfälscht beobachtet und konnten teilweise sogar mit beeinflusst werden. Damit wurde das Forschungsteam zu einem akzeptierten Marktteilnehmer und selbst Teil der anvisierten Zielgruppe.

Durch die virtuelle Kontaktaufnahme mit der Zielgruppe Mountainbiker über das Internet kam es im Endeffekt zu realen Interaktionen, die Auswirkungen auf das Marktgeschehen hatten. So meldeten sich nach Abschluss der Befragung sowohl professionelle Anbieter als auch Privatpersonen, um Ergebnisse aus der Studie abzufragen. Das Bemerkenswerte daran ist, dass die Personen Eigeninitiative entwickelten, von sich aus die Kommunikation aufnahmen und nun ihrerseits Anfragen formulierten. Damit zeigt sich, dass sich die

MTBer an den Geschehnissen ihrer spezifischen Online-Community orientieren und die Begebenheiten dort zum Anlass nehmen, ihre Bedürfnisstrukturen zu artikulieren.

Die maßgebliche erste Entdeckung war damit, dass die Untersuchungspersonen Eigeninitiative entwickelten und sich an der Verbreitung des Umfragelinks im Internet beteiligten. Zudem nahmen sie untereinander Kontakt auf und tauschten sich über die Geschehnisse rund um die MTB-Online-Befragung aus. So wurden z.B. im Bereich „Forum" einschlägiger Internetseiten Links zur MTB-Online-Umfrage eingestellt. Daraufhin nahmen MTBer an der Umfrage teil und äußerten sich nach der Teilnahme wiederum in diesem Forum über ihre Umfrageerfahrungen. Ein Teilnehmer der Studie vermisste bestimmte Antwortkategorien:

„hmm, bei Frage 13 fehlt die Penntüte im Wald/Schutzhütte als Antwortmöglichkeit".[4]

Interessant ist auch, dass manche MTBer sich durchaus kritisch mit der Befragung auseinander setzten:

„[...] man kann im Fragebogen nicht zurück springen, es gibt keine Möglichkeit zur Überprüfung der Antworten. [...] Nach der Verabschiedung gibt es keine weitere Möglichkeit der Navigation. [...]"[5]

Woraufhin andere für die Befragung Partei ergriffen:

„Was hättest du noch navigieren wollen wenn alles gesagt ist? Warum musst du im Fragebogen zurück springen? Sicher gibt's Verbesserungsmöglichkeiten, aber insgesamt fand ich den gut [...]."[6]

Diese Entdeckung warf weitere Fragen auf:

- Warum entwickeln unsere Befragungsteilnehmer solche Eigeninitiativen?
- Warum helfen die MTBer uns, andere MTBer gezielt auf unsere Befragung aufmerksam zu machen?
- Warum kommunizieren die MTBer nicht nur direkt mit uns, sondern auch mit anderen MTBern über uns?

Ziel der weiteren Forschung war es daher zu überprüfen, ob es sich bei den entdeckten Verhaltensweisen um ein Mountainbiker-spezifisches Verhalten handelt oder ob sich diese Erfahrungen auch auf andere Sportarten übertragen lassen.

---

[4] MTB-Forum 2006, o.S.
[5] MTB-Forum 2006, o.S.
[6] MTB-Forum 2006, o.S.

1.2 Entdeckung 2: Existenz gruppenspezifischer Kommunikationskanäle

In einer vergleichbar angelegten Online-Umfrage unter Ski-/Snowboard-Freeridern wollten wir nun neben der Erhebung von Basisdaten feststellen, ob sich das bei den MTBern beobachtete Gruppenverhalten auch hier wieder zeigen würde. So wurde unter der Adresse www.freeridestudie.de eine Befragung von Ski- und Snowboard-Freeridern online gestellt und Links wiederum in zuvor recherchierten spezifischen Internetseiten, Onlineportalen, Foren und Newslettern verbreitet.

Bezogen auf die in Abschnitt 1.1 dargestellten Interaktionsmuster ließen sich bereits bald weitere Beobachtungen machen. So zeigte sich z.B., dass die Teilnehmer an der Freerider-Studie das Forschungsprojekt „Freerider-Online-Befragung" kontroverser diskutierten. Wurde dem Akteur Universität Trier von den Mountainbikern insgesamt eher eine neutrale Position zugestanden, so waren die Reaktionen der Mitglieder der Freerider deutlich wertender. Das Forschungsprojekt wurde ebenfalls akzeptiert und unterstützt, jedoch mittels einer differenten Freerider-spezifischen Kommunikation.

Exemplarisch lässt sich dies am Verhalten des Betreibers des szenerelevanten Internetportals auf die Anfrage des Forschungsteams auf Unterstützung der Befragung durch eine Verlinkung mit seiner Webseite illustrieren. So unterstützte der Internet Channel die Studie, verlinkte die Webseiten und veröffentlichte unter der Rubrik „Magazin-Stories" zudem den folgenden Text:

„Studie über Freeriding – Wer sind eigentlich diese Freerider? Diese Frage will eine Studie der Uni Trier beantworten. [...] Warum sollen Freerider untersucht werden? Auf den ersten Blick ergibt sich kein Grund für wissenschaftliches Interesse. Marketing steckt dahinter [...]."[7]

Deutlich wird, dass der Internet-Channel die Studie unterstützt, gleichzeitig jedoch interpretiert, die Universität als kommerziell einstuft und kein rein wissenschaftliches Interesse der Initiatoren vermutet. Dies behält er nicht für sich, sondern verbreitet seine Meinung direkt in der Freerider-Online-Community. Damit erhält die weiterführende Kommunikation und Interaktion unmittelbar eine andere Qualität.

Weiter fällt auf, dass der Internet-Channel der Umfrage eine gesamte „Story" widmet. Dies belegt ein hohes Interesse an dem Projekt. Zudem liegt durch die Wahl der Rubrik „Story" der Schluss nahe, dass es noch nicht viele solcher Anfragen in der Community gab. Man reagiert darauf mit großem Interesse und Neugier, jedoch nicht vorbehaltlos. Diese Annahme wird gestützt durch Beiträge von Freeridern in Foren, die darauf hinweisen, nicht erforscht werden zu wollen:

[...] für die Studie könnte man [...] einwenden, dass das Ergebnis den Freeridern zugute kommt, weil sich die Fremdenverkehrswirtschaft besser um ihre Bedürfnisse kümmern kann. Komischerweise

---

[7] Powderpark 2005, o.S.

muss ich jetzt schon wieder an überfüllte Pisten und Schlangen an den Liften denken. Kein Wunder, die Interessen der Wirtschaft sind ja auch genau das Gegenteil von dem, was man als Freerider will: unverspurte Hänge."[8]

Solche Äußerungen stehen in direktem Kontrast zu der Partizipation an der Studie. Deutlich wird wiederum, welche Auswirkung die Ansprache der Zielgruppe über für sie relevante Informations- und Kommunikationskanäle hatte. Das Forschungsteam wurde unmittelbar in die Interaktion der Freerider integriert und es entwickelte sich eine Diskussion über den Stellenwert von Befragungen in der Freerider-Community. Während im Vergleich die Mountainbiker nahezu professionell und gelassen mit der Situation umgingen, suchten die Freerider erst einmal den Dialog untereinander, vor allem auch über die Integrität des Forschungsteams der Universität:

„[...] und dass der Lehrstuhl für Strategisches Management nichts mit Wirtschaft zu tun hat und den Zirkus nur aus abstraktem akademischem Interesse heraus betreibt will ich nicht glauben (noch eine persönliche Meinung). Und selbst wenns so wäre, kann immer noch jemand anderer die Daten [...] verwenden (für seinen eigenen Nutzen) ich hab also keine Lust, jemand etwas zu schenken, den ich nicht kenne; nur weil er/sie es grad mal haben will."[9]

Wiederum zeigt sich, wie unmittelbar die Auswirkungen des Forschungsprojektes auf die Online-Community „Freerider" sind. Sie befinden sich plötzlich in einem Prozess der Meinungsbildung zu einem Thema, das bisher in ihrer gruppenspezifischen Kommunikation augenscheinlich noch nicht von hoher Relevanz war.

Im Vergleich zu den befragten Mountainbikern wird festgestellt, dass sich das Verhalten der beiden Gruppen in grundsätzlichen Punkten ähnelt:

Dabei gab es in der Kommunikation mit uns unterschiedliche Verhaltensweisen. Die Freerider als jüngere und zahlenmäßig kleinere Szene suchte zuerst untereinander den Konsens, ob sie auf unsere Fragen überhaupt antworten sollte und wer auf welche Weise davon profitieren könnte. Dies führte sogar so weit, dass die gesamten Kommunikationswege der Community, also auch das „posten" von Beiträgen in Online-Foren, kritisch reflektiert und hinterfragt wurden:

„[...] konkret zum Freeriderproblem: klar, konsequenterweise müsste das Forum auch zugemacht werden. Andererseits macht es doch einen qualitativen Unterschied, ob man Einen strukturiert erfasst oder nur unter chaotischen Umständen rumgepostet wird. Bei statistischer Erfassung hörts bei mir eben auf."[10]

Ein Beispiel aus dem Rennrad-Sport soll zeigen, wie dort auf unsere Umfrage reagiert wurde. Die im Rahmen eines weiteren Forschungsprojektes durchgeführte Online-Befragung

---

[8] Freeski-Forum 2005, o.S.
[9] Freeski-Forum 2005, o.S.
[10] Freeski-Forum 2005, o.S.

von Rennradfahrern[11] wurde von diesen äußerst freundlich aufgenommen und unterstützt:

Im Gegensatz zu den Freeridern kam es nur in Ansätzen zur Diskussion darüber, ob Umfragen beantwortet werden sollen. Die kritischen Stimmen wurden in den relevanten Foren von anderen Mitgliedern der Community direkt darauf angesprochen und entsprechend kritisiert. So erhielt ein Mitglied des Forums „Radsport-Aktiv" auf einen kritischen Hinweis folgende Antwort:

„[…] Man muss auch mal was für andere geben und nicht immer nur nehmen!!!!!! […] So, habe jetzt auch mitgemacht und finde die Sache ziemlich klasse und unterstützen sollte man […] auf jeden Fall."[12]

Insgesamt zeigt sich daher Folgendes:

Die Einzelbeispiele machen deutlich, dass über spezifische Informations- und Kommunikationswege einzelne selbstselektive Gruppen online angesprochen werden können, die gruppenspezifisch antworten, d.h. sie nutzen und betreiben gruppenspezifische Informationskanäle. Dies ist eine weitere zentrale Entdeckung, die ebenfalls bei weiteren Online-Umfragen in anderen Zielgruppen festgestellt werden konnte.

1.3 Entdeckung 3: Bekenntnis zur Gruppe auf Basis der Leidenschaft

Die in Kapitel 1.2 beschriebene Entdeckung zeigt auf, dass die Kenntnis der gruppenspezifischen Kommunikationswege der Schlüssel zur adäquaten Online-Ansprache einer solchen Gruppe ist. Die von uns adressierten Communities haben sich jeweils direkt angesprochen gefühlt und darüber hinaus Eigeninitiative (siehe Kapitel 1.1) entwickelt. Diese Eigeninitiative brach auch, nachdem die Online-Umfragen in den jeweiligen Gruppen bereits beendet waren, nicht ab. So erreichten uns weiterhin Kommentare, Anfragen und Hinweise aus den Gruppen, die Bezug auf Geschehnisse in den jeweiligen Online-Communities während der laufenden Befragungen nahmen.

Formuliert wurden die Anfragen unter anderem von professionellen Akteuren in den Communities, aber auch, und das ist das Entscheidende, von Privatpersonen. Sie meldeten sich, weil sie vergessen hatten, ihre E-Mail-Adresse anzugeben und identifizierten sich damit noch nachträglich als Mitglied einer der Untersuchungsgruppen. Sie gaben Tipps für zukünftige Untersuchungen, suchten den unmittelbaren persönlichen Kontakt und übten auch direkte Kritik – alles unter Angabe der persönlichen Kontaktdaten.

Die konkreten Inhalte variierten gemäß den in den Befragungen thematisierten Bereichen

---

[11] Die Befragung fand im Zeitraum vom 08.12.2005 bis zum 28.02.2006 statt. Von 2.153 gestarteten Fragebögen wurden 1.254 vollständig ausgefüllt.
[12] Radsport-Aktiv-Forum 2006, o.S.

und den daraufhin ausgelösten Reaktionen. Zudem ordneten sich diese Kontakte immer von sich aus den verschiedenen Gruppen zu. Sie identifizierten sich eigenständig als Mitglied einer der untersuchten Gruppen. Es erfolgt somit ein öffentliches Bekenntnis von einzelnen Personen zu den einzelnen Untersuchungsgruppen. Damit referieren die angesprochenen szeneorientierten Zielgruppen auf sich selbst. Sie nehmen sich selbst als real existierende Gruppe war. Die Basis für dieses Bekenntnis zu einer Gruppe und die Abgrenzung zu anderen liegt dabei in ihnen selbst begründet. Das Bekenntnis ist gezielt und basiert auf einer gemeinsamen Leidenschaft. Somit scheinen klar identifizierbare und ansprechbare Gruppen mit ausgeprägter Selbstreferenz zu existieren, die bei konkreter Ansprache ein gruppenspezifisch geprägtes Feedback liefern. Im Gegensatz dazu ist es unrealistisch, dass sich z.B. eine von der Marktforschung dem Marktsegment „Best Ager" zugeordnete Person unter der Angabe „Ich bin ein Best-Ager" auf eine erfolgte Zielmengenansprache hin zurückmeldet. Hierbei handelt es sich um theoretische Konstrukte zur Definition von anonymen Zielmengen. Das steht im Gegensatz zu den betrachteten Zielgruppen, die sich freiwillig und gezielt anhand persönlicher Leidenschaften zu bestimmten Gruppen bekennen.

Zudem ist dieses passionsgetriebene Bekenntnis zu einer Gruppe Gleichgesinnter Basis für die Abgrenzung von anderen Gruppen. Auch hierzu konnten wir einige Beobachtungen machen. Stellvertretend soll dies die folgende Äußerung eines Mitglieds der Freiderszene in einem Freerider-Forum illustrieren:

„[...] wäre dies eine Umfrage bezüglich Ski - mir wäre sie egal. Dient sie dazu Freerider als Zielgruppe in den Köpfen der Tourismusmanager zu verankern, eventuell sogar einen Trend und Markt zu kreieren, bin ich nicht einverstanden. Denn ich muss zugeben, ich bin extrem empfindlich hinsichtlich der Vermarktung bestimmter Gebiete als freeridetrendy. [...]"[13]

Klar ersichtlich ist die leidenschaftsbasierte Zuordnung des Freeriders zu seiner Gruppe, den Freeridern. Die Skifahrer werden explizit von dieser Gruppe ausgeschlossen, was nur darauf basieren kann, dass aus Sicht des Freeriders deutliche Unterschiede zwischen Skifahrern und Freeridern existieren, anhand derer Skifahrer einerseits als solche identifiziert werden und sich andererseits klar von diesen abgrenzen.

Als Ergebnis der Beobachtungen der Untersuchungsgruppen zeigte sich, dass im Fokus des Interesses die gemeinsame Leidenschaft der Personen zu dem, was sie tun, steht: Biken, Rennradfahren, Beachen, Freeriden. Dies ist die Triebkraft, die sie sportdisziplinspezifisch verbindet, die ihr Handeln und damit natürlich auch ihr Kaufverhalten beeinflusst. Durch das gemeinsame und persönliche öffentliche Bekenntnis der einzelnen Personen zu ihrer Leidenschaft bilden diese eine real im Markt existierende Community, die direkt ansprechbar ist und, im Vergleich z.B. zu den Best Agern, auch unmittelbar untereinander in Kontakt steht und Kommunikation pflegt. Dabei ist es zweitrangig, ob es sich dabei um Junge oder Alte, Arme oder Reiche, Deutsche oder Amerikaner, Bildungsbürger oder Arbeiter handelt. So stehen z.B. bei den Mountainbikern das Mountainbike und der MTB-Sport mit

---

[13] Freeski-Forum 2005, o.S.

all seinen Facetten und den dazu notwendigen Ausrüstungsgegenständen im Fokus der Interaktion und Kommunikation untereinander. Die gemeinsame Leidenschaft verbindet die sonst unterschiedlichsten Charaktere und Personen. Der Besuch einer MTB-Messe ist Beweis genug. Personen, die sonst wenig verbindet, treffen sich gemeinsam auf Bike-Events (sei es als Zuschauer oder aktiver Teilnehmer), tauschen sich vor Ort miteinander aus und halten diese Kommunikation auch über den eigentlichen Event hinaus aufrecht.

Das Internet bietet ihnen hierfür eine optimale Plattform. Durch Eingabe relevanter Suchbegriffe in eine beliebige Suchmaschine erhält man auf Anhieb eine Vielzahl von sportdisziplinspezifischen Webseiten, Foren, Newsgroups und Weblogs – und das in allen Sprachen und Ländern. MTBer, Rennradfahrer, Freerider, Nordic-Walker etc. bilden damit grenzüberschreitende Communities, die sich jeweils über ihre eigenen Kommunikationskanäle austauschen.

Die Leidenschaft zum Biken, Freeriden oder sonstigen Sportdisziplinen im Allgemeinen ist damit das konstituierende Merkmal zur Identifikation der natürlichen Personen als Mountainbiker, Rennrad-Fahrer oder Beachvolleyballer.

1.4 Entdeckung 4: Netzwerk und Marktstrukturen als endogene Marktstrukturen

Unsere empirisch gewonnene Entdeckung, dass sich Personen auf Basis einer gemeinsamen Leidenschaft Dritten gegenüber zu dieser Leidenschaft bekennen, sich mit einer entsprechenden Gruppe identifizieren und ein Zugehörigkeitsgefühl entwickeln, macht uns klar, dass der Gesamtmarkt „Sport" Zielgruppen aufweist, die sich als real im Markt existent erweisen. Zudem reagierten alle, eingangs nur anhand von Sportdisziplinen voneinander abgegrenzten Zielgruppen auf die gezielte und spezifische Ansprache, was sie deutlich von konstruierten Zielgruppen wie z.B. „Best Agern" oder „Ärzten" unterscheidet. Darüber hinaus zeigte die Analyse, dass es weitere Unterscheidungsmerkmale der beschriebenen Gruppen untereinander gibt, welche sich unter anderem in der Art und Weise der Kommunikation untereinander und mit dem Forschungsteam ablesen lassen.

Die in allen Communities auf die gleiche Art und Weise ein- und durchgeführten Online-Befragungen bewirkten gruppenspezifische Reaktionen und Verhaltensweisen, anhand derer sich die einzelnen Untersuchungsgruppen ebenfalls voneinander unterscheiden. Deutlich wurde die Existenz von spezifischen, informellen Regeln in der Kommunikation. So ist es in der betrachteten Gruppe der Freerider augenscheinlich, dass die gesamte Kommunikation viel emotionaler war, als dies z.B. bei den Mountainbikern der Fall war (siehe Kapitel 1.2). Während die MTBer eher auf einer sachlichen Ebene die technischen Details der Online-Umfrage thematisierten und eine Diskussion über die Qualität des formalen Aufbaus des Fragebogens führten, eröffneten die Freerider eine emotional geführte Debatte über die Integrität des Auftraggebers der Befragung und spekulierten über die eigentliche Intention des Forschungsprojektes.

So beteiligten sich zu Beginn einer jeweiligen Befragung anonyme Personen auf Basis persönlicher Leidenschaften an einer von ihnen selbst als für sie relevant erachteten Umfrage, identifizierten sich durch die freiwillige Angabe von persönlichen Daten und im Ergebnis zeigten sich darüber hinaus eindeutige, gruppenspezifische Unterschiede im persönlichen Umgang der Personen untereinander – und das auf Basis selbstselektiver Umfragen!

Augenscheinlich bestehen in den unterschiedlichen Gruppen unterschiedliche Gepflogenheiten, die den Umgang der einzelnen Gruppenmitglieder untereinander und mit Außenstehenden betreffen. Zudem scheinen innerhalb der untersuchten Gruppen spezifische Normen, informelle Regeln und Werte zu existieren, anhand derer Vorgänge in der jeweiligen Community beurteilt werden. Vor dem Hintergrund dieser Beobachtungen wurden weitere Forschungsprojekte initiiert. So wurden anlässlich eines internationalen Rennradfestivals die Teilnehmer durch Interviewer vor Ort befragt.[14] Ein Untersuchungspunkt der Befragung befasste sich dabei mit der Gesinnung der Teilnehmer. Über 90 % der Befragten, die sich selbst als Rennradfahrer bezeichneten, bejahten in diesem Rahmen die Aussage „Ich habe gerne gleichgesinnte Menschen um mich herum". Darüber hinaus zeigte sich, dass die Befragten die Rennradfahrer als „eine große Familie" bezeichneten, dem gegenseitigen Grüßen per Handzeichen einen hohen Stellenwert beimaßen und zudem Wert auf ein Outfit legten, das sie nach außen hin als Rennradfahrer identifiziert. All dies sind konkrete Hinweise auf die Existenz eines gruppenspezifischen Gemeinschaftssinns und einer endogenen Wertebasis. Wiederum konnten hier gruppenspezifische Unterschiede festgestellt werden.

Eine vom Forschungsteam durchgeführte Online-Umfrage unter Beachvolleyballern[15] ergab diesbezüglich, dass es für Beachvolleyballer sehr wichtig ist, sich selbst darzustellen, eine gebräunte athletische Figur zu haben und ein trendiges Outfit mit passender Sonnenbrille zu tragen. Für sie ist es wichtig, ihren eigenen Körper zu präsentieren, den Faktor „Spaß" zu erleben und ein „Beachfeeling" zu empfinden. Dazu ist es ihnen sehr wichtig, dass die Turnierplätze mit entsprechender Musik beschallt werden und Zuschauer vorhanden sind, die diesen spezifischen Lifestyle verstehen, die Stimmung aufnehmen und verstärken.

Bei Rennradfahrern zeigt sich eine andere Bedürfnisstruktur, die sich gleichwohl auch im Gruppenempfinden und in der Gruppenstruktur widerspiegelt. Hier besteht der Ehrgeiz, große Distanzen zu überwinden oder extreme Ausdauerleistungen zu bewältigen. Es dominieren der sportliche Ehrgeiz sowie Gesundheits- und Fitnessaspekte wie Stressabbau, Entspannung und Gewichtsreduktion. Hinzu kommt ein bewusstes Empfinden für Natur und Landschaft.

Gemeinsam ist dabei allen betrachteten Gruppen der Wunsch nach einem gemeinschaftlichen Gruppenerlebnis. Dabei bedingen die in den Communities existenten Gepflogenheiten eine spezifische Beurteilung der Relevanz bestimmter realer Gegenstände. Diese sind für

---

[14] Im Zeitraum vom 19.05.2006 bis zum 21.05.2006 wurden 191 Tiefeninterviews durchgeführt.
[15] Die Befragung fand im Zeitraum vom 15.10.2005 bis zum 15.01.2006 statt. Von 840 gestarteten Fragebögen wurden 436 vollständig ausgefüllt.

die Auslebung der persönlichen Leidenschaft und der damit verbundenen Anerkennung innerhalb der Gruppe wichtig. Die Mitgliedschaft in einer Community prägt damit den Fokus der Wahrnehmung der einzelnen Mitglieder und bedingt die Existenz von gruppenindividuellen endogenen Marktstrukturen.

1.5 Entdeckung 5: Erste Informationen über Affinitäten sind schnell gefunden

Affinitätsmärkte zu identifizieren, ist ein umfangreicher Prozess der sukzessiven Verdichtung von Auswahlkriterien. Erste und grobe Informationen über Affinitäten sind aber sehr leicht zu finden. Das Internet ist ein geeignetes Medium, um sich mit sehr geringem Aufwand – über Suchmaschinen – auf die Suche nach Leidenschaften und Communities zu begeben. Dazu wird eine bestimmte Leidenschaft, wie etwa „Motorradfahren", als Suchbegriff eingegeben.

Die Suche geht sehr schnell und generiert eine Menge an Informationen. Bereits auf dieser Stufe lassen sich erste Charakteristika und Zusammenhänge in Bezug auf Leidenschaft und Community finden.

In einem nächsten Schritt können die Informationen nach den Aspekten „Leidenschaft", „Szene", „Wertegemeinschaft", „Netzwerk" von Nachfragern, aber auch Anbietern geordnet werden. Je nachdem, wie stark die Affinität auf bestimmte Produkte bezogen ist, sind die Anbieter in das Netzwerk eingebunden; ein Beispiel für einen sehr starken und direkten Produkt- bzw. Markenbezug ist etwa Harley Davidson. Interessant ist, dass nicht nur die großen Anbieter bei den diversen Suchmaschinen dominieren, sondern ebenso kleine Lieferanten von Motorradteilen oder Tuning-Kits vorkommen. Sie werden von Nicht-Community-Mitgliedern aber kaum wahrgenommen.

Einschlägige Informationsquellen im Internet, wie Foren, Weblogs und Webseiten, geben einem so einen schnellen und direkten Einblick in das Netzwerk der Affinität.

1.6 Fazit

Ausgehend von einer sachlogischen, sportdisziplinbezogenen Abgrenzung von Zielgruppen auf dem Gesamtmarkt „Sport" wurden Zielgruppenmärkte empirisch untersucht. Dabei wurden Online-Umfragen über die jeweiligen spezifischen Kommunikationskanäle im Internet verbreitet. Neben der Erfassung der Daten fand eine Analyse des Antwortverhaltens statt. Es lassen sich folgende Resultate zusammenfassen:

Die befragten Zielgruppen antworteten nicht nur auf die spezifischen Umfragen. Sie entwickelten Eigeninitiative und suchten die Kommunikation untereinander und direkt mit dem Forschungsteam. Diese Eigeninitiative hielt auch über den Abschluss der eigentlichen Um-

Fazit

frage hinaus an. Zudem identifizierten sich die Untersuchungspersonen freiwillig als Gruppenmitglieder und hinterließen ihre persönlichen Daten. Es konnte gezeigt werden, dass dieses Bekenntnis öffentlich und direkt stattfindet und damit von einem Gruppenbewusstsein gesprochen werden kann.

Die teilnehmenden Personen bekennen sich aufgrund persönlicher Leidenschaften zu bestimmten Gruppen. Diese Leidenschaft ist damit zugleich konstitutiv für die sich bildenden Communities. Zudem existieren gruppenspezifische Gepflogenheiten und informelle Regeln, welche den Umgang der Community-Mitglieder untereinander bestimmen. Anhand dieser unterschiedlichen Verhaltensmuster lässt sich die Existenz gruppenindividueller endogener Marktstrukturen in einer eigentlich heterogenen Struktur des Gesamtmarktes aufzeigen.

Durch die selbstselektive Befragung der Untersuchungsgruppen konnte gezeigt werden, dass sich Akteure auf einem Gesamtmarkt anhand gruppenspezifischer Ansprache freiwillig zu leidenschaftsbasierten Communities bekennen und direkt ansprechbar sind. Anhand dieser Strukturen lässt sich damit ein heterogener Gesamtmarkt in real existente Zielgruppenmärkte segmentieren. Die Basis für die Erschließung dieser Zielgruppen ist dabei die Kenntnis der gruppenspezifischen Informations- und Kommunikationskanäle sowie der Leidenschaft als „Treiber" der Community.

Aufbauend auf diesen beschriebenen empirischen Beobachtungen gilt es nun, die leidenschaftsgetriebenen Zielgruppen aus wissenschaftlicher Sicht zu analysieren und ihre strategische Relevanz aufzuzeigen.

Dazu folgt der Einstieg über eine detaillierte Darstellung der gesellschaftlichen Rahmenbedingungen, unter denen die entdeckten Zielgruppen existieren. Im Anschluss erfolgt eine definitorische Abgrenzung der Zielgruppe im Rahmen eines neuen Zielgruppenverständnisses. Danach liegt der Fokus der Betrachtung auf dem Bezugsrahmen des Strategischen Managements. Es wird gezeigt, inwieweit der Paradigmenwechsel im Zielgruppenverständnis Auswirkungen auf die Elemente des Strategischen Managements impliziert. Zudem werden weiterführende Ansätze geboten, die zeigen, welche Auswirkungen dieser Ansatz auf die unternehmerische Praxis und den organisatorischen Wandel hat.

2 Gesellschaft und Märkte im Wandel

2.1 Gesellschaftliche Trends

Die gesellschaftlichen Rahmenbedingungen unserer modernen Kulturen werden immer diffuser und vielfältiger. Wertewandel und Multioptionalität führen zu einer unüberschaubaren und wechselhaften Welt, in der sich die Individuen zurechtfinden müssen. Orientierungslosigkeit, Sinnsuche und scheinbar widersprüchliches Verhalten der Individuen sind die Folgen, mit denen das Management klarkommen muss, wenn es in diesem dynamischen Markt- und Wettbewerbsumfeld erfolgreiche Unternehmensführung leisten will.

2.1.1 Multioptionale Gesellschaft

Bereits Anfang der 90er Jahre haben Zukunfts- und Trendforscher einen Megatrend in der Gesellschaft ausgemacht, der heute mehr denn je das wirtschaftliche Geschehen prägt: den Trend der Multioptionalität.

„Noch nie waren die Menschen einem solchen Angebotsstress ausgesetzt wie heute. Ständige Aufforderungen und Anforderungen führen zur Überforderung: Die Menschen haben das Gefühl, Zeit und Geld reichen bei weitem nicht mehr aus, sich alle ihre Wünsche zu erfüllen."[16]

Die Auswahl an Angeboten, die den Individuen zur Verfügung stehen, scheint unendlich. Die Angebotsvielfalt erstreckt sich auf alle Lebensbereiche – die Arbeitswelt, die Freizeitgestaltung, die Konsumprodukte, die Musikrichtungen, die Lebensstile, die politischen Orientierungen, die Religionen und Glaubensrichtungen, die Partnerschafts- und Beziehungsformen, die Medien etc. Es gibt nichts, das es nicht gibt, und das Angebot wächst täglich.

Nahezu grenzenlose Mobilität eröffnet weitere Möglichkeiten für Urlaubsziele, Lebensmittelpunkte, Zweitwohnsitze und berufliche Alternativen. Jeder Punkt der Erde ist in wenigen Stunden zu erreichen. Egal ob mit dem Auto, dem Zug, dem Flugzeug oder dem Schiff; wir sind so mobil und damit so flexibel wie nie.

Berufe wie Arzt oder Jurist sind nicht länger höheren Klassen oder gesellschaftlichen Schichten vorbehalten. Jeder kann heute werden, was er will, egal ob Schreiner, Rechtsanwalt, Priester, Schönheitschirurg oder Popstar, nichts ist unmöglich. Zudem entstehen fast täglich neue Berufsbilder (z.B. Computerspiele-Tester), die den Individuen zusätzliche berufliche Perspektiven bieten. Die Deregulierungs- und Flexibilisierungstendenzen am Arbeitsmarkt haben neue, vielfältigere und instabilere Formen von Erwerbstätigkeitsverläufen hervorgebracht. War es bis vor einigen Jahren noch üblich, sein ganzes Leben ein und denselben Beruf auszuüben oder sogar von der Ausbildung bis zur Rente in nur einem

---

[16] Opaschowski 2002b, S. 200.

Unternehmen zu arbeiten, so steigt heute die Zahl der beruflichen Quereinsteiger und Umschulungen.

Die Aufweichung des traditionellen Rollenverständnisses zwischen den Geschlechtern und Generationen trägt ebenfalls zur Möglichkeitssteigerung bei. Immer mehr Frauen streben eine berufliche Karriere an, Hausmänner sind keine Seltenheit mehr, und die soziale Ächtung gleichgeschlechtlicher Partnerschaft nimmt ab. Man kann also nicht nur immer mehr tun, man darf es auch. Mit dem Abbau restriktiver Rahmenbedingungen in der Multioptionsgesellschaft steht dem Individuum eine Vielzahl an materiellen und ideellen Möglichkeiten zur Verfügung. Die Kluft zwischen Wirklichem und Möglichem wächst zusehends und die Individuen versuchen krampfhaft, diese Lücke zu schließen, was sich in einer Hyperaktivität unserer Gesellschaft äußert. „Und niemand kann einem in der Informationsflut und der Fülle von Optionen auf dem Markt auf die Frage antworten: Was ist wichtig?"[17] So entsteht ein „[...] gigantisches, unüberschaubares Konglomerat der widersprüchlichen Lebensstile und Lebenswelten, der Gegen-, Sub- und Hauptkulturen [...]"[18]. Diese flexible, offene Welt mit ihren unendlichen Rollenansprüchen bringt den „flexiblen Menschen" hervor, der von Ort zu Ort, von Job zu Job und von Beziehung zu Beziehung driftet und nicht in der Lage ist, ein stabiles Bewusstsein auszubilden. Horx bezeichnet diesen „flexiblen Menschen" als „fraktales Ich", welches sich in einem komplexen „[...] Gefüge aus Teilzeit-Rollen, Geschlechts- und Lebenswelten, in einem weiten Feld aus Wunsch- und Zeitökonomien [...]"[19] zurechtfinden muss. Damit verliert der moderne Mensch seine Identität, sein unverwechselbares, authentisches Ich und wird somit für die Marktforschung schwer greifbar.

2.1.2 Flexibilität des Werdens

Amorphität dient als Überbegriff für die sich aus der Multioptionalität ergebenden veränderten Verhaltensweisen einzelner Individuen.

An die Stelle von fest gefügten Lebensformen, unwandelbaren Identitäten und ewigen Bündnissen treten facettenreiche Lebenslagen, die beweglicher und brüchiger werden.[20] Hitzler bezeichnet den neuen Konsumenten als „Bastelexistenz"[21]. Für Religion, Politik, Familie, Partnerschaft, Arbeit, Freizeit und Identitätsfindung gilt: mehr Wechsel, Instabilität, Zwischenformen und Übergänge. Die Dauerhaftigkeit des Seins wird durch die Flexibilität des Werdens ersetzt. Sowohl-als-auch statt Entweder-oder und gleichzeitig statt nacheinander, das sind die Maximen des modernen Individuums. Bolz spricht von einer „diffusen, kaleidoskopischen Gesellschaft"[22], die es den Unternehmen erschwert, den Markt in homogene und klar definierte Käufertypologien zu unterteilen und diese mit speziell für

---

[17] Bolz 1997, S. 33.
[18] Horx 1994, S. 10.
[19] Horx 2002, S. 131.
[20] Vgl. Beck-Gernsheim 1997, S. 78.
[21] Vgl. Hitzler 1997, S. 56ff.
[22] Bolz 1997, S. 12.

sie entwickelten Produkten zu bearbeiten.

2.1.3 Wertewandel

Innerhalb der letzten Jahre wird wiederholt von „Wertewandel" gesprochen. Ende der 70er Jahre wurde der „erste" Wertewandel festgestellt. Damals verloren die bis dahin gängigen Werte wie Fleiß, Disziplin, Pflicht und Familie immer mehr an Bedeutung und wurden durch postmaterialistische Wertemuster des Individualismus wie z.B. Selbstverwirklichung, Selbstfindung und Unabhängigkeit ersetzt.[23] Da diese „neuen" Werte ebenso wie Moden und Stile einem rascheren Wandel unterliegen und in ihnen keine Kontinuität zu erkennen ist, ist gemeinhin auch von einem Werteverfall oder Wertevakuum die Rede.

Tabelle 2.1   Wertewandel nach Horx

Wirtschaftswunder	Hedonismus	Soft-Individualismus
Pflicht	Lust	Kreativität
Treue	Freiheit	Freundschaft
Disziplin	Chaos	Flow
Glaube	Genuss	Spiritualität
Wir	Ego	Autotelisches Ich
Gehorsam	Rebellion	Verhandelter Kontrakt
Verzicht	Reiz / Fun	Kultivierter Genuss

Quelle: Horx 2002, S. 63.

„In dem Maße, in dem sich Enttraditionalisierung, Individualisierung und Pluralisierung in der Gesellschaft durchsetzen, schwinden allgemein konsensfähige Sinnhorizonte."[24] Zu den traditionellen Instanzen wie Kirche oder Familie sind neue Instanzen der Sinngebung wie z.B. Medien, Konsumstile oder Kulturindustrien hinzugekommen, wodurch ein heterogener Wertekosmos entstanden ist, aus dem die Individuen sich ihren ganz persönlichen Wertekatalog zusammenstellen können und müssen. Die unbeschränkte individuelle Freiheit brachte das Brechen von sozialen Regeln und moralischen Werten mit sich, was ernsthafte gesellschaftliche Probleme verursachte. Der Zusammenhalt der Gesellschaft erfolgt nicht mehr länger zentral durch ein Wertekorsett, sondern durch Konsum, Ästhetik und Zeitverwendung. Ein „zweiter" Wertewandel ist nun seit den 90er Jahren zu erkennen. Der hedonistische Individualismus mit seiner allumfassenden Halt- und Wertlosigkeit und dem Ich als absolutem Leitwert der Gesellschaft scheint ausgedient zu haben. Die Individuen

---

[23] Vgl. Horx 1994, S. 130f.
[24] Prahl 2002, S. 80.

sind wieder auf der Suche nach einer verbindlichen Normalität, einem „Wir", einer neuen Gemeinsamkeit.[25]

Im Mittelpunkt des neuen Individualismus („Soft-Individualismus") steht ein fluktuierendes Wertesystem, welchem die Idee einer kooperativen Verhandlungsmoral zugrunde liegt. Zwischen den Beteiligten entsteht ein individuelles Wertesystem, welches ein für beide Seiten zufriedenstellendes „Win-win-Verhältnis" zwischen Bindung und Freiheit herstellt.[26] Diese Werte des „Soft-Individualismus" finden in dem gesellschaftlichen Trend der Gruppenindividualisierung ihren Ausdruck. Nach dem Motto „Ich bin ich, aber ich brauche hin und wieder das Gefühl der Zugehörigkeit zu einer Gruppe!" sucht das Individuum nach Gruppenanschluss.

2.1.4 Soziale Orientierungslosigkeit

Das Problem an den pluralistischen Rahmenbedingungen der heutigen Gesellschaft ist, dass die Individuen keine andere Wahl haben als zu wählen. Das „Entscheiden-Können" bedeutet immer auch ein „Wählen-Müssen". „Dies empfinden wir umso deutlicher, je mehr die Determiniertheit durch äußere Umstände zurückgeht und sich der Möglichkeitsraum erweitert."[27] Somit zersplittert die alltägliche Lebenswelt des modernen Menschen in nicht mehr zusammenhängende Teil-Orientierungen.[28] Gesellschaftliche Großaggregate wie Klassen oder Schichten haben ebenso ihre prägende Kraft verloren wie klassische Institutionen wie z.B. die Familie, was dazu führt, dass sich die Individuen zunehmend in Eigenregie in der Gesellschaft positionieren müssen. Dieser Zwang zur Selbstorientierung, Selbstständigkeit und Selbstorganisation und die damit verbundene Unsicherheit überfordern viele Individuen und machen eine selbstverständliche, alltägliche Lebensführung immer problematischer.[29] „Unser Problem ist, dass wir orientierungslos, konfus sind, und nicht etwa unwissend."[30]

Eine Folge dieser Orientierungslosigkeit ist die Renaissance traditioneller Religionen und der Boom privater Glaubensformen, hausgemachter Spiritualismen und persönlicher Patchwork-Religionen. Diese „Respiritualisierung"[31], wie sie Horx bezeichnet, ist Ausdruck einer wachsenden Sehnsucht der Individuen nach Ordnung und Halt, nach unterstützenden, strukturierenden Instanzen. Glaube und Mythos gewinnen wieder an Bedeutung und schaffen ein Gegengewicht zu der aufgeklärten, rundum informierten Wissensgesellschaft. Die „Auferstehung" der Kirchen und des Religiösen lässt sich nicht nur durch die wachsende Bedeutung der Glaubensformen für die individuelle Selbstfindung begründen. Das mit Gottesdiensten, rituellen Handlungen und religiösen Zeremonien verbundene Grup-

---

[25] Vgl. Horx 1994, S. 130f.
[26] Vgl. Horx 2002, S. 63.
[27] Schulze 2003, S. 49.
[28] Vgl. Hitzler 1997, S. 57.
[29] Vgl. Gross 2005, S. 244ff.; vgl. Prahl 2002, S. 35ff.; vgl. Bolz 1997, S. 11.
[30] Bolz 2004, S. 26.
[31] Vgl. Horx 2002, S. 146ff.

penerlebnis befriedigt zudem das Verlangen der Individuen nach sozialer Orientierung und Geborgenheit in einer zusehends anonymen Welt.

Folge dieser Komplexität der Lebensführung und der Undurchsichtigkeit der Werteordnung ist nach Bolz eine „[...] alles durchdringende Sehnsucht nach Transparenz, Klarheit und Ehrlichkeit [...]"[32] und die Suche nach dem Sinn des Lebens. Die Sinngebung ist zu einer „[...] privaten Angelegenheit des einzelnen Akteurs geworden [...]"[33]. Diese „Sinngesellschaft" versucht, der Komplexität der modernen Welt zu entfliehen und sucht nach einer Orientierung im Unübersichtlichen und nach Mustern im Regellosen. Die Flucht aus der Sinnlosigkeit der multioptionalen Konsumgesellschaft führt die Individuen wieder zusammen. „Je freier wir leben, desto lauter wird der Ruf nach einer verbindlichen Gemeinsamkeit."[34]

2.1.5 Gruppenindividualisierung

Seit jeher will sich der Mensch von anderen unterscheiden, aus der Masse hervorstechen und ein unverwechselbares Selbst ausbilden. Der Wunsch nach Individualisierung ist nicht neu, doch erst die Multioptionalität, die riesige Vielfalt an realisierbaren Alternativen, schaffte die Voraussetzung für den Schritt von der theoretischen zur praktischen Individualität. In den letzten Jahrzehnten haben die Individuen diese Möglichkeitssteigerung begierig angenommen und umgesetzt. So hat sich die Gesellschaft zu einer individualistischen Singlegesellschaft entwickelt, in der das Individuum einen höheren Stellenwert hatte als die Gesellschaft. Diese Individualisierung ging jedoch mit einer Vereinsamung einher. Mit zunehmendem Umfang der Wahlmöglichkeiten erweitert sich auch das Bewusstsein der Gesellschaft für die Grenzen des Individualismus.[35]

„Der Singleisierung folgt ein großes Bedürfnis nach Kontakt [...] Der moderne Single möchte eigentlich beides: anonym bleiben und erkannt werden, soziale Verbindlichkeit und Unverbindlichkeit."[36]

Der moderne Individualist wird sich also in einem Spannungsfeld zwischen Freiheits-Individualisierung und Bindungs-Sehnsucht bewegen. Beck bezeichnet diesen Trend als „Selbst-Kultur", den „[...] Zwang und die Lust, ein eigenes, unsicheres Leben zu führen und mit anderen eigen(artig)en Leben abzustimmen."[37]

„Und schließlich heißt Individualität nie völlige Einzigartigkeit, sie impliziert immer den Bezug auf eine Gruppe, deren Merkmale man zeigt, und damit gleichzeitig den Bezug auf eine Gruppe, der man offensichtlich nicht angehört oder angehören möchte."[38]

---

[32] Bolz 1997, S. 15.
[33] Hitzler 1997, S. 57.
[34] Opaschowski 2002a, S. 159.
[35] Leadbeater 2002, S. 124.
[36] Horx 1994, S. 185.
[37] Beck 1997, S. 183.
[38] Karmasin 1993, S. 104.

Neben dem Trend zur Individualisierung, der nach wie vor gesellschaftlich relevant ist, ist also ein neuer Trend zur Kollektivierung zu erkennen. Diese beiden Trends verlaufen jedoch nicht nebeneinander, gegeneinander oder nacheinander, sondern verbinden sich zu einem neuen Trend: der Gruppenindividualisierung. Die Individuen suchen nach Möglichkeiten, die Freiheiten der persönlichen Ich-Entfaltung und die Geborgenheit in einer Gruppe zu kombinieren. Sportarten wie z.B. Snowboarding bieten dazu ideale Plattformen: Snowboarder fahren zum Großteil in „Rudeln", lassen sich auf der Piste nieder und schauen zu, wie jeder einzelne von ihnen sich individuell durch einen tollen Sprung produzieren kann. Hat der letzte seinen Sprung vorgeführt, erholt sich das „Rudel" und fährt geschlossen talwärts. Die Orientierung an und der Vergleich mit gleichgesinnten Gruppenmitgliedern gewinnen an Bedeutung und so entstehen zahlreiche soziale Einheiten wie z.B. Szenen oder Cliquen, die einen kollektiven Individualisierungsprozess vollziehen. Ein wesentliches Merkmal dieser von Hitzler und Pfadenhauer als „posttraditionale Gesellschaft" bezeichneten Gemeinschaften ist folglich, dass sie Mitgliedschaft also nicht erzwingen können. „Sie können zur Mitgliedschaft lediglich verführen."[39] Diese sozialen Gruppen zeichnen sich durch interne Homogenität und externe Heterogenität aus und bieten daher einen idealen Ansatzpunkt für die Marktsegmentierung.

2.2 Veränderte Marktbedingungen

2.2.1 Produkthomogenisierung und deren Folgen

Deregulierungs- und Privatisierungstendenzen führen nicht nur zu einem stärkeren Wettbewerb der bereits am Markt existierenden Unternehmen, sondern reduzieren zudem die Markteintrittsbarrieren für neue Mitbewerber. Es entstehen immer mehr Global Player, die über die Grenzen ihres Heimatlandes hinweg agieren und in neue Märkte vordringen. Neben einem stärkeren Verdrängungswettbewerb, der nicht selten über den Preis ausgetragen wird, kommt es damit auch zur Angleichung bzw. Homogenisierung der Märkte und Produkte. „Ob Heraklion oder Mahon, Hurghada oder Monastir – immer weniger Urlauber können noch auf Anhieb sagen, ob die Poollandschaft ihres Vier-Sterne-Hotels unter ägyptischer, tunesischer oder spanischer Sonne liegt."[40] Verstärkt wird diese Entwicklung zudem vom technologischen Fortschritt, der nahezu unbegrenzte Produktions-, Distributions- und Kommunikationsmöglichkeiten eröffnet.

Die Unternehmen versuchen dieser Monotonie zu entrinnen, indem sie immer schneller immer mehr Produktvariationen auf den Markt bringen. Die damit steigende Zahl an verfügbaren Produkten erhöht die Wahlmöglichkeiten für potenzielle Kunden und stellt diese vor immer weitere Entscheidungssituationen: Waschmittel in Pulverform, Gel, Tabs oder als Powerkügelchen, in der Duftnote „Frühlingserwachen", „Frische Meeresbrise" oder

---

[39] Hitzler 2005, S. 261.
[40] Sturm 2005, S. 3.

"Tropic Fruit"? Der Kunde hat die Qual der Wahl. Dieser zunehmende Zwang zur Entscheidung zwischen immer vielfältigeren Produkten endet oft in Resignation und Gleichgültigkeit des Kunden. Der Verbraucher hat erkannt, dass er keine Chance hat, mit der Innovationsgeschwindigkeit vieler Produkte Schritt zu halten und lässt daher immer öfter eine oder mehrere Moden bzw. Innovationsstufen aus (Leap Frogging).[41]

Wenn der Konsument heute noch etwas kauft, dann nicht, weil er etwas braucht, sondern weil er etwas will. Und der Kunde will kein Auto, er will Emotionen. Er will keinen Urlaub, sondern Erlebnisse. Mit jedem Produkt kauft er eine Serie von Erlebnissen im sozialen Umfeld, die ihm bei seiner Selbstfindung und Selbstentfaltung in der Gesellschaft dienlich sind. „Der Erlebniskonsum stellt die attraktivste Konsumart dar. […]"[42]

Letztes Mittel im Kampf um den Kunden scheint für viele Unternehmen die Werbung zu sein. Der klassische Werbemarkt verzeichnete im ersten Halbjahr 2011 ein solides Bruttowachstum von 4,6 % im Vergleich zum Vorjahr. 12,1 Mrd. Euro brutto wurden laut Nielsen Media Research im ersten Halbjahr 2011 deutschlandweit für Werbung in den klassischen Massenmedien Radio, TV, Print und Plakat investiert. „Der Kampf um die kurzfristige und unmittelbare Reaktion der Verbraucher gewinnt gegenüber dem langfristigen Aufbau von Markenimages zunehmend an Bedeutung […]."[43] Für den Konsumenten bedeutet dies eine enorme Informationsüberflutung: Mehr als 200 Radio-Spots, 200 TV-Spots, 75 Anzeigen und 500 Plakate wirken auf jeden Konsumenten pro Woche ein.[44]

Mit immer häufigeren und vor allem immer provokanteren Werbebotschaften versuchen sich die konkurrierenden Unternehmen voneinander abzugrenzen und die Aufmerksamkeit der Kunden auf sich zu ziehen. In dieser wachsenden Informationskonkurrenz setzen sich nur solche Werbebotschaften durch, die stärker auffallen als die konkurrierenden Werbebotschaften. Täglich ist der Kunde mit hunderten und tausenden von Informationsangeboten konfrontiert, überall wird er mit Werbebotschaften überhäuft: im Fernsehen, im Radio, in Zeitschriften, im Briefkasten, im Internet, in der U-Bahn, auf der Straße etc. Der Überfluss an Medien und Information hat einen Trend hervorgebracht, der als „Downshifting" bezeichnet wird. „Downshifter legen besonderes Gewicht auf die Reduktion des Medienkonsums […]"[45] und entscheiden sich bewusst für „[…] gezielteren Konsum, mehr Eigenzeit und Aufmerksamkeit für emotional wichtige Dinge."[46] Diese Konsumreduzierung wird in den nächsten Jahren weiter zunehmen und die Wirtschaft vor eine große Herausforderung stellen.[47]

Um sich in Märkten homogener Produkte zu behaupten, versuchen konkurrierende Unternehmen sich durch immer schnellere und vielfältigere, technologiegetriebene Produkt-

---

[41] Vgl. Becker 1998, S. 749; vgl. Salmon 1996, S. 91ff.
[42] Opaschowski 2002b, S. 236.
[43] Heffler/Möbus 2004, S. 258.
[44] Vgl. Dorland 2004, S. 216.
[45] Horx 2002, S. 137.
[46] Horx 2002, S. 136.
[47] Vgl. Huber 2002, S. 144.

innovationen sowie mit einer Erhöhung des Werbeaufwandes mittels Massenmarketing von den Mitbewerbern abzusetzen. Diese Maßnahmen führen jedoch zu einer Reizüberflutung des Kunden, der aufgrund der Fülle an Informationen und Optionen resigniert und mit Konsumzurückhaltung reagiert. Um den Kunden doch noch zu erreichen und zum Kauf zu animieren, erhöhen die Unternehmen wiederum ihre Anstrengungen in Werbung und Innovation.

Die Flut an Werbebotschaften und Informationen führt dazu, dass diese immer weniger bzw. selektiver wahrgenommen werden. Schmidt formuliert dies so: „Je erfolgreicher das Werbesystem Aufmerksamkeit erzeugt, desto unvermeidlicher erzeugt es Aufmerksamkeitsverknappung."[48] Für die Sender von Informationen bedeutet dies, dass das, was sie übermitteln wollen, nicht existiert, solange es nicht wahrgenommen wird. Die Menge der Aufmerksamkeit ist begrenzt, die Menge an Informationen, auf welche die Aufmerksamkeit verteilt werden kann, hingegen unendlich.[49] Der einzige Faktor, der in unserer Überflussgesellschaft begrenzt ist und auch nicht vermehrt werden kann, ist – neben der Zeit – die Aufmerksamkeit.[50] Aufmerksamkeit wird damit zum knappen Gut und ist, zumindest in der Wissenschaft, neben Zeit und Geld, als grundlegender Wirtschaftsfaktor anerkannt.[51]

2.2.2 Die Informationsgesellschaft und der mündige Kunde

Ein gravierender Nachteil, den die Informationsgesellschaft mit sich bringt (zumindest für den Werbenden), ist der dementsprechend hohe Informationsgrad der Kunden bzgl. des Produzenten und dessen Produkte. Besonders das Internet hat diese Entwicklung beschleunigt. Informationen über alles und jeden sind heute in Echtzeit von überall auf der Welt zu bekommen. Nicht selten ist der Kunde besser über ein bestimmtes Produkt informiert als der Anbieter selbst. Damit ändern sich auch die Anforderungen an das Management: Nicht Informationen, sondern Emotionen sind gefragt; nicht der wirtschaftlich praktische Nutzen muss vermittelt werden, sondern die soziale Bedeutung des Produktes.

„Ein Angebot als Köder reicht nicht mehr aus, um den Kunden ‚zu fangen'."[52]

Der Anspruch der Kunden an die Werbung und die Produkte steigt, gleichzeitig sinkt die Markentreue, was sich mit einem gewachsenen Selbstbewusstsein der Verbraucher erklären lässt.[53] Der Kunde verlangt über den Gebrauchswert des Produktes hinaus noch einen semantischen Mehrwert, der es ihm ermöglichen soll, seiner Identität bzw. Individualität Ausdruck zu verleihen und dadurch mit seiner sozialen Umwelt nonverbal zu kommunizieren. Karmasin hat in diesem Zusammenhang Produkte als Botschaften und Kommuni-

---

[48] Schmidt 2000, S. 8.
[49] Vgl. Franck 1999, S. 150.
[50] Vgl. Kelley 1999, S. 86.
[51] Vgl. Benedikter 2005, o.S.
[52] Kotler 2005b, S. 35.
[53] Vgl. Lewis/Bridger 2001, S. 203; vgl. Eggert 1997, S. 168.

kationsakte bezeichnet.[54]

Das Management sieht sich einer neuen Herausforderung gegenüber: dem mündigen Kunden. Der Kunde ist nicht nur bestens über die Produkte und die dahinter stehenden Firmen informiert, er durchschaut auch zunehmend die Techniken der Werbetreibenden und lässt sich nicht mehr so leicht beeinflussen.[55] Er wird immer resistenter gegen die Manipulationsversuche des unpersönlichen Massenmarketings. „Verstärkter Kommunikationswettbewerb und die Vielzahl der Werbebotschaften führen bei den Verbrauchern immer häufiger zu Reaktanzerscheinungen."[56] Fühlt sich der Kunde durch eine als Beeinflussungsversuch identifizierte Kommunikationsmaßnahme in seinem individuellen Entscheidungsspielraum zu sehr beschränkt bzw. zu einer bestimmten Handlung oder Einstellung gedrängt, reagiert er schnell mit Reaktanz, d.h. mit einer Abwehrhaltung, einer Motivation, sich dieser Beeinflussung zu widersetzen.[57] Der Konsument hat nicht nur die Marketingstrategien der Wirtschaft durchschaut und ist aufgeklärter, was das Marktgeschehen anbelangt, er ist sich auch seiner Einflussmöglichkeiten auf die unternehmerischen Aktivitäten bewusst und weiß diese Macht für sich zu nutzen. Der Kunde von heute ist selbstbewusst, anspruchsvoll, kritisch, fordernd und, wie es Bauer/Sauer/Merx formulieren, „emanzipiert"[58].

2.3 Konsequenzen für eine marktgerichtete und -gerechte Unternehmensführung

Erfolgreiches Management muss immer marktgerichtet und marktgerecht sein. Unter Berücksichtigung der zuvor beschriebenen Entwicklungen von Markt und Kunde scheinen zwei Aspekte zentral für den unternehmerischen Erfolg in produkthomogenen, diffusen Märkten: Kundenorientierung und Zielgruppenmarketing.

2.3.1 Von der Produkt- zur Kundenorientierung

In Zeiten von Anbietermärkten mussten sich Unternehmen nur wenig Gedanken über die Beziehung zu ihren Kunden machen. Durch den Überhang an Kunden und den Mangel an Anbietern hatten die meisten Unternehmen keine Absatzprobleme und damit auch keinen Grund, sich intensiver mit dem Kunden zu beschäftigen. Im Laufe der Zeit aber haben sich

---

[54] Vgl. Karmasin 1993, S. 15f.
[55] Vgl. Bauer/Sauer/Merx 2002, S. 651.
[56] Jolly 2005, S. 92.
[57] „Wenn eine Person eine Bedrohung oder Einschränkung ihrer Verhaltensfreiheit wahrnimmt, entsteht eine Motivation (Reaktanz genannt), welche die Person veranlasst, sich der erwarteten Einengung zu widersetzen oder nach erfolgter Einengung ihre Freiheit wieder zurück zu gewinnen. Die Verhaltensfreiheit umfasst auch die innere Freiheit zu denken und zu fühlen." Kroeber-Riel/Weinberg 1999, S. 206.
[58] Vgl. Bauer/Sauer/Merx 2002, S. 644ff.

die meisten Märkte von Anbieter- zu Nachfragermärkten entwickelt. Die Konkurrenz zwischen den Anbietern stieg und der Kunde mit seinen wachsenden Ansprüchen rückte immer mehr in das Blickfeld von Marketing und Marktforschung. Nun war nicht mehr das Produkt, sondern der Kunde die kritische Größe. Die Orientierung am Kunden und seinen individuellen Bedürfnissen wurde zum Herzstück jeder modernen Marketingstrategie und Unternehmenspolitik.[59]

Kundenorientierte Unternehmen suchen keine Abnehmer für bereits entwickelte Produkte, sondern entwickeln zusammen mit dem Kunden Problemlösungen nach dessen individuellen Bedürfnissen. Um diese Bedürfnisse aufzuspüren, muss der Produzent den Kontakt mit dem Kunden aufnehmen und einen Dialog führen. Der enge und persönliche Kontakt zum Kunden dient dabei nicht nur der Informationsbeschaffung bezüglich Ansprüchen und Erwartungen der Kunden, sondern fördert zudem die Vertrauensbildung und Kundenbindung.

Der Kommunikationspolitik eines Unternehmens kommt hier eine entscheidende Rolle zu. Der kurzfristige, einseitige Weg der Informationsübermittlung vom Anbieter zum potenziellen Nachfrager mittels unpersönlichen Massenmarketings ist zu ersetzen durch eine dauerhafte, gegenseitige Beziehungspflege. Kommunikationsmedien und -inhalte sind dazu geeignete Maßnahmen, den Dialog über die individuellen Anforderungen eines jeden Kunden zu führen. Rein produktbezogene Informationen reichen dabei jedoch nicht aus. Die Kunden wollen immer mehr über das Unternehmen erfahren. Sie interessieren sich für die Leute, die dort arbeiten, welche Ziele und Grundsätze diese haben, wo die Produkte hergestellt werden, ob Kinderarbeit dabei zum Einsatz kam oder Kollateralschäden entstanden sind. Sie beziehen alle diese Informationen in ihre Kaufentscheidung mit ein. Die Kommunikation produktunabhängiger, unternehmensbezogener Informationen gewinnt damit an Bedeutung. In einer kundenorientierten Unternehmenspolitik sind der Corporate Identity und dem Corporate Image daher größte Aufmerksamkeit zu schenken.

Alle Daten und Informationen, die im Laufe einer solchen Beziehung über den Kunden gesammelt werden, müssen in einer geeigneten Datenbank gespeichert und kontinuierlich aufbereitet, analysiert, interpretiert, bewertet und allen Unternehmensbereichen zugänglich gemacht werden. Dieses Wissen über die Kunden und deren Eigenarten, Vorlieben und Bedürfnisse ist der entscheidende Erfolgsfaktor für jedes unternehmerische Handeln („customer profiling").

Die Kundenorientierung findet somit nicht nur in den Köpfen der Mitarbeiter und der Geschäftsführung statt, sondern wirkt sich auch auf die konkrete Gestaltung von Systemen, Strukturen und Prozessabläufen des Unternehmens aus. Customer Integration bedeutet also, „den Kunden in den Mittelpunkt zu stellen und betriebliche Abläufe vom Kunden her zu organisieren"[60]. So bietet der amerikanische Sportartikelproduzent Nike seinen Kunden die Möglichkeit, das Design seiner Turnschuhe selbst zu gestalten. Auf der Internetseite des

---

[59] Vgl. Meffert 2000, S. 3.
[60] Kleinaltenkamp 1996, S. 24.

Unternehmens kann der Kunde sich seinen individuellen Schuh zusammenstellen und nimmt damit Nike einen Teil des Entwicklungsprozesses ab.[61]

2.3.2 Vom Massenmarkt zum Zielgruppenmarkt

In seinem Werk „The Elusive Fan" bringt Kotler es auf den Punkt: Das Verständnis großer Sportverbände von ihren Fans muss sich ändern, denn über das bisher realisierte Massenmarketing von National Football League-Vereinen oder z.B. von Manchester United lassen sich deren Fan-Gemeinden nicht mehr motivieren. „Sports have become a way of life and in many cases a principal connection to community, moral values, and hero worship."[62]

Als Gründe, warum die Sportbegeisterten mit bloßem Massenmarketing so schwer erreichbar sind, nennen er und seine Co-Autoren Rein und Shields die Änderungen in Familienstruktur und -verhalten sowie überzogene Kommerzialisierung, Verdrängungswettbewerb sowie Erwartungsdruck und Zeitdruck seitens der Fangemeinde. Sie fordern Anpassung an neue Verhältnisse in Sachen Marktbearbeitung, vor allem mehr Einsatz neuer Technologien und eine viel stärkere Individualisierung. „All sports need to be constantly adapting and if necessary changing to accommodate a competitive and fragmented marketplace."[63]

Noch allgemeiner, aber ebenso dringlich formuliert es A. G. Lafley, Procter-&-Gamble-Chairman CEO: „We need to reinvent the way we market to consumers."[64] Wie dieses Zitat zeigt, tun sich auch die großen Konsumgüterhersteller schwer, die enormen Streuverluste ihrer Werbekampagnen im Massenmarketing in den Griff zu bekommen, um den Werbebudgets mehr Wirksamkeit zu geben. Hunderte von Millionen Dollar und Euro suchen nach mehr Aufmerksamkeit und Beachtung im Massenmarkt.

„Der Kunde sieht sich nicht mehr als kleines, folgsames Element des Massenmarketings, als braves Rädchen einer riesigen Maschinerie, sondern als selbstbewusstes Einzelwesen, das eine entsprechend individualisierte Behandlung vom Anbieter einfordert."[65]

Die breite Streuung von Werbebotschaften über Massenmedien verfehlt unter den neuen Marktbedingungen offensichtlich ihre Wirkung. Unpersönliche Massenwerbung nach dem Gießkannenprinzip kann der immer stärker werdenden Forderung der Kunden nach individueller Behandlung nicht mehr nachkommen.

Zur Erhöhung der Treffsicherheit in der Zukunft empfehlen Kotler et al. großen Sportvereinen eine Zielgruppenstrategie: „The effective sports brand will be strategic in making sure that, in serving target markets, the relation-ship between sports, place and community

---

[61] Vgl. Nike 2006, o.S.
[62] Kotler/Rein/Shields 2006, S. X.
[63] Kotler/Rein/Shields 2006, S. 9.
[64] Neff 2004, o.S.
[65] Förster/Kreuz 2003, S. 134.

is a priority."[66]

Im Bereich Printmedien zeigen sich bereits erste Anzeichen einer Neugewichtung der Werbemittelallokation der deutschen Unternehmen. In soziodemographisch ausgerichtete Massenmedien wie Jugend-, Eltern- oder Frauenzeitschriften wurden im Jahr 2004 bis zu 13 % weniger investiert. Dagegen verzeichneten Special-Interest-Magazine, wie z.B. diverse Sportzeitschriften, ein Umsatzwachstum (bezogen auf die Bruttowerbeumsätze) von 16 %.[67]

Diesem „neuen" Selbstverständnis des Kunden müssen die Unternehmen mit einer geeigneten Marketingstrategie begegnen. Die Abkehr vom produktorientierten Massenmarketing hin zu einem bedarfsorientierten Zielgruppenmarketing stellt eine unbedingte Notwendigkeit unternehmerischen Agierens in produkthomogenen Märkten dar. Zielgruppenmarketing meint die konsequente zielgruppenorientierte Ausrichtung aller marktgerichteten Aktivitäten (Analyse der Zielgruppenbedürfnisse, Erstellung zielgruppenadäquater Problemlösungen sowie individualisierte Zielgruppenansprache). Als Zielgruppe wird dabei der Teilmarkt bzw. das Kundensegment bezeichnet, auf das ein Unternehmen mit seinen Aktivitäten abstellt.

---

[66] Kotler/Rein/Shields 2006, S. 305.
[67] Vgl. Heffler/Möbus 2004, S. 258ff.

3 Affinity-Groups – Zielgruppen aus Leidenschaft

3.1 Zielmenge vs. Zielgruppe – Kritik am allgemeinen Zielgruppenkonzept

3.1.1 Zielgruppe als theoretisches Konstrukt

Massenmarketingstrategien versuchen über eine intensivere oder differenziertere Marktbearbeitung, den Kunden bzw. potenziellen Kunden auf das jeweilige Produkt aufmerksam zu machen, ihn zum Kauf zu bewegen oder ihn über eine entsprechende Ausgestaltung des Marketing-Mix langfristig an das Unternehmen zu binden. Kundenorientiertes Marketing allein reicht jedoch nicht mehr aus, um sich einen strategischen Wettbewerbsvorteil zu verschaffen und den neuen Herausforderungen dauerhaft standzuhalten. „Moderne" Marketingansätze, wie z.B. Permission-Marketing, Ambient-Marketing oder Erlebnis-Marketing sind vergleichbar mit Medikamenten, die lediglich die Symptome einer Krankheit behandeln. Die Ursache der Probleme wird damit jedoch weder erkannt noch behoben. So treten immer wieder dieselben Symptome auf, welchen die Unternehmen mit immer neuen Marketingkonzepten begegnen. Die Gründe der problematischen Kundenbeziehung bzw. Kundenbefriedigung liegen jedoch nicht – bzw. nicht zwangsläufig – in einer mangelhaften Abstimmung des Marketing-Mix auf die Bedürfnisse der Zielgruppe, sondern im Mangel ihrer grundlegenden Definition der Zielgruppe und der Märkte.

Kundenorientiertes Wirtschaften bedingt das Wissen um die Bedürfnisse und Anforderungen der Kunden. Dieses Wissen ist über entsprechende Marktforschung zu gewinnen. Marktforschung kann jedoch erst betrieben werden, wenn der relevante Markt bzw. die anvisierte Kundengruppe, deren Bedürfnisse erforscht werden sollen, bestimmt ist. Diese Zielgruppendefinition und die Identifizierung ihrer Bedürfnisse stellen sich unter den zuvor erläuterten gesellschaftlichen Trends heute als größte strategische Herausforderungen dar.

Je mehr kategorisiert, klassifiziert und typisiert wird, desto größer ist die Entfernung zum eigentlichen Gegenstand der Untersuchung: dem Menschen.

„Wir haben ihn seziert, analysiert und durch die Mangel der Marktforschung gedreht. Wir haben versucht, ihm seine Wünsche von den Lippen abzulesen, bevor er sie überhaupt artikulieren konnte. Wir haben ihn ignoriert, verflucht und in Raster und Cluster eingeteilt, bis die kleinste Zielgruppe kleiner war als eine Person. Wir haben gefleht, gebettelt und gedroht. Und jetzt?"[68]

---

[68] Horx 2002, S. 202.

Die Zielgruppe ist das Ergebnis eines Marktsegmentierungsprozesses und wird traditionell als ein in sich homogenes Segment verstanden, auf welches ein Unternehmen mit seinem spezifischen Marketing-Mix abstellt.[69] Dabei geht Marktsegmentierung und damit die Zielgruppendefinition bislang immer vom Marketer aus, d.h., je nachdem welche Kriterien zur Segmentierung herangezogen werden (z.B. Kaufverhalten, Lifestyle, Alter), entstehen unterschiedliche Marktsegmente. Diese Segmente stellen statistische, theoretische Konstrukte dar, die nur in den Köpfen der Marketer existieren. „Herkömmliche Zielgruppenbeschreibungen [...] charakterisieren den Konsumenten losgelöst von jeder Situation als statische Persönlichkeit."[70] Der Fokus liegt demnach nicht auf der Abgrenzung und Bearbeitung im Markt real existierender Gruppen, sondern auf der gedanklichen Zusammenfassung von Personen aufgrund der Übereinstimmung bezüglich einer oder mehrerer Merkmalsausprägungen. Ob diese Individuen persönliche Beziehungen untereinander pflegen und sich selbst als Gruppe wahrnehmen, spielt keine Rolle. Ziel ist es, den unüberschaubaren, heterogenen Markt zu strukturieren und eine formale, subjektive Ordnung zu schaffen, an der sich ein Unternehmen leichter orientieren kann.

Aufgrund der gesellschaftlichen Veränderungen fällt es jedoch immer schwerer, die Individuen exakt zu beschreiben und sie einer bestimmten Zielgruppe zuzuordnen. Verzweifelt wird versucht, mit Hilfe von immer mehr und immer komplexeren Kriterien (z.B. Lifestyle) verhaltenshomogene Segmente zu bilden. Diese Verzweiflung kommt z.B. in der Unmenge an Urlaubertypologien zum Ausdruck, die in den letzten Jahrzehnten entstanden sind.[71] Egal ob „aktiver Erholungsurlauber" oder „preisbewusster Familienurlauber", ob „Globetrotter" oder „Off-beat-Tourist", keiner dieser Touristen ist in der Realität aufzufinden. Es handelt sich um idealtypische Konstrukte, die in ihrer Vielfalt verwirrend und kontraproduktiv auf Marketingstrategien wirken. Diese Art der kategorialen Zielgruppendefinition ist nicht geeignet, „[...] die psychische und soziale Dynamik der Gesellschaft und des Marktes realitätsgerecht abzubilden."[72] Die so erzeugten, synthetischen Gebilde – Zielgruppen genannt– verdienen mitnichten die Bezeichnung Gruppe. Zutreffender wäre es daher, von einer Zielmenge zu sprechen. Dies sind keine Gruppen, da innerhalb dieser Konstrukte keine Interaktionen stattfinden. Individuen, die irgendeiner Zielmasse zugeordnet werden, agieren nicht bewusst als Teil dieser Gruppe und nehmen sich nicht als Angehörige einer solchen wahr. Insofern ist durch ein solches traditionelles Zielgruppenverständnis wenig gewonnen: Aus Sicht des Marketers mag der Gesamtmarkt auf diese Weise strukturiert werden, doch bietet eine derartige Zielgruppenbildung (im herkömmlichen Sinn) allenfalls wenige Ansatzpunkte für ein effektives Beziehungsmarketing. Ein prinzipiell neuer Zielgruppengedanke bzw. Segmentierungsansatz ist daher dringend erforderlich, insbesondere um den gesellschaftlichen Veränderungen Rechnung zu tragen.

---

[69] Grundsätzlich ist in Bezug auf die Zielgruppe immer zu definieren, ob es sich um die Käufer oder die Verwender eines Produktes handelt. In den weiteren Ausführungen spielt diese Unterscheidung jedoch keine Rolle, da die hier erörterte Problematik der Zielgruppendefinition sowohl auf Konsumenten als auch auf Käufer zutrifft.
[70] Baetzgen 2005, S. 63.
[71] Vgl. Schrand 1993, S. 547ff.
[72] Kneissl/Becker 1993, S. 79.

3.1.2 Zielgruppe als soziales Beziehungsnetzwerk

Der österreichische Nobelpreisträger Friedrich August von Hayek unterscheidet zwei Arten von Ordnung: die exogene und endogene. Nach diesem Ansatz besteht, organisationstheoretisch betrachtet, neben der exogenen Ordnung als Ergebnis einer subjektiven Marktsegmentierung auch eine endogene Ordnung des Marktes.[73] Diese endogene, spontane Selbstorganisation eines Systems, die in der Regel von der exogenen Ordnung abweicht, ist vom Marketer nicht direkt beeinflussbar und spiegelt die real existierenden Strukturen im Markt wider. Die endogene Marktstruktur stellt ein Geflecht aus sozialen Einheiten dar, denen sich die Individuen von sich aus anschließen und zugehörig fühlen (z.B. Clique, Clan, Gang, Freundeskreis, Szene). Es entstehen demnach natürliche Gruppen, deren Mitglieder sich durch ein „Wir-Gefühl", gemeinsame Normen und Werte, gemeinsame Ziele bzw. Teilnahmemotive und vor allem durch wechselseitige Beziehungen untereinander auszeichnen.[74] Diese Gruppen können ihren Mitgliedern zudem als Bezugsgruppen dienen, d.h. sie geben Verhaltensregeln und Orientierungsmuster vor, fördern den Informationsaustausch und reduzieren damit die Unsicherheit der einzelnen Individuen. Mit dem Trend zur Gruppenindividualisierung (siehe Kapitel 2.1.5) gewinnt diese endogene Marktsegmentierung zusehends an Bedeutung.

„All diese kollektiven Konstruktionen entspringen der Suche nach Eindeutigkeit, nach Anhaltspunkten, nach kognitiver Sicherheit in einer zunehmend unübersichtlichen Situation. Dem ständig drohenden Chaos setzen die Menschen vereinfachende Strukturvorstellungen entgegen. Szenen, alltagsästhetische Schemata, soziale Milieus sind Versuche, sich in einer schwer überschaubaren sozialen Wirklichkeit zu orientieren."[75]

---

[73] Hayek 2003, S. 38f.
[74] Vgl. Schäfers 1999, S. 20ff.
[75] Schulze 1993, S. 464.

Abbildung 3.1 Alternative Zielgruppenbildung

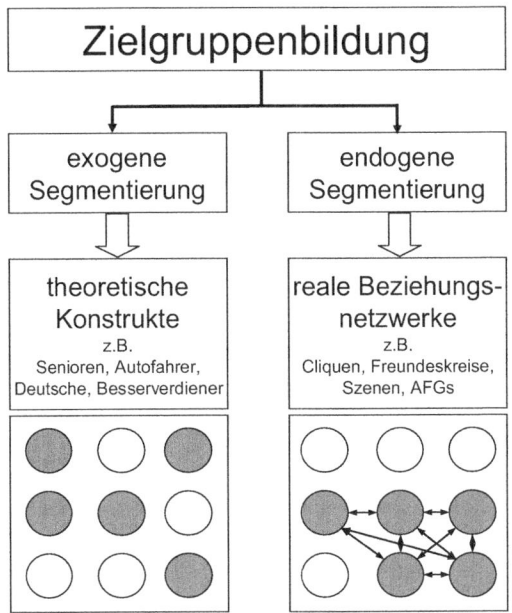

Der Markt segmentiert sich somit selbst in extern heterogene und intern homogene Gruppen. Der Affinity-Group-Ansatz macht sich diese Tatsache zunutze und greift eine bereits im Markt existente, soziale Entität (AFG) als Zielgruppe heraus, die anhand zahlreicher psychographischer und soziodemographischer Kriterien beschrieben und im Anschluss mit einem spezifischen Marketing-Mix bearbeitet wird.

Affinity-Group (AFG)

Eine Affinity-Group ist ein szenebasiertes Netzwerk von Konsumenten und Anbietern, das sich öffentlich zu einer gemeinsamen Leidenschaft bekennt und sich organisiert.

Der Unterschied zwischen der alten und der neuen Zielgruppendefinition ist in **Abbildung 3.1** graphisch veranschaulicht.

Die folgenden Überlegungen gehen der endogenen Segmentierungslogik nach und streben die Beweisführung sowie die Nachhaltigkeit einer Gruppensichtweise bei der Marktsegmentierung an.

3.2 Szenen als Grundlage eines neuen Zielgruppenverständnisses

Szenen sind das Paradebeispiel eines freiwillig gebildeten, interessenhomogenen, sozialen Beziehungsnetzwerkes, welches aufgrund des gesellschaftlichen Trends zur Gruppenindividualisierung für die soziale Verortung der Individuen zusehends an Bedeutung gewinnt. Szenen sind meist thematisch fokussierte Gruppen und eignen sich aufgrund ihrer internen Homogenität und externen Heterogenität optimal für eine zielgruppenorientierte Marktstrategie.

3.2.1 Zum Begriff der Szene

Oft wird bei der Betrachtung soziokultureller Kollektive der Begriff Szene fälschlicherweise mit Milieu oder Subkultur gleichgesetzt. Eine differenzierte Behandlung dieser Begriffe ist jedoch notwendig, um die Relevanz einer Marktsegmentierung nach Szenen zu verdeutlichen.

Unter Milieu wird die „[...] Gesamtheit von natürlichen, sozialen (sozioökonomischen, politisch-administrativen und soziokulturellen) sowie geistigen Umweltkomponenten verstanden, die auf eine konkrete Gruppe von Menschen einwirkt und deren Denken und Handeln prägt."[76] Die prägende Kraft bestimmter Lebensweisen ist demnach nicht in ererbten Anlagen zu suchen, sondern in der Art und Weise, wie die der sozialen Lagen entsprechenden Umfeldbedingungen bzw. Handlungsvoraussetzungen wahrgenommen, interpretiert und genutzt werden.

Im Gegensatz zum Milieubegriff stellt der Begriff Subkultur nicht auf objektive Mittel oder Umfeldbedingungen ab, sondern definiert soziale Gruppierungen aufgrund der hinter den Verhaltensweisen stehenden Werte, Normen und Handlungsziele. Subkultur ist dabei immer als Teil- oder Gegenkultur einer dominanten Gesamtgesellschaft bzw. Hauptkultur zu verstehen, von welcher sie sich in Bezug auf Institutionen, Bräuche, Werkzeuge, Normen, Wertordnungssysteme, Präferenzen und Bedürfnisse wesentlich unterscheidet.[77] Globalisierungs-, Individualisierungs- und Pluralisierungstendenzen haben zu einem Nebeneinander und Miteinander verschiedenster Kulturen geführt.[78] Zudem sinkt die kritische Wahrnehmung gesellschaftlicher Missstände und eine damit einhergehende Protesthaltung (zugunsten einer ich-zentrierten Spaß- und Erlebnisorientierung), die jedoch Grundlage einer Subkulturausbildung und -weiterentwicklung ist.[79]

Aufgrund der Entstrukturierung und Entstandardisierung sozialer Kulturen und Lebensmuster verlieren Modelle wie Milieu und Subkultur ihre Aussagekraft im Hinblick auf eine

---

[76] Hradil 1992, S. 21.
[77] Vgl. Schwendter 1981, S. 9f.
[78] Vgl. Farin 2001, S. 18, 72f.; vgl. Wenzel 2001, S. 34ff.; vgl. Hradil 1992, S. 26.
[79] Vgl. Menhorn 2001, S. 8.

soziale Ausdifferenzierung der Gesellschaft. Vor diesem Hintergrund gewinnt die Szene zusehends an Bedeutung.

3.2.2 Szenedefinition

Unter Szene wird eine Gesinnungsgemeinschaft (Neigungsgruppe) verstanden, in der die Individuen „[...] Verbündete für ihre Interessen, Kumpane für ihre Neigungen, Partner ihrer Projekte, Komplementäre ihrer Leidenschaften [...]"[80] finden. Szenen sind soziale Einheiten, die sich z.B. über gleiche Wertorientierungen, Interessen, Sprach- und Zeichencodes, Kleidung, Locations, Konsum- und Freizeitverhalten definieren.

Szenen lassen sich beschreiben als „[...] thematisch fokussierte kulturelle Netzwerke von Personen, die bestimmte materielle und/oder mentale Formen der kollektiven Selbststilisierung teilen und Gemeinsamkeiten an typischen Orten und zu typischen Zeiten interaktiv stabilisieren und weiterentwickeln"[81].

Eine Szene existiert in der gesellschaftlichen Realität als eine soziale Gruppe von Individuen, die sich freiwillig zusammenschließen. Szenen unterscheiden sich somit wesentlich von einer reinen gedanklichen Zusammenfassung von Individuen aufgrund der Übereinstimmung bezüglich eines oder mehrerer Merkmalsausprägungen:

„Eine soziale Gruppe umfasst eine bestimmte Zahl von Mitgliedern (Gruppenmitgliedern), die zur Erreichung eines gemeinsamen Ziels (Gruppenziel) über längere Zeit in einem relativ kontinuierlichen Kommunikations- und Interaktionsprozess stehen und ein Gefühl der Zusammengehörigkeit („Wir-Gefühl") entwickeln. Zur Erreichung des Gruppenziels und zur Stabilisierung der Gruppenidentität ist ein System gemeinsamer Normen und eine Verteilung der Aufgaben über ein gruppenspezifisches Rollendifferenzial erforderlich."[82]

Jede Szene hat ein bestimmtes Basisthema, einen dominanten gemeinsamen Nenner, wodurch sich die Szene definiert und von anderen sozialen Gruppen bzw. Szenen abgrenzt. Diese „thematische Fokussierung meint [...] die Vorfindlichkeit eines mehr oder weniger präzise bestimmten thematischen Rahmens, auf den sich Gemeinsamkeiten von Einstellungen, Präferenzen und Handlungsweisen der Szenemitglieder beziehen"[83]. Das Thema kann z.B. ein bestimmter Musikstil, eine Sportart oder eine politische Orientierung sein. Spar, der sich vorwiegend mit Jugendszenen beschäftigt, unterteilt diese Themen in vier große Bereiche: Fun (Spaß, Freizeit und Unterhaltung), Mind (Ideologien, Glaubensformen, Weltbilder, soziale und politische Themen), Job (Identifikation mit dem Job, z.B. Kreativszene wie Fotografen, Werber oder Designer) und Relation (Einstellung zu Körper, Sex und Partnerschaft).[84]

---

[80] Hitzler/Bucher/Niederbacher 2001, S. 20.
[81] Hitzler/Bucher/Niederbacher 2001, S. 20.
[82] Schäfers 1999, S. 20f.
[83] Hitzler/Bucher/Niederbacher 2001, S. 20f.
[84] Vgl. Spar 1996, S. 54.

Neben der Affinität zu einem gemeinschaftlichen Basisthema, welches zumeist in der Namensbezeichnung der Szene zum Ausdruck kommt (z.B. die Snowboarderszene), spielt dabei das Gemeinschaftserlebnis in der Gruppe (Affiliation) eine wesentliche Rolle für das Individuum, Mitglied einer bestimmten Szene zu werden.[85] Szenen als soziale Beziehungsnetzwerke werden sowohl dem Bedürfnis der Individuen nach Individualisierung als auch nach Kollektivierung gerecht.

Die Zugehörigkeit zu bestimmten sozialen Gruppen hängt eng mit dem Bedeutungsverlust traditioneller Bezugssysteme wie Familie, Arbeit und Kirche zusammen, welche nicht mehr genügend Geborgenheit und Anziehungskraft erzeugen können.[86] „Szenen sind ein Produkt der Veränderungen der gesellschaftlichen Rahmenbedingungen. Zunehmende Freizeit gekoppelt mit einem anhaltenden Individualisierungstrend, letzterer jedoch nicht zu verstehen im Sinne von Einzelgängertum, sondern von Ausleben bestimmter Vorlieben im sicheren Umfeld einer sozialen Gruppe, begünstigen die Bildung von Szenen."[87] Dabei heben Szenen und AFGs im Gegensatz zu anderen sozialen Beziehungsnetzwerken (z.B. Familie, Freundeskreis) die Polarität zwischen Individualisierung und Kollektivierung auf und ermöglichen jedem Individuum so zu annähernd 100 % sowohl Ich-Entfaltung als auch kollektive Geborgenheit. Anders als die Zugehörigkeit z.B. zum Freundeskreis oder der Religion, die meist durch das soziale Umfeld bedingt ist, suchen sich Individuen ihre Zugehörigkeit zu sozialen Neigungsgruppen wie Szenen oder AFGs ganz bewusst aus, d.h. sie schließen sich diesen aus freiem Willen an, um ihre Individualität in einer Gruppe Gleichgesinnter auszuleben.

Szenen beanspruchen keine Verbindlichkeiten und vermitteln kaum Lebensbereiche bzw. Lebenssituationen übergreifende Gewissheiten.[88] „Die Entscheidung, zu welcher Szene man gehört, ist zwar weiter durch die Teilhabe an einem gemeinsamen Stil geprägt, jedoch nimmt die im Stil enthaltene soziale Verbindlichkeit ab, da ein entsprechendes Szenehopping durch erhöhten Zugang zu verschiedenen Stilangeboten […] möglich ist."[89] Die Mitgliedschaft in einer Szene schließt die in anderen Szenen nicht aus. Ein Individuum kann z.B. sowohl der Schwulenszene wie auch der Szene der klassischen Musikliebhaber angehören. Im Gegensatz zur Lifestyle-Segmentierung gibt eine Marktsegmentierung nach Szenen damit ein realistisches Bild der Gesellschaft wieder, denn sie berücksichtigt die aktuellen Trends zur Multioptionalität und Amorphität.

---

[85] Vgl. Goldammer 1996, S. 70.
[86] Vgl. Förster/Kreuz 2003, S. 52.
[87] Kreilkamp/Nöthel 1996, S. 138.
[88] Vgl. Hitzler/Bucher/Niederbacher 2001, S. 21.
[89] Wenzel 2001, S. 38.

Szenen lassen sich anhand von themenfokussierten Wissensformen, Handlungsweisen und Rahmenbedingungen festmachen. Weist eine soziale Gruppierung Gleichgesinnter folgende sieben konstitutive Merkmale auf, sprechen Hitzler/Bucher/Niederbacher von Szenen:

Tabelle 3.1   Szenemerkmale

Personale Eigenschaften	1.	Kompetenzen	Langfristig erworbenes szenenspezifisches Wissen und Können
	2.	Einstellungen	Identifikation mit der Szenekultur
	3.	Handlungsmodus	Wertrational, stilisierendes Handeln
	4.	Lebensstil	Dominantes Szeneengagement
Strukturen der Lebenswelt des Szenegängers	5.	Vorhandensein von szenespezifischen Treffpunkten	
	6.	Ausreichendes Angebot an Events	
	7.	Existenz szeneinterner Medien	

Quelle: Hitzler/Bucher/Niederbacher 2001, S. 220.

Bezeichnend für Szenemitglieder sind deren themenbezogene Kompetenzen (z.B. körperliches Geschick oder fundiertes Szenewissen). Diese Kompetenzen müssen meist über einen längeren Zeitraum hinweg angeeignet werden und sind nicht ad hoc erlernbar. „Wer wirklich dazugehören will, muss zunächst eine Menge Zeit investieren [...]."[90] Den Szenegänger zeichnet zudem eine starke Identifikation mit den durch die Szene dargebotenen Wertekatalogen und Sinnangeboten aus, d.h., die Szene gibt bestimmte Relevanzsysteme vor, an denen er sich orientiert und sein Handeln ausrichtet. Mit Identifikation ist hier eine „authentische" Identifikation gemeint und nicht nur ein reines Nachahmen bestimmter Verhaltensweisen oder das Adaptieren äußerlicher Merkmale. Will sich ein Szeneinteressierter rein durch die Adaption äußerlicher Szenecodes Zutritt zu einer Szene verschaffen, wird er schnell als „Poser", „Fake" oder „Blender" entlarvt. Die Zugehörigkeitsinszenierung durch stilisiertes Handeln ist ein wesentlicher Aspekt der Identifizierung, jedoch handelt es sich hierbei stets um wertrationales und nicht zweckrationales Handeln.[91] Der Szenegänger organisiert seine Lebensbereiche und Belange in Abstimmung mit seiner Szene. Das bedeutet, sein Lebensstil wird dominiert von seinem Engagement für die Szene. Szenen konstituieren sich jedoch nicht alleine durch den Glauben an eine gemeinsame Idee oder durch das freiwillige und ausdrückliche Verwenden von szenetypischen Zeichen, Symbolen, Ritualen und Verhaltensweisen ihrer Mitglieder. Erst durch die themenspezifische Interaktion der Szenemitglieder untereinander und das kommunikative Austauschen über die gemeinsa-

---

[90] Farin 2001, S. 94.
[91] „Der Szenegänger befragt dieses Engagement [...] nicht auf seine Effektivität hin und wägt es gegen andere Handlungsalternativen ab; eventuelle Versäumnisse und entsprechende negative Konsequenzen rechnet er nicht auf." Hitzler/Bucher/Niederbacher 2001, S. 216.

men Interessen kann sich ein für eine soziale Gruppe notwendiges Wir-Bewusstsein ausbilden.[92] Neben den auf die Individuen bezogenen Merkmalen konstituiert sich eine Szene demnach auch durch gewisse strukturelle Rahmenbedingungen, die den Individuen die Möglichkeit zur interaktiven Kommunikation bieten. Treffpunkte, alltägliche Orte, an denen sich Szenegänger zu typischen Zeitpunkten treffen, sind hierbei ebenso von Bedeutung wie außergewöhnliche Events, die eine räumlich-zeitlich verdichtete Erlebnisplattform darstellen. Erst wenn eine Vielzahl erlebnisanbietender Einrichtungen für die Szene zur Verfügung steht, können sich Szenen entwickeln.[93] Szeneinterne Medien wie Magazine oder Internetforen, in denen über das Szenegeschehen reflektiert wird, sind ebenfalls unerlässliche Bestandteile einer Szene.[94]

3.2.3 Szenestruktur

Szenemitglieder lassen sich nach ihrem Interaktionsgrad bzw. ihrem Involvement bezüglich szenespezifischer Aktivitäten in unterschiedliche Akteurstypen einteilen (siehe **Abbildung 3.2**). Der Kern einer Szene rekrutiert sich aus Individuen, die für die Entstehung, Stabilisierung und Weiterentwicklung dieser Szene eine bedeutsame Rolle spielen. Mitglieder dieser „Szeneelite" fungieren als „Szenemotor", indem sie funktional wichtige Leistungen für die Szene übernehmen: Organisation (z.B. von Events), Demonstration (z.B. von Können) oder Reflexion (z.B. Herausgabe von Szenemagazinen oder Webseiten). Sie genießen hohes Ansehen innerhalb ihrer Szene und sind im Vergleich zu anderen Szenemitgliedern relativ privilegiert (d.h. sie haben z.B. kostenlosen Zugang zu Events oder werden mit kostenlosen Szeneaccessoires ausgestattet). Szeneeliten verfügen meist über langjährige Erfahrungen und umfangreiches Wissen im Bezug auf ihre Szene. Das Szeneinvolvement dieser Mitglieder ist sehr hoch. Nicht selten verschmelzen berufliches und privates Engagement für die Szene.[95]

Um den Szenekern formieren sich Mitglieder, die intensiv und regelmäßig an verschiedensten Szeneaktivitäten teilnehmen. Diese „typischen Szenegänger" stellen den quantitativ größten Teil der Szene und repräsentieren maßgeblich Einstellungen, Motive, Kultur und Lebensstil ihrer Szene.[96] Je sporadischer und seltener die Partizipation am Szenegeschehen ist, umso eher sind diese Individuen dem Szenepublikum zuzuordnen. Dieses Publikum ist im engeren Sinne nicht mehr Teil der Szene, denn der szenespezifische Interaktions- und Identifikationsgrad dieser Individuen ist zu gering, um das Wir-Bewusstsein und die Kultur der Szene aktiv mitzugestalten. „Soziale Konstruktion von Wirklichkeit setzt die Wahrnehmung von Regelmäßigkeit voraus"[97], d.h., erst durch das wiederholte, regelmäßige Teilnehmen an szenischen Aktivitäten kann sich ein einheitliches Szenebewusstsein ausbilden.

---

[92] Vgl. Hitzler/Bucher/Niederbacher 2001, S. 22ff.
[93] Vgl. Schulze 1996, S. 464f.
[94] Vgl. Hitzler/Bucher/Niederbacher 2001, S. 215ff.
[95] Vgl. Hitzler/Bucher/Niederbacher 2001, S. 27f., 213f.
[96] Vgl. Hitzler/Bucher/Niederbacher 2001, S. 27f., 212f.
[97] Schulze 1996, S. 460.

Eine besondere Stellung innerhalb dieser Szeneakteure nehmen Freunde der Szeneelite sowie professionell Interessierte (z.B. Sponsoren, Zulieferer, Medien) ein. Diese lassen sich aufgrund ihres zu geringen Involvements nicht der Szene zurechnen, genießen aber dennoch einige Privilegien (z.B. Freikarten, Freigetränke).[98]

Abbildung 3.2   Akteurstypen in Szenen

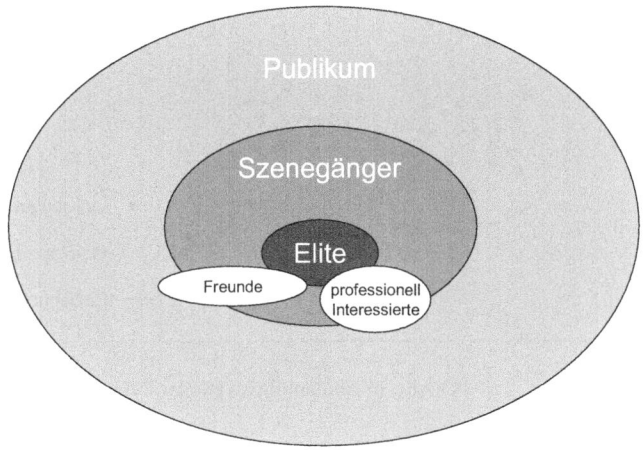

Quelle: Hitzler/Bucher/Niederbacher 2001, S. 213.

Jeder dieser Akteure ist eingebunden in verschiedenste Gruppierungen und ist damit ein Teil des interaktiven Szenenetzwerks. Diese Gruppierungen können themenfokussierte Cliquen oder Vereine sein, d.h. soziale Einheiten, deren Mitglieder in persönlichem Kontakt zueinander stehen. Die Interaktion innerhalb dieser Gruppen ist höher als die zwischen den Gruppen, doch gerade diese kommunikative Verflechtung der einzelnen Gruppen konstituiert die Szene.[99] Schulze bezeichnet Szenen als „Netzwerke von lokalen Publika", d.h. Personen, die zur gleichen Zeit am gleichen Ort zusammenkommen und ein typisches Erlebnisangebot teilen.[100] Je nach Größe, Entwicklungsstadium und Verbreitung kann eine Szene auch mehrere Szeneeliten hervorbringen (siehe **Abbildung 3.3**). Jede dieser Eliten verantwortet ein bestimmtes räumlich oder thematisch abgestecktes Aktionsfeld. Diese Eliten sind relativ autonom, kooperieren jedoch bei größeren, ihren eigenen Aktionsradius übersteigenden Events.

---

[98] Vgl. Hitzler/Bucher/Niederbacher 2001, S. 214.
[99] Vgl. Hitzler/Bucher/Niederbacher 2001, S. 25ff.
[100] Vgl. Schulze 1996, S. 463.

Abbildung 3.3 Netzwerkstruktur von Szenen

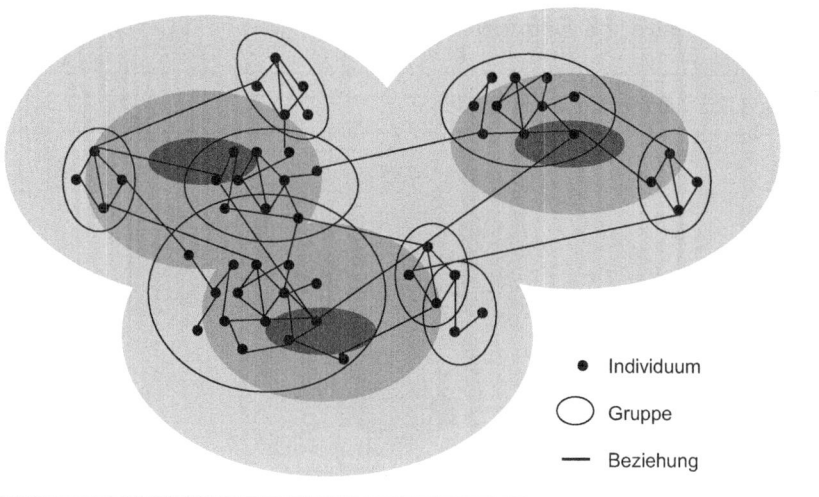

Quelle: In Anlehnung an Hitzler/Bucher/Niederbacher 2001, S. 28.

3.2.4 Szene-Lebensphasen

Angelehnt an den Produktlebenszyklus lassen sich Szenen in vier Entwicklungsphasen unterteilen: Initialphase, Wachstumsphase, Reifephase und Sterbephase.

Der Ursprung einer Szene ist meist in einer engen Gemeinschaft bzw. Clique regional konzentrierter Individuen zu finden. „Der Begriff Szene setzt lokale Publika voraus: Personen, die zur gleichen Zeit am gleichen Ort zusammenkommen."[101] Der gemeinsame Nenner, auf dem sich die Szene begründet, kann entweder eine Weiterentwicklung bzw. Absplitterung aus einer bereits existierenden Szenethematik oder ein komplett neuer Gedanke sein. Diese in der Initialphase der Szene noch recht kleine Gruppe stellt in späteren Phasen einen großen Teil der Szeneeliten. Eine Kommerzialisierung und aktive Mitgliedergewinnung ist zu dieser Zeit noch nicht beabsichtigt. In der Wachstumsphase überwindet die Szene ihre anfänglich lokale Beschränktheit und wird durch erste Medienberichte einem breiteren Publikum zugänglich. Bei ausreichender Attraktivität der Szene wird der Zulauf an neuen Szenemitgliedern immer stärker, sodass sich schon bald erste Organisationsstrukturen

---

[101] Schulze 1996, S. 463. Schulze grenzt das lokale Publikum, also die Ansammlung von Personen zur selben Zeit am selben Ort, vom individualisierten Publikum ab (z.B. Zuschauer einer Fernsehsendung, Leser einer Zeitschrift), deren Mitglieder sich gegenseitig nur bedingt wahrnehmen und nicht in persönlichem Kontakt zueinander stehen. Rein aus dem gleichzeitigen Konsum bestimmter Erlebnisangebote entstehen noch keine Szenen. Vgl. Schulze 1996, S. 460ff.

ausbilden. Kommunikationsplattformen wie Fanzines[102] oder Webportale entstehen und bieten den Szenemitgliedern die Möglichkeit, sich über die Szene zu informieren und sich auszutauschen. Sobald die Verbreitung des Szenegedankens durch Massenmedien nationale Grenzen überwindet und die Szene in der Gesellschaft ihren festen Platz gefunden hat, befindet sich die Szene in der Reifephase. Das Medieninteresse wie auch das quantitative Ausmaß der Mitglieder sind in dieser Phase am höchsten. Überschreitet die Szene ihren Zenit, erlischt das Medieninteresse und es wandern mehr Szeneanhänger ab als neue Mitglieder gewonnen werden. In dieser Sterbephase kann sich die Szene entweder vollkommen auflösen oder auf einen „harten Kern" einiger weniger Mitglieder zusammenschrumpfen.[103]

Eine Problematik, die sich jeder Szene stellt, ist die Frage der Intensivierung oder Extensivierung ihrer Erlebnisdimension. Um dem Wunsch der Szenenmitglieder nach Individualität und Abgrenzung gerecht zu werden, muss eine gewisse Exklusivität der Szene gewahrt und betont werden (Intensivierung). Der Sprung von einer lokalen Clique zur internationalen Szene ist jedoch nur zu schaffen, wenn das Angebot für die breite Öffentlichkeit adaptierbar gemacht wird (Extensivierung). Mit zunehmender Größe der Szene und zunehmender Anzahl der Events verflacht jedoch gleichsam deren Individualitäts- und Erlebnischarakter. „Denn woran alle mehr oder weniger partizipieren können, das verliert eben seine punktuelle und individuelle Besonderheit. Es gilt dann, wiederum mehr oder weniger radikal: Wo jeder ist, ist keiner mehr ‚zu Hause'."[104]

3.2.5 Szenen als Kriterium der Marktsegmentierung

Szenen bzw. soziale Gruppen waren bis vor kurzem ausschließlich ein Forschungsgebiet der Soziologie und der Sozialpsychologie. Erst seit einigen Jahren finden diese Themengebiete auch Eingang in die Wirtschaftswissenschaften. Zukunfts- und Trendforscher wie Gerken, Bolz oder Schulze haben die Relevanz von Szenen im Rahmen der gesellschaftlichen Veränderungen erkannt und deren Implikationen für das Marketing herausgestellt.[105] Bezug nehmend auf diese Erkenntnisse gibt Nöthel erste Anhaltspunkte für eine Zielgruppensegmentierung nach Szenen.

Die Abgrenzung des Szenekonzeptes zum Lifestyle-Konzept fällt jedoch sehr schwer. Besonders die von Nöthel vorgeschlagene Clusteranalyse des Marktes nach Common Features (Netz von Gemeinsamkeiten, das die Szene auszeichnet und umgibt) greift auf dieselben Kriterien wie die Lifestyle-Segmentierung zurück: Aktivitäten, Interessen, Meinungen, Wertorientierungen, Medienkonsum, Marken- und Produktverwendungen.[106] „Die Summe der die Szene definierenden Einstellungs-, Handlungs- und Verhaltensmuster beschreibt

---

[102] Unter Fanzines ist eine Art Szenemagazin bzw. Spezial-Interest-Zeitschrift zu verstehen. Das professionelle Niveau, die Auflagenzahl und die Qualität dieser Fanzines sind jedoch sehr gering.
[103] Vgl. Nöthel 1999, S. 147ff.
[104] Hitzler/Bucher/Niederbacher 2001, S. 29.
[105] Vgl. Bolz 1997; vgl. Gerken 1996; vgl. Schulze 1993.
[106] Vgl. Nöthel 1999, S. 142f.

letztlich nichts anderes als den Lebensstil der Szene, mit Schwerpunkt auf dem Kauf- und Konsumverhalten."[107] Eine Konzentration auf das beobachtbare Verhalten konterkariert jedoch das Vorhaben, sich von der Lifestyle-Segmentierung abzuheben. Die Besonderheiten einer Szene, d.h. der Bezugsgruppencharakter, die interpersonelle Kommunikation und die engen Beziehungen der Szenemitglieder untereinander, werden bei dieser Vorgehensweise vernachlässigt. Dies erschwert eine eindeutige Identifizierung der Szene sowie die Bestimmung von deren Größe.

Für das Marketing ist die Bedeutung einer Segmentierung nach sozialen Beziehungsnetzwerken bzw. Szenen, besonders vor dem Hintergrund gesellschaftlicher Trends wie der Gruppenindividualisierung, nicht zu unterschätzen. „Szenen und soziale Netzwerke spielen heute in zunehmendem Maße eine Rolle; sie sind Ausdrucksformen neuen Bürger- und Konsumentenverhaltens."[108] Es mangelt jedoch noch an konkreten Vorschlägen zur Auswahl und Operationalisierung szenespezifischer Kriterien. Problematisch erscheint dabei besonders eine exakte Definition der Szenegrenzen. „Abgrenzungen erweisen sich als äußerst diffus, die Ränder überlappen sich mit anderen Szene-Rändern oder erstrecken sich – nach unterschiedlichen Richtungen ausfransend – in heterogene Publika hinein."[109] Die Übergänge zwischen einem reinen Interesse für ein bestimmtes Thema und der Zugehörigkeit zu einer Szene sind fließend und machen eine exakte Zielgruppenbestimmung unmöglich. Szenen sind zudem relativ instabile Gebilde. Die Szenezugehörigkeit beruht auf einer freiwilligen Selbstbindung, d.h. Ein- und Austrittsbarrieren existieren kaum.[110] Dadurch sind Szenen einerseits schwer zu greifen und damit als Segmentierungsmerkmal zu kritisieren, andererseits geben sie ein aktuelles Bild trendaktueller Gruppierungen wieder, die aus Marketinggesichtspunkten sehr interessant sind.

3.3 AFG als neuer Ansatz der Marktsegmentierung

Die im ersten Kapitel geschilderten, empirisch gewonnenen Entdeckungen über Gruppenverhalten, das auf Leidenschaften (Affinitäten) gründet und sich organisiert, liefern die Argumentationsbasis für die Eigenständigkeit des Ansatzes, Märkte nach Leidenschaften und Communities zu segmentieren.

„Grundsätzlich gilt, dass scharfe Gruppen- oder Szenegrenzen […] nicht existieren. Gerade eine solche Unschärfe bzw. eine solche Offenheit und Durchlässigkeit macht Szenen aus."[111]

Aufgrund dieser für die Belange der Marktsegmentierung unzureichenden Trennschärfe von Szenen erscheint eine Segmentierung nach AFGs sowohl für die Operationalisierung als auch im Hinblick auf die Zugänglichkeit der Zielgruppen als geeigneter. Der AFG-

---

[107] Nöthel 1999, S. 163.
[108] Berth 1993, S. 13.
[109] Hitzler/Bucher/Niederbacher 2001, S. 211.
[110] Vgl. Hitzler/Bucher/Niederbacher 2001, S. 23.
[111] Hitzler/Bucher/Niederbacher 2001, S. 28.

Ansatz basiert auf dem soziologischen Konstrukt der Szene und ermöglicht, durch Aufgreifen und Erweitern des Szenegedankens, die wirtschaftliche Nutzbarmachung dieser sozialen Beziehungsnetzwerke. Im Einzelnen stellen sich die Merkmale einer AFG demnach wie folgt dar:

Szene
Nach obiger AFG-Definition soll die Szene als „Ankerplatz" einer AFG verstanden werden, d.h., dass sich eine AFG auf eine bestimmte Szene (oder auch mehrere Szenen bzw. Subszenen) bezieht. Die Szene ist der Impulsgeber, die treibende Kraft der AFG. Aus der Szene heraus werden Ideen entwickelt, es werden Trends gesetzt, Lebensstile geformt, Einstellungen artikuliert und gelebt sowie Erlebnisse konstruiert. Die Szene umfasst einen begrenzten Personenkreis, dessen Mittelpunkt der Szenekern bildet. Im Szenekern agieren solche Individuen, für die die Szene zentraler Lebensinhalt ist.[112] Diese Individuen erhalten die Szene am Leben, sie sind es, an denen sich die anderen Szenegänger wesentlich orientieren. Der Szenekern verkörpert das, was eine bestimmte Szene ausmacht. Die AFG umfasst nun alle Individuen, die sich mehr oder weniger stark auf die Szene beziehen. Ihnen dient die Szene als Orientierungspunkt. Sie beziehen sich auf den durch die Szene artikulierten Lebensstil, besuchen Szeneevents, und „Helden" der Szene dienen ihnen als Bezugspersonen. Diese „Helden", die die Funktion von Meinungsführern in der Szene bzw. dann in der AFG haben, sind solche Personen, die in hervorragender Weise die Ideale einer bestimmten Szene verkörpern. Durch sie wird das, was eine bestimmte Szene ausmacht, anschaulich, es wird greifbar und kann damit als Bezugspunkt für das Selbstkonzept von Individuen dienen. Die AFG ist demnach in einer Szene verankert, da sie aus dieser heraus entsteht und sich an der Szene orientiert. Die Szene füllt die AFG mit aktuellen Inhalten und erneuert permanent das in der AFG gesuchte Erlebnis.

Wertebasis
Werte sind die zentralen Elemente der Kultur einer Gesellschaft und haben die Funktion von generellen Orientierungsstandards. Sie sind somit als indirekte Verhaltensdirektiven beschreibbar. Je widerspruchsfreier die Werte zueinander stehen, desto stärker fördert das Wertesystem Integration und Stabilität der Gesellschaft.[113] Wertvorstellungen prägen die Kultur in einer Gesellschaft und Werte prägen – übertragen auf die Szene – spezifische Strukturen einer Szenekultur.[114] Da sich in Szenen Individuen mit ähnlichen Wertvorstellungen zusammenfinden, entwickelt sich auf der Basis dieser Werte eine Szenekultur. Diese stellt den allgemeinen Rahmen für das Interaktionsgefüge der Szene dar. Ausgehend von dem kulturellen System (das mehr oder weniger stark ausgeprägt sein kann) wird auf das Thema der Szene rekurriert, wird die Erlebnisorientierung beeinflusst und werden bestimmte Symbole als Ausdrucksformen der Kultur etabliert.

Die Szene, als soziale Gruppe, ist durch gemeinsam geteilte Werte der Gruppenmitglieder

---

[112] Vgl. Hitzler/Bucher/Niederbacher 2001, S. 214.
[113] Vgl. Peuckert 2003, S. 435f.; vgl. Kluckhohn/Strodtbeck 1961, S. 1ff. Eine Übersicht über weitere Werte-Definitionen bietet Hofstede 1980, S. 19ff.
[114] Prinzipiell kann sich in jeder sozialen Gruppe eine Kultur entwickeln. Vgl. Fine 1995, S. 128f.

charakterisiert. Individuelle Neigungen sind in bestimmten Werten begründet, welche die gemeinsame Wertebasis der sozialen Szene darstellen. Indem die Szene sich nicht bloß auf irgendwelche Objekte bezieht, sondern als soziale Gruppe auf Werte Bezug nimmt, stellt sie einen wichtigen Einflussfaktor auf das Verhalten (auch das Kaufverhalten) aller dar, die in die Szene involviert sind und/oder sich an dieser orientieren. Durch den Szenebezug verfügen AFGs damit über eine Wertebasis, die – wenn auch auf einer Meta-Ebene – nicht nur die Gruppenintegration gewährleistet, sondern auch Rahmenbedingungen für das Gruppenhandeln bietet. Dadurch, dass AFGs implizit auch Wertegemeinschaften sind, bieten sie einen hervorragenden Ansatzpunkt um (kauf)verhaltensrelevante Segmente zu bilden. Die Wertebasis, die sich aus dem Szenebezug ergibt, ist ein wichtiger Indikator dafür, dass AFGs reale soziale Gruppen und damit ansprechbar bzw. adressierbar sind.

Öffentliches Bekenntnis
Anders als bei der Szenedefinition von Hitzler/Bucher/Niederbacher wird bei AFGs nicht nur nach dem Involvement bzw. dem szenespezifischen Aktivitätsniveau der Akteure unterschieden, sondern zusätzlich nach dem Grad des öffentlichen Bekenntnisses zum jeweiligen Affinitätsobjekt. Entscheidend ist, dass sich das Individuum nicht nur selbst der AFG zugehörig fühlt, d.h. sich mit der AFG identifiziert und dies in seinem wertrationalen, stilisierten Handeln zum Ausdruck bringt, sondern dass es aufgrund dieser Eigenschaften von der AFG wie von der Öffentlichkeit auch als AFG-Mitglied erkannt bzw. wahrgenommen wird.

AFG-Mitglieder rekrutieren sich somit nicht nur aus den Akteurstypen einer Szene, sondern auch aus dem die Szene umgebenden, sporadisch am Szenegeschehen teilhabenden Publikum.[115] Jedes Individuum, welches seine Affinität zum Szenebasisthema und der dazugehörigen Szenekultur nach außen hin sichtbar macht, ist der AFG zuzuordnen. Je stärker dieses öffentliche Bekenntnis zur Szene ist, umso einfacher ist seine Zuordnung zur AFG und damit seine Identifizierung und Adressierung im Rahmen der Marktsegmentierung.

Mitglieder einer AFG sind durch eine nominale Mitgliedschaft/Anmeldung in Vereinen, Organisationen, Internetforen oder anderen szenespezifischen Kommunikationsplattformen ebenso zu identifizieren, wie durch deren Teilnahme an szenespezifischen Aktivitäten (z.B. Turniere, Events, Messen, Partys etc.). Auch das Adaptieren und Zur-Schau-Stellen von szenespezifischen Merkmalen, wie z.B. Kleidung, Musikstil oder Markenwahl, kann als öffentliches Bekenntnis verstanden werden. Öffentlichkeit von AFGs meint auch, dass prinzipiell jeder in sie hineingelangen kann und alle, die nicht der AFG zugehörig sind, können diese wahrnehmen. Dieser Aspekt ist wichtig, da Szenen existieren, die sich nicht-öffentlich abspielen (z.B. Sprayer) und damit als „Ankerplatz" für AFGs ungeeignet sind.

Gemeinsame Leidenschaft (Affinität)
Die gemeinsame Neigung – nicht zu verwechseln mit einem bloßen Interesse, das in seinen

---

[115] Nach der Szenedefinition von Hitzler/Bucher/Niederbacher (siehe Kapitel 3.2.2) zählt das Szenepublikum nicht mehr zur Szene selbst.

handlungsrelevanten Auswirkungen viel schwächer als eine Neigung ist – stellt ein wichtiges Abgrenzungskriterium dar. Neigungen können sich auf bestimmte Objekte oder Tätigkeiten beziehen. Tendenziell ist die Neigung auf die Suche nach Erlebnis ausgerichtet. Das, was individuell als Erlebnis wahrgenommen wird, kann sehr verschieden sein. Innerhalb einer AFG herrscht diesbezüglich jedoch große Homogenität. Beispielsweise ist für Freeclimber ein Erlebnis anders definiert als für Golfer oder Wanderer.

Wird diese Unterscheidung zwischen Interessierten und Affinen berücksichtigt, so ist die von Hitzler/Bucher/Niederbacher vorgenommene Dreiteilung der Szeneakteure (Elite, Gänger, Publikum) durch eine Vierteilung zu ersetzen: Szeneelite, Szenegänger, Szeneaffine und Szeneinteressierte. Die bei Hitzler/Bucher/Niederbacher als nicht szenerelevantes Publikum ausgegrenzten Individuen werden im AFG-Ansatz in Szeneaffine und Szeneinteressierte unterteilt.

Szeneaffine haben eine positive Einstellung und eine gewisse Neigung zum Affinitätsobjekt und werden daher bei entsprechendem öffentlichem Bekenntnis der AFG zugeordnet. Damit werden in AFGs auch die Personen erfasst, die nicht über ein langfristig erworbenes szenespezifisches Wissen oder Können verfügen oder ihren Lebensstil nicht (oder noch nicht) dominant nach der Szene ausgerichtet haben. Diese „Neueinsteiger" und „Hobby-Szenegänger" mögen aus soziologischer Sicht nicht ausreichend zur Stabilisierung und Weiterentwicklung der Szenekultur beitragen, sie stellen jedoch aus marktwirtschaftlicher Sicht eine nicht zu unterschätzende Klientel dar, die meist den größten Teil einer AFG ausmacht. Die Szene der Kunstflieger beispielsweise ist relativ klein. Dies liegt unter anderem an den erforderlichen Flugerfahrungen und dem hohen finanziellen Aufwand, den dieser Sport mit sich bringt. Die AFG der Flug- und Flugzeugbegeisterten, die sich um diese Szene gruppiert, ist jedoch weitaus größer. Airshows, bei denen sich die Szene trifft, um ihr Können unter Beweis zu stellen, locken tausende Kunstflug-Affine an.[116]

Szeneinteressierte sind definitorisch sowohl von der Szene als auch von der AFG abzugrenzen (siehe **Abbildung 3.4**). Sie sind oft nur passive, außen stehende Beobachter des Szenegeschehens, die weder eine positive Einstellung zur Szene noch einen inneren Drang zur Teilnahme am Szenegeschehen haben müssen. Genau diese Eigenschaft ist jedoch entscheidend, um die Verhaltenshomogenität der AFG zu gewährleisten.

---

[116] Vgl. Airshow Bitburg 2005, o.S.

Abbildung 3.4   AFG vs. Szene

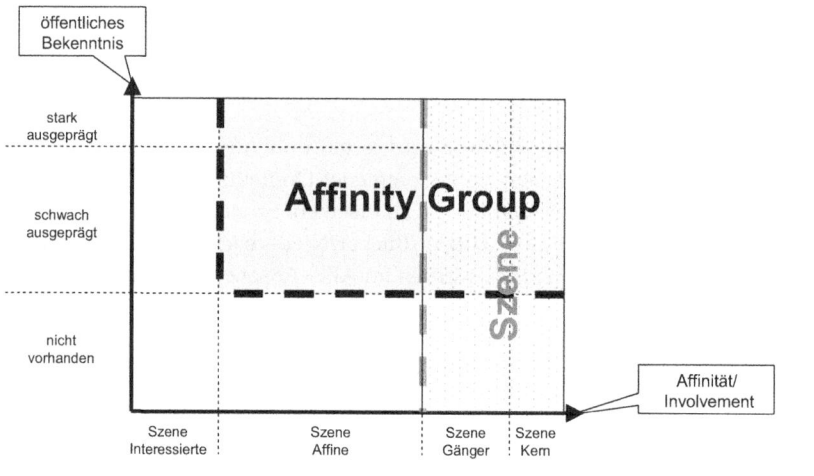

Konsumenten und Anbieter

Die AFG besteht nicht nur aus Konsumenten, sondern auch aus Anbietern. Anbieter sind authentischer und essenzieller Bestandteil der AFG, ohne den die Entwicklung dieser sozialen Gruppe nicht möglich wäre. Das heißt, die Lieferanten werden als AFG-Mitglieder angesehen und nicht bloß als profitorientierte Marketer (zumindest im Idealfall). Für das Unternehmen bieten sich daher Ansatzpunkte zur Kooperation mit bereits in der AFG-verankerten Unternehmen. Solche Unternehmen können etwa Anbieter originärer Leistungen sein (die Leistung entspricht dem Affinitätsobjekt), Anbieter sekundärer Leistungen (Leistungen, die in Bezug zur Affinität stehen) oder Unternehmen, die mit ihren Leistungen zum Funktionieren des Interaktionsnetzwerkes der AFG beitragen (etwa indem sie Events organisieren). Für das neu in eine AFG hinzutretende Unternehmen gilt es, diese Vernetzung zu berücksichtigen und zu nutzen (siehe Kapitel 7.1).

Offline- und Online-Institutionalisierung von AFGs

Die Institutionalisierung einer AFG – also die Ausbildung eines Norm – bzw. Regelsystems im engeren Sinne oder, anders gesagt, das Greifbarmachen der AFG für diejenigen, die sich dafür interessieren und die mit der AFG interagieren wollen, kann auf zweierlei Weise geschehen: Zum einen offline, zum anderen online. Diese beiden Dimensionen beziehen sich insbesondere auf das AFG-Erleben. Es geht darum, ob an bestimmten realen Orten Tätigkeiten, Aktionen, Events etc. – allgemein: Interaktion –, die in direktem Bezug zur AFG stehen, zustande kommen, oder ob all dies im virtuellen Raum geschieht.

Beide Formen der Institutionalisierung (offline oder online) lassen sich empirisch beobachten.[117] Insgesamt hat die Form der Institutionalisierung einen erheblichen Einfluss auf die

---

[117] Vgl. Hodkinson 2004, S. 133f.

Reichweite einer AFG. Eine AFG, die primär offline organisiert ist, hat notwendigerweise einen engeren geographischen Fokus als eine solche, deren Institutionalisierung auf neue Informations- und Kommunikationsmedien Bezug nimmt, d.h. deren institutionelle Strukturen online – virtuell – sind.

Die Online-Institutionalisierung ist ein wesentlicher Punkt, der dazu beiträgt, dass AFGs stabile Marktsegmente darstellen. Indem geographisch verstreute Gruppen mit AFG-Bezug unter Rückgriff auf Online-Institutionalisierung gemeinsame Strukturen ausbilden, wird die Entstehung eines AFG-Netzwerks erleichtert bzw. überhaupt erst möglich. Durch Online-Institutionalisierung ergibt sich für AFGs also die Chance, durch virtuelle Interaktion, ohne physischen Kontakt, ein gemeinsames Bewusstsein zu entwickeln und so AFGs online zu institutionalisieren.[118]

Eventkultur als Ausdruck der Gruppenindividualisierung
Der Event als außeralltägliches Ereignis konstituiert den Erlebnischarakter der AFG. Im Rahmen AFG-spezifischer Events wird die Gruppenkultur der AFG zelebriert; gruppenspezifische Normen und Werte kommen zum Tragen. Events mit AFG-Bezug werden zu Bezugspunkten für AFG-Mitglieder, da dies exzeptionelle Gelegenheiten sind, um die eigene Gruppenzugehörigkeit zu erleben. Das Individuum sieht sich in seinen Vorstellungen und Konstitutionen bestätigt. Durch Bezugnahme auf die gleichgesinnten Anderen wird es nicht bloß in seiner Einzigartigkeit bestätigt, sondern auch als Bestandteil der Gruppe in die Gemeinschaft integriert. Die Eventkultur als Institutionalisierung und Verdichtung der außergewöhnlichen AFG-Erfahrung wird zum konstitutiven Element der Gruppenindividualisierung.

---

[118] Vgl. Bennett 2002, S. 88ff.; vgl. Bennett/Peterson 2004, S. 7ff.

4 Konzept für ein Strategisches Affinity-Group-Management

4.1 Zum Strategischen Management

„So ist denn in der Strategie alles sehr einfach, aber darum nicht auch alles sehr leicht."[119]

Strategisches Management ist der Prozess, mit dem sich ein Unternehmen an die Veränderungen in seiner Umwelt anpasst. Damit ist Strategisches Management ein ganzheitlicher Ansatz, der sowohl die Strategische Planung im engeren Verständnis, also Planung von Ziel- und Kontrollgrößen, als auch die Ausgestaltung, Steuerung und Entwicklung von Strategien im Sinne von operativer Umsetzung und Kontrolle umfasst.

Es zielt darauf ab, nachhaltige Wettbewerbsvorteile zu erschließen. Entsprechend gilt es im Rahmen des Strategischen Managements, langfristige Zielformulierungen vorzunehmen und die allgemeine Stoßrichtung unternehmerischen Handelns festzulegen. Dazu müssen sowohl unternehmensinterne als auch unternehmensexterne Parameter einbezogen werden. Wie bei jedem wissenschaftlichen Modell ist auch hier der Denkansatz entscheidend.

4.1.1 Merkmale des Strategischen Denkens

Strategisches Management befasst sich mit unstrukturierten und vielschichtigen Problemstellungen. Entscheidungen müssen aufgrund unvollständiger, unsicherer und häufig diffuser Informationen getroffen werden. Folglich muss das Strategische Denken vom Willen gekennzeichnet sein, das Unternehmen in eine bestimmte Richtung zu bewegen. Strategisches Denken ist Vorteilsdenken, d.h., es umfasst die Aufgeschlossenheit gegenüber der Veränderung. Es ist der „Wandel der Spielregeln", der durch Strategisches Denken aufgegriffen wird: Die Dynamik von Märkten, Prozessen und Strukturen wird erkannt und als Chance begriffen, als Chance, sich vom Bestehenden zu lösen und aufzubrechen ins Neue. Das Loslassen vom Tradierten, Althergebrachten und damit bequemen Umständen ist für „das Strategische am Strategischen" charakteristisch.

Bestimmte Merkmale kennzeichnen vor diesem Hintergrund das Strategische Denken:

Strategisches Denken ist visionäres Denken. Es handelt sich um einen Prozess des kreativen Auseinandersetzens mit der Zukunft, um eine Zielvorstellung zu entwickeln und in einem Leitbild festzuschreiben. Das Leitbild illustriert die zentrale Idee, vor deren Hintergrund fortan das Strategische Management reflektiert wird.

---

[119] Von Clausewitz 1857, S. 171.

Strategisches Denken ist Richtungsdenken. Ein wesentliches Merkmal ist es, dass zukünftige Handlungen ausgerichtet werden. Deswegen muss Strategisches Denken nicht nur dadurch gekennzeichnet sein, einer klaren Linie zur Erschließung von Vorteilsquellen zu folgen, sondern auch alternative Wege der Zielerreichung berücksichtigen. Da Strategisches Denken Richtungsdenken ist, werden Unsicherheit und Ungewissheit als Chance betrachtet, als Chance, Altes zurückzulassen und neue Wege zu beschreiten.

Strategisches Denken ist Vorteilsdenken. Das Unternehmen und dessen Umfeld werden im Hinblick auf potenzielle Vorteilsquellen analysiert. Strategisches Denken sucht nach Erfolgsfaktoren und nutzt diese.

Strategisches Denken ist ganzheitliches Denken. Das Unternehmen ist ein System, welches in Kontakt zur Umwelt steht. Strategisches Denken betrachtet das Unternehmen nicht in seinen Teilen, sondern zur Gänze – eben als System. Dem Unternehmen als Ganzes soll eine Gestalt gegeben werden, die mit Blick auf die Vision gezeichnet ist; alle Teile des Unternehmens sollen durch eine gemeinsame Identität verbunden werden.

Schließlich ist Strategisches Denken vernetztes Denken. Wechselwirkungen und Abhängigkeiten innerhalb des Unternehmens auf der einen Seite und zwischen Unternehmen und Umwelt auf der anderen Seite werden in ihrer Dynamik verstanden und beachtet.

Für Unternehmen lässt sich jedes strategische Konzept in seinen Stoßrichtungen einerseits auf die Verbesserung der Leistungsfähigkeit in Form höherer Produktivität, niedrigerer Kosten, innovativer Produkte, schnellerer Anpassungsfähigkeit und Lernens im Verhältnis zu Wettbewerbern und andererseits auf Wachstum und den Nutzen von Marktopportunitäten anlegen.

4.1.2 Das Trierer Modell des Strategischen Managements

Das Trierer Modell des Strategischen Managements versteht Strategisches Management als ganzheitlichen Ansatz und umfasst die Elemente Vision, Strategie, Organisation und Kultur.[120]

Die Vision steht im Zentrum des Strategischen Managements, gilt es doch, zukunftsgerichtete Vorteilsquellen zu erschließen. Strategisches Management muss deswegen Abstand nehmen von einer bloß extrapolierenden Planung. Ein einfaches „Weiter so" lenkt ein Unternehmen im dynamischen Wettbewerb auf den Misserfolgspfad. Es muss daher die Zukunft neu erfunden werden. Das bedeutet die Initiierung eines Prozesses, in welchem die Zukunft des Unternehmens durchdacht wird. In diesem Zusammenhang kommen der Vision folgende Funktionen zu: Sie hilft, sich gedanklich vom Bestehenden zu lösen, sie ist die zentrale Idee, mit Hilfe derer die zukunftsgerichtete Erfolgslogik kommuniziert wird, sie zeigt den Mitgliedern der Organisation die Perspektiven der zukünftigen Unternehmensentwicklung und sie dient dazu, den organisatorischen Wandel in Richtung des durch

---

[120] Vgl. Schertler 1995, S. 41ff.

die Vision gezeichneten Ziels zu mobilisieren.

Abbildung 4.1   Das Trierer Modell des Strategischen Managements

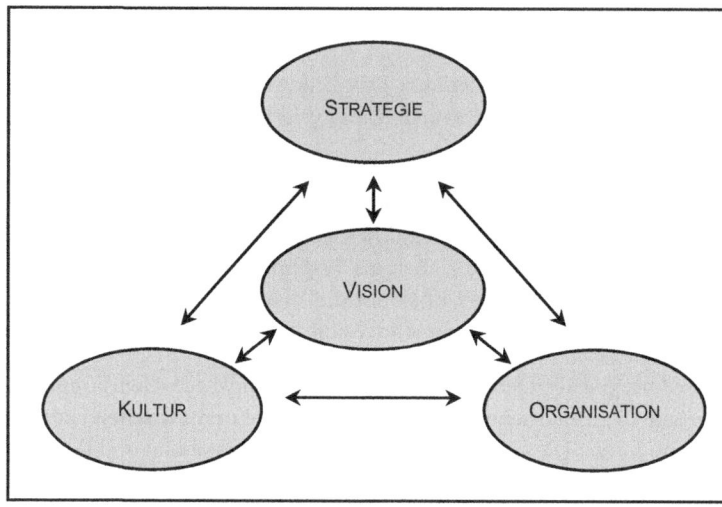

Die Vision – als begeisterndes Ziel, als leitender Gedanke – gibt den Organisationsmitgliedern die notwendige Orientierung in Zeiten des Umbruchs und des organisatorischen Wandels. Die Vision beeinflusst damit alle weiteren Elemente des Strategischen Managements.

Die Strategie als „Fortbildung des ursprünglichen leitenden Gedankens entsprechend den sich stets ändernden Verhältnissen"[121] sucht nach alternativen Wegen der Zielerreichung auf Konsum- und Geschäftsebene. Die Strategieentwicklung umfasst dabei fünf Schritte. Zu Beginn muss der strategische Handlungsbedarf kommuniziert werden („sell the problem"), um dann im nächsten Schritt die Ausgangssituation in Markt und Wettbewerb zu analysieren. Daran schließt sich die Entwicklung möglicher zukünftiger strategischer Handlungsräume an, die in einem vierten Schritt bewertet werden. Dann werden eine oder mehrere Strategien ausgewählt. Schließlich wird das strategische Konzept formuliert, das die konkrete Umsetzung der Strategie beschreibt. Daran schließt sich das Strategiecontrolling an.

Die Organisation, als weiteres Element des Trierer Modells des Strategischen Managements, umfasst sämtliche Elemente der Führungsorganisation[122]. Das Element „Organisation" beschreibt die strukturellen Voraussetzungen, die unternehmensseitig notwendig sind, um strategische Erfolgsfaktoren zu nutzen und umzusetzen. Solange die strukturellen

---

[121] Hinterhuber 2004, S. 23.
[122] Vgl. ausführlich zur Führungsorganisation Schertler 1998, S. 127ff.

Voraussetzungen fehlen, bleiben strategische Erfolgsfaktoren bzw. strategische Absichten bloße Planungskonstrukte. Es geht darum, die strategischen Erfolgsfaktoren strukturell umzusetzen, d.h. die organisationalen Entscheidungs-, Handlungs- und Kommunikationsmuster strategieadäquat zu gestalten.

Die Kultur als Element des Strategischen Managements liefert einen normativen Bezugsrahmen. Die Kultur beschreibt gemeinsame Werte, Normen, Prinzipien, Traditionen, Orientierungen, Verhaltensvorschriften und Denkhaltungen. Strategisches Management muss immer Bezug zur (Unternehmens-)Kultur nehmen, da strategisches Management, Management von Wandel ist. Damit hat es immer mit der Veränderung von Interessen, Machtverhältnissen und Normen zu tun.

Strategisches Management ist mehr als strategische Planung, weil es die Umsetzung in Struktur-, Prozess- und Verhaltensdimensionen integriert.

4.2 AFG-Kompetenz als Wettbewerbsvorteil

Nachhaltige Wettbewerbsvorteile sind dadurch gekennzeichnet, dass sie Wert generieren, nicht substituierbar und transferierbar und gut zu verteidigen sind.

AFG-Kompetenz ist genau durch ebendiese Charakteristika gekennzeichnet.

AFG-Kompetenz drückt sich im Wissen über die Zielgruppe und den Kontakt zur Zielgruppe aus. Dieses Wissen ist eine wertvolle Ressource, die effizient und effektiv eingesetzt werden kann, um (Kunden-)Nutzen zu schaffen. In der AFG-Kompetenz ist das Wissen um die Bedürfnisse der Kunden inkorporiert. Ganz gezielt kann so auf die Kunden eingegangen werden und ihnen genau das geboten werden, was sie wollen.

Dieses Kundenwissen ist knapp und nutzt sich – wenn es erst einmal geschaffen wurde – auch nicht ab, sondern ist die Basis für einen immer größeren Wissensbestand. AFG-Kompetenz als Marktwissen steht nicht allen Wettbewerbern in gleichem Maße zur Verfügung. Erst in dem Augenblick, da Marketer Bestandteil der Wertegemeinschaft AFG geworden sind und ein Ethos der Wissensarbeit etabliert haben, wird es tatsächlich gelingen, die Zielgruppe zu verstehen und das Wissen als unmittelbaren und nachhaltigen Wettbewerbsvorteil zu nutzen.

Damit ist auch der Substituierbarkeit, Transferierbarkeit und Imitierbarkeit entgegengewirkt. AFG-Kompetenz heißt, dass ein Unternehmen zum Bestandteil der AFG-Community wird. Es agiert innerhalb der Zielgruppe als glaubwürdiger und anerkannter Netzwerkpartner. Durch sorgfältige Wissensarbeit wird eine solche Position aufgebaut und kann entsprechend nicht ohne Weiteres von Wettbewerbern imitiert, substituiert oder voraussetzungslos erworben werden. AFG-Kompetenz ist somit ein gut verteidigbarer Wettbewerbsvorteil.

4.3 Elemente des Strategischen AFG-Managements

Um AFG-Kompetenz zu erlangen und im Sinne verteidigbarer Wettbewerbsvorteile zu nutzen, muss das Strategische Management auf die Erlangung von AFG-Kompetenz als Erfolgsfaktor von Geschäften ausgerichtet werden.

Im Folgenden wird der in Abschnitt 4.1.2 aufgezeigte Bezugsrahmen des Strategischen Managements herangezogen (Trierer Modell), um ein Strategisches AFG-Management systematisch in seinen einzelnen Elementen beurteilen zu können.

Vision – die treibende Kraft
Die zentrale Idee im AFG-Management ist, Geschäftsideen und Geschäftsmodelle für Märkte zu entwickeln, die das Marktverständnis auf Leidenschaften und Communities aufbauen!

Ein solches Marktverständnis nutzt die endogenen Strukturen szenenbasierter Märkte und deren Organisationsproduktivität. Dadurch werden Zielgruppen physisch und virtuell adressierbar und für Kundenbeziehungsmanagement geöffnet.

Leidenschaften (Affinitäten) sind der entscheidende Faktor, um Märkte zu verstehen. Aus dem Verständnis von Leidenschaften ergeben sich unmittelbare Konsequenzen für die Strategieentwicklung im Marketing. Durch die Kenntnis des Kundenverhaltens der AFG erschließen sich konkrete Möglichkeiten der Nutzenstiftung. Die Kenntnis von und der Bezug auf Communities – soziale Gruppen im Markt – führt zu völlig neuen Dimensionen der Marktbearbeitung und -entwicklung. Das Zusammenspiel von Leidenschaft, Community und Internet Web 2.0 Nutzung ist es, dass es so einfach macht, nachhaltige strategische Wettbewerbsvorteile für ein AFG-Geschäftsmodell aufzubauen.

Strategien – für erfolgreiche Geschäfte
Affinitäten schaffen Nachfrage, die in AFG-adäquate Problemlösungen (Produkte/Dienstleistungen) angebotsseitig umgesetzt und genutzt wird. Die Konsequenzen einer Marktstrategie, die sich auf endogene Marktstrukturen bezieht, sind beachtlich: Plötzlich stellt sich der Markt nicht mehr als amorphes und unberechenbares Gebilde dar, sondern offenbart eine endogene Struktur in Form von AFGs. Gezielt können bestimmte Marktsegmente herausgegriffen und analysiert werden. Zielgruppen (im Sinne echter Gruppen, bestehend aus Individuen, die gleiche Interessen haben und miteinander in Interaktion treten) werden greifbar und es wird klar, was diese Zielgruppen wollen. Es geht um deren Leidenschaften, die befriedigt werden wollen. In dem Augenblick, in dem ein Unternehmen diese Affinitäten erkennt, weiß es um die Bedürfnisse potenzieller Konsumenten und es eröffnet sich ein entsprechend großer strategischer Möglichkeitsraum für Produkt- und Dienstleistungsentwicklung.

Der Bezug auf Affinitäten, die im Markt bestehen, bietet eine Fülle an Möglichkeiten, Geschäftsideen für innovative Problemlösungen zu entwickeln.

Je nach Branchenzugehörigkeit lassen sich die Geschäftsideen zur AFG in Geschäftsmodelle ausbauen, die als Strategische Geschäftseinheiten dem Management als Planungs- und Organisationseinheiten zur Verfügung stehen.

Organisation – die richtigen Strukturen und Prozesse für die Umsetzung der Strategien
Entscheidendes Merkmal einer AFG ist ihre Gruppen-Organisation. Die sich in Kommunikationsnetzwerken zusammenfindenden Individuen tauschen sich untereinander aus. Die Mitglieder der AFG signalisieren, dass sie gemeinsame Interessen verfolgen, und kommunizieren untereinander.

AFGs sind Kommunikationsnetzwerke und zwar in doppelter Hinsicht: Die Individuen (aus Unternehmenssicht als Konsumenten betrachtet) interagieren und kommunizieren nicht nur untereinander, sondern auch mit Unternehmen, mit Anbietern von Produkten und Leistungen, die im direkten oder indirekten Zusammenhang mit der entsprechenden Affinität stehen.

Aus strategischer Sicht bedeutet das für die Unternehmensorganisation, sich die Fähigkeiten eines Netzwerkpartners aneignen zu müssen, um Bestandteil bzw. Interaktionspartner im Netzwerk der AFG zu werden.

Da sich eine AFG vorwiegend virtuell organisiert, muss auch auf Seite des Anbieters Anschlussfähigkeit geschaffen werden, um mit der Community im Internet überhaupt kommunizieren zu können. Das bedeutet, dass alle Optionen der neuen Informations- und Kommunikationstechnologien, maßgeblich der internetbasierten Informations- und Kommunikationstechnologien, genutzt werden müssen.

Ein wesentliches Kriterium, um auf die virtuellen Organisationsstrukturen von AFGs Bezug zu nehmen, sind dabei die in Kapitel 7.2.2 erläuterten Internet-Channels, die – einfach formuliert – einen direkten, unmittelbaren und interaktiven Kontakt zur Zielgruppe ermöglichen. Dabei sind solche Channels nicht nur als bloßer Vertriebskanal zu verstehen, sondern als Interaktions- und Kommunikationsplattform mit der anvisierten Zielgruppe.

Durch die Bezugnahme auf die virtuellen Organisationsstrukturen von AFGs wird wertvolles Wissen über die Zielgruppe generiert – Marktwissen, das die Basis ist, um nachhaltige Wettbewerbsvorteile zu schaffen.

Um Wissen über die AFG-Marktnachfrage und -entwicklung systematisch generieren zu können, muss ein effizientes und effektives Wissensmanagementsystem implementiert werden. Durch Interaktion mit der entsprechenden Zielgruppe bekommt Wissensmanagement einen ganz anderen strategischen Stellenwert, weil es nun durch eine dynamische Entwicklung zur Grundlage erfolgreicher Kundenbindung werden kann. Unmittelbar werden die Bedürfnisstrukturen eines bestimmten und genau abgegrenzten Marktsegments erfasst und in Marktwissen transferiert. Instrumente, die in diesem Zusammenhang systematisch eingesetzt werden müssen, sind Customer-Relationship-Datenbanken und Kundenbindungssysteme.

Kultur – Verhaltensänderungen durch systemische Entwicklung
Strategie und Organisation können im AFG-Management nur dann erfolgreich umgesetzt

werden, wenn ein entsprechender kultureller Rahmen glaubwürdig geschaffen wird.

Gemeinsam geteilte Werte bilden das Fundament für den kulturellen Rahmen einer AFG. Die gemeinsame Wertebasis innerhalb der AFG ist identitätsstiftendes Element für die Mitglieder. Durch Bezug auf die Werte entsteht ein AFG-spezifisches und -typisches System an Normen, durch welches bestimmte Verhaltensmuster innerhalb der AFG ausgelöst werden. Unternehmensseitig muss die Wertegemeinschaft nicht nur erkannt, sondern auch internalisiert werden, denn erst wenn ein Unternehmen die AFG-Werte teilt, erlangt es Glaubwürdigkeit in einer AFG und wird Teil der Wertegemeinschaft. Für das Strategische Management ergibt sich aus der AFG-charakteristischen Wertegemeinschaft die Konsequenz, dass Glaubwürdigkeit im Umgang mit AFGs als Zielgruppen ein Muss ist, wie das Beispiel von Pierre André Senizergues zeigt, dem Gründer und Besitzer von Sole Technology Inc. in den USA, weltgrößtes Privatunternehmen in der Erzeugung von Spezialschuhen für Snowboarder und Skateboarder. In einem Interview mit der Financial Times vom 24. August 2006 bemerkt er dazu: „In this market you have to be authentic, you have to come from skateboarding!"[123]

Als absoluter Spezialanbieter konzentriert er seine Marketinginvestitionen auf das Sponsoring von über 100 Snowboard- und Skateboard-Athleten und auf die AFG-spezifische Produktentwicklung. Mit dem Sole Technology Institute hat er konsequenterweise das weltweit erste Forschungsinstitut für Skateboard- und Snowboard-Biomechanik (www.stilab.com) gegründet. Sein Erfolg lässt sich sehen: über $ 200 Mio. Jahresumsatz, zweistelliges jährliches Wachstum und mehrfache Übernahmeangebote vom größten Sportschuh-Hersteller der Welt, Nike Inc., gegenüber dem er aber immer wieder betont: „There is no reason to sell because we are self-funded and it works. It would change our culture of the company. Everyone really enjoys what they are doing. We do our own things and we are having fun!" Gerade diese Aussage zeigt, wie eng das Organisationsverhalten von AFG-Anbietern mit dem AFG-Szene-Umfeld vernetzt und auf der Werteebene (z.B. Unabhängigkeit, Lebensfreude) große Glaubwürdigkeit beweist (vgl. www.soletechnology.com, speziell: www.etniessurf.com/team).[124]

Die Eventkultur als Ausdruck der Erlebnisorientierung von AFGs bezieht sich unmittelbar auf die Szenen, die den jeweiligen AFGs als Ausgangs- und Bezugspunkt dienen (siehe Kapitel 3). Die Eventkultur muss kulturell im Unternehmen verankert werden, um die Orientierung und Entwicklung der Zielgruppe zu verstehen.

Dass AFG-Management und Wissensmanagement unmittelbar miteinander zu tun haben, mag einleuchten, ist aber nicht selbstverständlich. Wissen über die anvisierte Zielgruppe muss gesammelt und weiterentwickelt werden. Diese logische Forderung muss sehr ernst genommen werden. Für die Unternehmenskultur hat das zur Konsequenz, dass die Mitarbeiter verstehen, welche entscheidende Bedeutung die Ressource Wissen bei der Schaffung

---

[123] Vgl. Foster 2006, S. 5.
[124] Andere Sportartikel-Hersteller wie Crocs (www.crocs.com), Sportschuhe, oder Under Armour (www.underarmour.com) und Patagonia (www.patagonia.com) im Textilbereich gehen ähnliche Wege in der Zielgruppenkommunikation wie Pierre André Senizergues von Sole Technology.

strategischer Erfolgspositionen im AFG-Management hat. Die Mitarbeiter werden zu „Wissensarbeitern". Sie sind es, die im Arbeitsalltag mit den Wissensmanagementsystemen umgehen. Solange das Ethos der Wissensarbeit nicht zur Unternehmenskultur geworden ist, wird AFG-Management scheitern. Es muss im Unternehmen ein Bewusstsein dafür herrschen, dass Wissensarbeit nicht lästige Pflicht ist, sondern zum zentralen strategischen Erfolgsfaktor geworden ist.

Der unmittelbare Kontakt zur Zielgruppe sowie das Unternehmen als Bestandteil der AFG-Wertegemeinschaft führen dazu, dass sich die Organisation laufend verändert. Die Fähigkeit zum ständigen und zielgerichteten Wandel ist ein Erfolgsfaktor im Umgang mit nach Affinitäten segmentierten Märkten.

Teil II:
Das Trierer Modell des Strategischen AFG-Managements

5 Vision des Affinity-Group-Managements

5.1 Zentrale Ideen des AFG-Managements

Um eine Vision für das AFG-Management abzuleiten, muss bekannt sein, welches die zentralen Bezugs- und Ansatzpunkte sind, die durch die Vision für das AFG-Management reflektiert werden müssen.

Erst wenn die Leidenschaft (Affinität) verstanden wird, können auch die Bedürfnisse der Zielgruppe selbst verstanden werden. Leidenschaft ist ein zentrales konstitutives Element und damit Dreh- und Angelpunkt einer AFG. Vor diesem Hintergrund muss die Leidenschaft der Zielgruppe begriffen und in der Vision des AFG-Managements verankert werden.

5.1.1 Soziale Gruppe als „Zielgruppe"

Das Verständnis sozialer Gruppen wird zum Schlüssel für den Zugang zu dynamischen Märkten. Zielgruppen, verstanden als soziale Gruppen, sind durch die maßgeblichen Elemente „Interaktion", „geteilte Werte" und „gemeinsame Ziele" gekennzeichnet.

Sobald es einem Unternehmen gelingt, die Ziele und Werte der Zielgruppe zu verstehen und zu internalisieren, ist der Schlüssel zur Zielgruppe gefunden. Die Zielgruppe wird so erschlossen und durch Bezug auf die sozialen Strukturen kommt es zur Interaktion. Es eröffnet sich damit die Möglichkeit, Konsumenten als Koproduzenten in die Leistungserstellung zu integrieren. Durch Interaktion wird die Marktdynamik zum Verständnis der Zielgruppe genutzt.

Illustrierbar ist dies anhand der Auto-Tuning-Szene. So werden auf szenerelevanten Events (intern kommuniziert über spezifische Kommunikationskanäle) spezielle, für Auto-Tuner faszinierende Fahrzeugumbauten und -gestaltungen mit Anerkennungspreisen ausgezeichnet. Kennzeichnend ist dabei, dass dies in Anwesenheit anderer Tuner oder einer Vielzahl von Tuning-Interessierten geschieht. Eine, aus Sicht des Tuners, objektive Jury begutachtet und bewertet dabei die vom Tuner vorgenommenen Umbauten. So ist es, aus Sicht der Jury, eine herausragende Leistung des Tuners, wenn er eine kunstvoll gestaltete Unterseite seines Fahrzeugs (z.B. mit Airbrush versehen) vorweisen kann. Hierfür erhält er in der Fahrzeugwertung durch die Jury Kategoriepunkte und erlangt dadurch Anerkennung in der Szene der Tuner. Objektiv betrachtet – aus der Sicht eines Nichtszenemitglieds – ist das Gestaltungselement „Fahrzeugunterboden" vollkommen irrelevant für die Funktion des Fahrzeugs und erscheint damit als „Verrücktheit". Der Tuner jedoch fährt mit einem aufgewerteten Selbstbewusstsein zwischen nicht affinen Verkehrsteilnehmern auf öffentlichen Straßen – immer in dem Bewusstsein der auf dem Event erlebten Anerkennung. Damit wird die Gestaltung seines Fahrzeugunterbodens zum Zufriedenheitsmerkmal in seiner Alltagswirklichkeit.

Es zeigt sich also, dass es soziale Gruppen mit einer spezifischen Wertstruktur gibt, die sich in bestimmten Verhaltensweisen ausdrückt, die für Außenstehende nicht nachvollziehbar sind. Für sie ist die Bedeutung eines, unter normalen Umständen nicht sichtbaren Fahrzeugunterboden-Airbrushs vollkommen marginal, während dieses für einen Tuner, als Mitglied der sozialen Gruppe der Tuner, zum wichtigen Bestimmungsmoment der individuellen Stellung innerhalb der Gruppe wird.

5.1.2 Community – Eintritt in die Web-2.0-Gesellschaft

Web 2.0 wurde als Begriff geprägt, um neuen interaktiven Techniken und Diensten sowie einer gewandelten Wahrnehmung des Internets gerecht zu werden.[125]

Ein wesentlicher Aspekt des Web 2.0 ist, dass das Internet nicht als bloßer Vertriebskanal verstanden wird, sondern zum „Kommunikationsmedium für Gleichgesinnte"[126] wird. Individuen mit gemeinsamen Interessen nutzen das Internet als Medium zur Schaffung sozialer Netzwerke.[127]

Mit dem Leitartikel „Web 2.0 – Du bist das Netz!" hat das Nachrichtenmagazin „Der Spiegel" einen Überblick und konkrete Beispiele gegeben, was unserer Gesellschaft in Sachen Internetentwicklung momentan widerfährt:[128]

- Online – nur die Idee eines zusätzlichen Vertriebskanals: Das war der bedeutende Irrtum in der Ära des Web 1.0.

- Die rasante Verbreitung von Breitbandanschlüssen hat völlig neue Voraussetzungen geschaffen: sowohl technisch wie wirtschaftlich, politisch und kulturell. Erst jetzt wird sichtbar, wozu das Internet wirklich fähig ist.

- Web 2.0: Begriff für das Internet der 2. Generation. Im Vordergrund steht das aktive Mitwirken des Einzelnen an den Inhalten des World Wide Web (WWW) und im neuen Web-Zeitalter spielen die Nutzer, die User, die Hauptrolle: Aus passiven Konsumenten werden höchst aktive Produzenten.

- Communities: Virtuelle Gemeinschaften von Menschen, die sich über das Internet bilden. Die Nutzer haben drei große Motive: „Sie wollen sich selbst ausdrücken, sie wollen mit Freunden in Verbindung treten, und sie wollen ihre Popkultur ausleben."

- Es entsteht ein neues „Wir-Gefühl" im Netz.

---

[125] Vgl. O'Reilly 2005, o.S.
[126] Bächle 2006, S. 121.
[127] Vgl. Bächle 2006, S. 121.
[128] Vgl. Hornig 2006, S. 60ff.

- Das Internet ist mehr als nur ein Vertriebskanal. Es ist zu einem Ort geworden, an dem die Leute sich unterhalten und darstellen, an dem sie ihr Wissen und ihre Interessen organisieren: Wikipedia verbreitet nicht die Erkenntnis von Nobelpreisträgern und Fachautoritäten, sondern die Weisheit der Massen. Über eine Million Beiträge umfasst die englische Fassung, die deutsche ist 420 000 Artikel stark.

- In den USA tut sich das Meiste – www.myspace.com z.B. avancierte zur viertgrößten Web-Seite der englischsprachigen Welt: Mit 93 Millionen Mitgliedern hat MySpace bereits mehr „Einwohner" als Deutschland; oder die Seite www.YouTube.com: Sie existiert seit Dezember 2005 online und hat inzwischen schon 70 Millionen Clips im Angebot: jeden Tag kommen 60 000 neue hinzu; Ebay-Chefin Meg Whitman investiert 630 Millionen Dollar in die Preisvergleichsseite shopping.com, 1,5 Milliarden Dollar in das Online-Bezahlsystem PayPal und in die Internet-Telefonfirma Skype mindestens 2,5 Milliarden Dollar.

- Auch „alte" Medien trifft es, aber sie reagieren: z.B. kaufte News-Corp-Eigner Rupert Murdoch MySpace für gut 580 Millionen Dollar, Ex-Paramount-Studioboss Barry Diller die Suchmaschine AskJeeves.

In diesem Zusammenhang kommt Softwareprodukten, die interpersonelle Kommunikation auf virtueller Ebene unterstützen, eine entscheidende Bedeutung zu. Sie werden als Social-Software bezeichnet. Wesentlich bei Social-Software ist, dass in ihrem Rahmen Effekte der Selbstorganisation genutzt werden, um virtuelle soziale Netzwerke zu schaffen.[129]

Beispiele für Social-Software sind:[130]

Forum
Unter Forum wird ein Online-Diskussionsforum verstanden, in welchem sich Interessierte zu einem bestimmten Thema austauschen.

Blog
Blogs sind regelmäßig aktualisierte Webseiten, die i. d. R. von einem Autor zu einem bestimmten Thema verfasst werden. Meist haben solche Blogs die Form von Tagebüchern oder Journals. Soziale Netzwerke bilden sich auf Basis von Blogs dadurch, dass die Blog-Inhalte allen Interessierten zugänglich sind und kommentiert werden können bzw. der Blog-Autor wiederum auf die Kommentare der Leser eingehen kann.

Social-Bookmarking
In Social-Bookmarking-Systemen werden Links allgemein zugänglich gemacht und es entsteht ein soziales Netzwerk dadurch, dass Nutzer bzw. Teilnehmer mit gleichen Bookmarks vernetzt werden. Auf diese Weise entsteht ein Netzwerk von Individuen mit ähnlichen Interessen. Durch die Verbindung der Nutzer untereinander erschließen sich dem einzelnen Nutzer bzw. Netzwerkakteur spezifische Informationsquellen, die reichhaltiger sind als die gewöhnlicher Suchmaschinen.

---

[129] Vgl. Bächle 2006, S. 121.
[130] Vgl. Bächle 2006, S. 122f.

Social-Networking
Durch Netzwerk-Software können zielgerichtete Beziehungen über das Medium Internet aufgebaut werden.

Instant Messaging
Instant Messaging ist ein serverbasierter Dienst, der textbasierte Echtzeit-Kommunikation mit einem oder mehreren Kommunikationspartnern ermöglicht.

Im Rahmen der Vision des AFG-Managements gilt es nun, die Implikationen von Web 2.0 aufzunehmen. Es muss im Unternehmen ein Bewusstsein dafür geschaffen werden, dass es einen gesellschaftlichen Trend dahingehend gibt, soziale Interaktion und damit auch soziale Netzwerkbildung online und virtuell zu organisieren. Die Bedeutung virtueller Communities muss im Bewusstsein des Unternehmens verankert werden, da sich durch den Eintritt in die Web-2.0-Gesellschaft weitreichende Konsequenzen für unternehmerisches Handeln, maßgeblich für das Verständnis und den Umgang mit Zielgruppen, ergeben. Dies verspüren momentan die deutschen, aber auch internationalen Verlagshäuser wohl besonders: Durch die (typisch für Web 2.0) Entwicklung von www.wikipedia.de geraten ihre klassischen Geschäftsmodelle stark in Bedrängnis.

5.1.3 Höhere Kundenloyalität und Kundenwert

Auch wenn alle Kunden und Kundenbeziehungen als wertvolle unternehmerische Ressourcen gelten können, muss seitens eines Unternehmens darauf geachtet werden, dass nur eine Bindung der profitablen Kunden zu den angestrebten Erfolgswirkungen führt. Daher ist eine entsprechende Kundenbewertung im Rahmen des AFG-Managements durchzuführen, um die Kundenpotenziale einzuschätzen, die seitens der Unternehmen erfolgreich für eine Stabilisierung bzw. Intensivierung der profitablen Kundenbeziehungen genutzt werden können. Kundennähe ist gerade dann profitabel, wenn sie mit einer Fokussierung auf erfolgversprechende Kunden einhergeht. Die Analyse des Kundenwerts ist als Prozess der Bewertung von Kundenbeziehungen ein entscheidendes Kriterium bei der Evaluierung, welche Kunden langfristig gebunden werden sollen und mit welchen Leistungen dies geschehen kann. Ziel ist der Aufbau einer langfristigen Kundenbeziehung. Da die Akquisitionskosten eines Neukunden im ersten Jahr der Geschäftsbeziehung höher sind als die aus der Beziehung resultierenden Erträge, besteht ein starker Zusammenhang zwischen Kundenbindung und Unternehmensgewinn.[131] Die Kundenprofitabilität steigt im Laufe der Zeit und damit auch der Kundenwert für das Unternehmen. Erst aus einer langfristigen Kundenbeziehung können Unternehmen Gewinne erzielen, da die höhere Wiederkaufrate von zufriedenen, loyalen Kunden die Beziehungskosten senkt, indem die Rückflüsse für geleistete Investitionen sichergestellt werden.[132] Außerdem steigt die Bereitschaft zu Wiederkäufen im Laufe der Kundenbeziehung, was Unternehmen auch zukünftigen Umsatz sichert.[133]

---

[131] Vgl. Pritzl/Lauer 2004, S. 336.
[132] Vgl. Matzler/Stahl/Hinterhuber 2008, S. 9f.
[133] Vgl. Matzler/Stahl/Hinterhuber 2008, S. 9f.

Die anfänglich hohen Kosten der Neukundengewinnung werden im Laufe der Kundenbeziehung amortisiert, sodass der Kunde rentabler wird, je länger die Beziehung dauert. Mit Hilfe des Customer-Lifetime-Value (CLV) kann der Wert eines Kunden im Hinblick auf die Dauer der bestehenden Kundenbeziehung beschrieben werden, welchen es mittels AFG-Marketing zu erhöhen gilt. Gelingt es einem Unternehmen, Begeisterungsfaktoren für seine Kunden zu schaffen und einen loyalen Kundenstamm aufzubauen, wirkt sich dies unmittelbar positiv auf ein profitables Unternehmenswachstum und damit auf den Unternehmensgewinn aus. Eine Studie von Bain & Company aus dem Jahr 2002 stellt den Zusammenhang zwischen Kundenloyalitätsmanagement und Unternehmenserfolg dar. Diese Studie zeigt, dass Unternehmen mit Kundenloyalitätsprogrammen höhere Unternehmensgewinne erzielen als Unternehmen ohne solche Programme.[134]

Verbunden mit der Kundenzufriedenheit, die als Voraussetzung gegeben sein muss, ist eine dem Unternehmen entgegengebrachte Loyalität der Kunden von entscheidender strategischer Bedeutung. Diese Loyalität kann durch Individualisierung der Leistungen und durch ein erfolgreiches Beziehungsmanagement erzielt werden. Im weiteren Verlauf der Kundenbeziehung ist der Aufbau von Vertrauen ein entscheidendes Kriterium,[135] da das Vertrauen von Kunden elementare Voraussetzung für den Aufbau einer intensiveren loyalitätsfördernden Kundenbindung ist.

Gerade die Szene strahlt in hohem Maße auf die AFG aus, da sie Einstellungen und Verhaltensweisen der AFG beeinflusst. Daher ist es für ein Unternehmen zwingend notwendig, hohe Glaubwürdigkeit zu erlangen und bestenfalls als gleichwertiges Szenemitglied akzeptiert zu werden. Erst dann können Produkte so platziert werden, dass Authentizität und Vertrauen gewährleistet sind.

Darüber hinaus ist eine höhere auf der Kundenzufriedenheit aufbauende Loyalität nur mit Begeisterungsfaktoren zu erreichen, um damit die entgegengebrachten Erwartungen, also die Basis-, Leistungs- und Zufriedenheitsfaktoren deutlich zu übertreffen.[136] Emotionen beeinflussen Kundenzufriedenheit stärker als vorauszusetzende Basiseigenschaften eines Produktes oder einer Dienstleistung.[137] Grundsätzlich rücken sowohl positive als auch negative Emotionen stärker in das Bewusstsein des Kunden als Ereignisse, bei denen kaum Emotionen empfunden werden. Entspricht die Serviceleistung dem erwarteten Niveau, nimmt der Nachfrager sie häufig kaum war.[138] Werden die Erwartungen jedoch übertroffen, wirkt sich das äußerst positiv auf den Gesamteindruck aus. Oft sind es kleine Aufmerksamkeiten, welche die Zufriedenheit in starkem Maße beeinflussen, weil der Kunde dies nicht explizit geäußert und erwartet hatte.[139] Emotionalität und Begeisterungsfaktoren eignen sich insbesondere zur Erhöhung der Bindungs- und Loyalitätsbereitschaft bei touris-

---

[134] Vgl. Pritzl/Lauer 2004, S. 348.
[135] Vgl. Peppers/Rogers 2002, S. 27.
[136] Vgl. Matzler/Sauerwein/Stark 2008, S. 322f.
[137] Vgl. Müller 2004, S. 72.
[138] Vgl. Griese 2002, S. 103.
[139] Vgl. Huber/Hermann/Braunstein 2008, S. 74f.

tischen Dienstleistungen, die nach dem „Uno-actu-Prinzip"[140] unter Einziehung des Kunden erfolgen.

Affinitätsgruppen zeichnen sich durch einen hohen emotionalen Bezug und die positive Grundeinstellung zu den in Anspruch genommenen Produkten bzw. Leistungen aus und bieten die Möglichkeit einer langfristigen Kundenbindung.

Informationen zur Einstellung von Kunden gegenüber dem eigenen Unternehmen sollten optimalerweise in Form von Reaktionsdaten (z.B. Lob oder Beschwerden) gesammelt werden. Gleichfalls ist der Einsatz eines professionellen Beschwerdemanagements unabdingbar. Denn ein Kunde ist besonders loyal, wenn er sich beschwert und im Anschluss positiv von einem Produkt überzeugt wurde. Echte Loyalität kann sich ein Unternehmen nur erarbeiten, diese muss ständig aufrechterhalten und durch Unternehmensaktivitäten gesteigert werden.

Im E-Business fällt der Kundenbindung und dem Aufbau von Loyalität eine sehr wichtige Rolle zu, da eine höhere Anonymität und Markttransparenz[141] herrscht. Deshalb gewinnen die alten Spielregeln und loyalitätsfördernde, traditionelle Tugenden im E-Business noch mehr an Bedeutung.[142]

5.1.4 Market-Intelligence-Kompetenz

Der Aufbau von Marktwissen ist eine grundlegende Voraussetzung für eine effektive Bearbeitung von AFG-Märkten. Dabei ist entscheidend, umfangreiches Wissen bzw. Verständnis von der Zielgruppe zu haben. Das Zielgruppenwissen bzw. das Wissen über die AFG umfasst die Kenntnis der Kundenbedürfnisse, Verhaltensweisen der AFG-Mitglieder (also der in der Zielgruppe zusammengefassten Konsumenten) und die Merkmale der AFG-Mitglieder – sowohl demographische als auch sozioökonomische und psychographische Merkmale.

Daraus ergeben sich die Basisfragen für den erfolgreichen Aufbau von AFG-Wissen:

- Wer sind meine (potenziellen) Kunden?
- Welche Interessen verfolgen meine Kunden und welche Wünsche müssen erfüllt werden?
- Anhand welcher Merkmale kann meine Zielgruppe charakterisiert werden?
- Über welche Kommunikationskanäle erreiche ich meine Zielgruppe? Wie müssen die Kommunikationsmaßnahmen ausgestaltet sein?

Um diese Fragen adäquat zu beantworten, d.h. um Marktwissen zu erlangen, das unmittel-

---

[140] Vgl. Meffert/Bruhn 2009, S. 44.
[141] Vgl. Wirtz 2001, S. 197.
[142] Vgl. Reichelt/Schefter 2001, S. 1ff.

bar in Wettbewerbsvorteile bzw. strategische Erfolgsfaktoren umgesetzt werden kann, müssen nicht nur Daten und Informationen gesammelt, sondern zudem so aufbereitet werden, dass Marktwissen systematisch entsteht, was hier als Market-Intelligence bezeichnet wird.

Market-Intelligence ist die Fähigkeit einer Organisation, Marktwissen systematisch und dynamisch zu generieren und es online den Nutzern zur Verfügung zu stellen.

Market-Intelligence als Kompetenz entsteht in dem Moment, in dem das aus Daten und Informationen generierte Wissen angewendet wird. Erst die konkrete und zielgerechte Anwendung des Wissens, im Sinne der Vorgaben der strategischen Stoßrichtung, stellt den Aufbau einer Kompetenz dar, die als Vorteilsquelle im Rahmen strategischer Wettbewerbsvorteile zu sehen ist.[143] Somit wird Market-Intelligence zur Kernkompetenz eines Unternehmens, um sich von seinen Wettbewerbern zu differenzieren.

Der Kompetenzaufbau ermöglicht sowohl individuelle Produktentwicklungen, die absolut den tatsächlichen Bedürfnissen der Zielgruppe entsprechen (d.h. der gebotene Nutzen entspricht genau dem gewollten Nutzen), als auch spezifische (speziell zugeschnittene) Formen der Zielgruppenkommunikation, und zwar in zweifacher Hinsicht: Einerseits wird die Zielgruppenkommunikation strategisch genutzt, um Market-Intelligence zu schaffen, und andererseits wird durch eine zieladäquate Zielgruppenansprache die Kommunikationspolitik im Rahmen des marketingpolitischen Instrumentariums effektiv und effizient gestaltet.

Die nachfolgende Abbildung illustriert die Sequenz: Von der Information zum Wissen, das in Kompetenz mündet.

Abbildung 5.1 Information, Wissen und Kompetenz

Quelle: In Anlehnung an Probst/Raub/Romhardt 2003, S. 16ff. und North 2005, S. 32ff.

Die übergeordnete Zielsetzung ist das langfristige Sichern von Marktwissen, um gegenüber Mitbewerbern nachhaltige Wettbewerbsvorteile zu erlangen. Market-Intelligence ist in dieser Hinsicht als Vorteilsquelle besonders geeignet, da im Unternehmen geschaffenes und gebundenes Marktwissen nur schwer imitierbar ist.

---

[143] Vgl. Ackerschott 2001, S. 38f.

Mit Hilfe moderner Informations- und Kommunikationstechnologien wird ein strukturiertes und systematisches Speichern von Marktwissen ermöglicht. Neue Softwareanwendungen bieten die Möglichkeit, Daten und Informationen sehr genau zu erfassen und einen Wissenspool aufzubauen. Der Wissenspool als strukturiertes Marktwissen kann dann jederzeit im operativen Geschäft genutzt werden, da beispielsweise Mitarbeiter jederzeit darauf zugreifen können.

Auf Grundlage des AFG-Wissens entwickelt sich innerhalb eines Unternehmens eine Kompetenz, die einen entscheidenden Wettbewerbsvorteil darstellt. Denn letztlich können durch Wissensmanagement Wettbewerbsvorteile bei der Marktbearbeitung erreicht werden. Es ist daher dringend notwendig, Market-Intelligence als Kompetenzfeld auszubauen, da besonders Unternehmen, die in dynamischen, von den Auswirkungen der Informationsökonomie geprägten Märkten als Anbieter fungieren, einen strategischen Vorteil durch Wissen bzw. einen Wissensvorsprung erlangen. Vor diesem Hintergrund wird Market-Intelligence zum entscheidenden strategischen Erfolgsfaktor im AFG-Management der Zukunft.

Für das Strategische Management ergibt sich damit die Konsequenz, dass das Unternehmen hin zur Wissensagentur entwickelt werden muss, d.h., das Unternehmen als Wissensagentur bündelt spezifisches Marktwissen, verknüpft es und kann so markt- und zielgruppenadäquate Informationsprodukte anbieten.

5.1.5 Möglichkeiten zur Wertsteigerung

Ausgehend vom Gedanken eines wertorientierten Strategischen Managements erfolgt eine Fokussierung auf Strategien, die Unternehmenswert sowohl auf Basis von Wachstum als auch auf Basis höherer Performance schaffen.

AFG-Management muss in den gleichen Kontext gestellt werden und wird nur dann als erfolgversprechendes Konzept akzeptiert werden, wenn durch Orientierung an Leidenschaft-Märkten, an Werthaltung von Gruppen und an den Möglichkeiten der Internet-Nutzung durch Communities konkreter Mehrwert erstellt wird. AFG-Management muss daher ein Ansatz zur Wertsteigerung sein.

Grundsätzlich lassen sich dabei vier Wertsteigerungsstrategien zusammenfassen, die jeweils auf einen bestimmten wertschaffenden Fokus rekurrieren:[144] Strategien mit einem Fokus auf die Kostenkontrolle, mit einem Fokus auf Marktanteilsgewinn, auf Know-how und Geschwindigkeit sowie Strategien, die auf Wertkettenmanagement abzielen. In Anlehnung an Tharker/DeGraff/Quinn kann auf strategischer Ebene wie folgt differenziert werden:

Effizienzsteigerungsstrategien
In diesem Feld liegt der Fokus des Strategischen Managements auf der Kostenkontrolle. Es

---

[144] Vgl. Thakor/DeGraff/Quinn 1999, S. 8ff.

gilt, bestehende Prozesse zu optimieren, mit dem Ziel, die Prozesskosten zu senken. Durch Produktivitätssteigerung werden Kostenvorteile gegenüber den Mitbewerbern generiert, um einer Strategie der Kostenführerschaft zu folgen. Effizienzsteigerungsstrategien zielen darauf ab, die Ertragskraft des Unternehmens zu steigern.

Umsatzwachstum
Marktpenetration ist die zentrale strategische Stoßrichtung in diesem Feld. Es geht darum, Wettbewerbsvorteile konsequent auszubauen und so den Marktanteil zu erhöhen. Durch eine Intensivierung der Marktbearbeitung soll der Umsatz gesteigert werden. Auch durch die Fokussierung auf Informations- und Transaktionsprozesse sowie das Kundenmanagement lässt sich der Umsatz steigern.

Innovationsoffensiven
Durch Innovationsoffensiven sollen neue Märkte erschlossen sowie neue Produkt- und Leistungsangebote entwickelt werden. Im Fokus stehen Veränderung und Geschwindigkeit. Es geht darum, Produkte und Leistungen so zu verändern, dass neuer Kundennutzen geschaffen wird. Geschwindigkeit wird zum Wettbewerbsvorteil, indem Innovationsprämien abgeschöpft werden (First-Mover-Advantage).

Wertkettenmanagement
Strategien, die auf das Wertkettenmanagement abzielen, müssen sich mit der Dekonstruktion der Wertkette und Wertschöpfungsanalysen befassen. Die Wertkette eines Unternehmens wird dahingehend untersucht, welchen Erfolgsbeitrag die einzelnen Prozessschritte liefern. Gegebenenfalls können durch die Dekonstruktion der Wertkette Wertsteigerungspotenziale freigesetzt werden. Durch die Entwicklung neuer Fähigkeiten werden nachhaltige Konkurrenzvorteile geschaffen.

Ausgehend von einer Analyse aktueller Wertschöpfungsstrukturen zielen Wertsteigerungsstrategien darauf ab, Wertschöpfungsprozesse zu optimieren bzw. neu (besser) zu gestalten.

5.2 Qualitäten einer Vision für das AFG-Management

Es wird aufgezeigt, dass die formulierte Vision für ein AFG-Management nachhaltig ist, d.h., sie ist konkret und nachvollziehbar, aber auch abstrakt genug, um Handlungsspielräume zu lassen; sie ist kreativ und intuitiv; sie ist messbar in Bezug auf deren Implikationen, sie ist allgemeingültig und damit unabhängig von der gegenwärtigen Wahrnehmung und schließlich ist sie realistisch, da die gezeichnete Vision des AFG-Managements empirische Gegebenheiten und Restriktionen der Umwelt berücksichtigt.

5.2.1 Realitätsbezug

Die aufgezeigte Vision für ein AFG-Management ist realistisch. An erster Stelle soll der Realitätsbezug der Vision reflektiert werden, da das Konzept des AFG-Managements neuartig ist und deswegen mit Skepsis betrachtet werden mag. Der Realitätsbezug der Vision dient deren Legitimierung und macht sie geeignet, als Leitbild zu fungieren. Die Vision bezieht sich auf die Realität und formuliert dasjenige, das bislang – obwohl augenscheinlich – nicht erkannt worden ist.

Wie bereits im ersten Kapitel sowie im weiteren Verlauf der Publikation aufgezeigt, sind Leidenschaft und Community zwei neuartige Gesichtspunkte im Zusammenhang mit Marktverständnis. Doch beides ist realistisch. Sowohl der Aspekt „Leidenschaft" als auch Communities entspringen einem unmittelbaren Verständnis des Marktes. Die Frage nach der Realität der Vision wird gleichsam beantwortet durch deren Umweltbezug. Sowohl die Chancen eröffnenden als auch die limitierenden Umweltwirkungen sind bereits in der Formulierung der Vision für ein AFG-Management berücksichtigt. Aus empirischen Beobachtungen des Marktes wurden diese beiden visionären Aspekte des Marktverständnisses und das damit zusammenhängenden Zielgruppenmanagement formuliert.

Leidenschaften als zentrales Bewegungsmoment sozialer Interaktion werden herangezogen, um Märkte zu verstehen. Leidenschaften sind ein wesentlicher Bestandteil individueller Dispositionen. Das Menschsein ist charakterisiert durch eine Vielzahl an Leidenschaften. Leidenschaften sind diejenigen Motivationen, die individuelles Handeln maßgeblich bestimmen. Leidenschaften sind der Bezugspunkt, vor dessen Hintergrund Interaktion und Kommunikation reflektiert werden. Leidenschaft ist ein konstitutives Merkmal bei der Ausbildung sozialer Beziehungsnetze.

Es ist somit die Leidenschaft als psychologische Disposition, die den Markt in seiner einfachsten und unmittelbarsten Struktur – dem Individuum – prägt. Leidenschaften sind es, die dem vermeintlich irrational und unberechenbar handelnden Einzelnen, als Atom der Marktstruktur, Richtung und Struktur geben. Das Denken und Handeln des Individuums wird durch Leidenschaften bestimmt. Über die Kenntnis der Leidenschaften wird das Marktverständnis transparent. War das Marktverständnis bislang gekennzeichnet durch den hybriden Konsumenten, durch Konsumentenverhalten, das im Rahmen klassischer Marketing- und Marktbearbeitungsstrategien nicht mehr greifbar war, so wird durch den Bezug auf Leidenschaften ein neuer Ansatzpunkt geschaffen, um sich auf das Konsumentenverhalten zu beziehen. Das Individuum als unmittelbarster Bestandteil des Marktes – oder enger gefasst: das Individuum als unmittelbares Element von Zielgruppen – wird durch das Verständnis von Leidenschaften (als Antriebsmoment individuellen und sogar gruppenbezogenen Verhaltens) wieder greifbar und verstehbar.

Neben der Leidenschaft ist die Community ein weiterer wichtiger Aspekt der Vision. Betriebswirtschaftlich und strategisch relevant wird die Leidenschaft des Einzelnen durch den Bezugsrahmen der sozialen Gruppe. Wie in Kapitel 3 dargelegt, geht es aus Sicht des Individuums nicht nur um die personelle Leidenschaft bzw. Leidenschaften (wir haben an dieser Stelle von Affinität(en) gesprochen), sondern es geht darum, dass die personelle Leidenschaft in unmittelbarem Zusammenhang mit interpersonellen Kontakten steht. Individuen, die gleiche Leidenschaften teilen, suchen den Kontakt zueinander. Das ist die endogene Struktur des Marktes!

Diese Erkenntnis ist außerordentlich und sie ist realistisch. In Kapitel 1 wurde dargelegt, welche faszinierenden Phänomene sich im Markt offenbaren, wenn man das Augenmerk auf Affinitäten richtet. Es zeigt sich, dass sich die endogene Struktur des Marktes offenbar in Form sozialer Gruppen manifestiert. Es gibt in diesem hypothetischen – und zunächst amorphen, völlig unfassbaren Gebilde – Markt eine Struktur, die real ist und sich greifen lässt.

Der Markt als System entwickelt eine endogene Struktur, indem er sich selbst eine Form gibt!

Gleichgesinnte, Individuen mit gleichen Leidenschaften, finden zueinander und bilden Strukturen aus, die die Form sozialer Gruppen bzw. Beziehungsnetze haben. Durch die im Markt existierenden sozialen Beziehungsstrukturen wird dieser greifbar. Indem soziale Gruppen- und Netzstrukturen im Markt erkannt werden, lassen sich interaktiv und kommunikativ Zielgruppen ausfindig machen und ansprechen.

Der Markt bzw. die Zielgruppe ist nicht länger eine „Black Box", sondern etwas Greifbares, tatsächlich Existierendes.

Realistisch ist die formulierte Vision des AFG-Managements also deswegen, weil sie überhaupt erst unmittelbar aus beobachteten, tatsächlich vorhandenen, Phänomenen erwachsen ist. Es ist eine Vision, weil nicht bloß die Chancen eröffnenden und limitierenden Umweltentwicklungen berücksichtigt werden, sondern weil es gerade diese Umweltentwicklungen und -bedingungen sind, die zur Entwicklung der Vision geführt haben.

5.2.2 Konkretisierung und Nachhaltigkeit

Die Vision des AFG-Managements ist sowohl konkret als auch nachvollziehbar. Sie ist gleichwohl abstrakt und präzise und damit geeignet, innerhalb eines langen Zeithorizonts ihrer Funktion als Leitbild nachzukommen.

Sie ist insofern konkret, als sie sich in den Aspekten Leidenschaft und Community konkretisiert. Durch diese beiden Aspekte, die aufeinander aufbauen, wird ein Bezugspunkt geschaffen, der die Vision anschaulich macht. Die Bezugspunkte Leidenschaft und Community sind unmittelbar fassbar. Bereits eine oberflächliche explorative Analyse der Märkte unter den beiden Gesichtspunkten Leidenschaft und Community – unter dem Gesichtspunkt AFG – zeigt, dass die Vision auf einer wirklichkeitsnahen Grundlage fußt. Der Aspekt der Leidenschaft lässt sich beispielsweise im Internet anhand unzähliger Foren und Kommunikationsplattformen zu allen nur denkbaren und (zunächst) undenkbaren Themenbereichen finden. Es existiert ein unglaublich reicher Raum an Leidenschaften, auf den sich Individuen, die diese Leidenschaft teilen, beziehen. Bereits ein kurzer Blick in solche Online-Kommunikationsplattformen genügt, um zu erfahren, welche Bedeutung die Affinität im Leben der dort kommunizierenden Individuen hat. Es genügt, einen affinitätsspezifischen Event zu besuchen und die Individuen, welche sich dort zusammenfinden, in deren Interaktion und Kommunikation zu beobachten. Schnell wird dann klar, dass es da etwas gibt, das alle verbindet – deren Leidenschaft.

Leidenschaften sind also nicht irgendein theoretisches Konstrukt, sondern etwas, das sich in der Realität beobachten lässt. Leidenschaften, als Strukturmerkmale der Marktsegmentierung und Zielgruppenbildung sind somit nachvollziehbar und erst recht ist es eine Vision, die sich darauf gründet.

Communities hängen direkt damit zusammen. In der Beobachtung von Leidenschaften im Markt stößt man unmittelbar auf Communities. Wie an dieser Stelle bereits angedeutet und in Kapitel 3 ausführlich erläutert, drücken sich Leidenschaften selten bloß im individuellen Erlebnis aus. Vielmehr geht es in den allermeisten Fällen darum, die Leidenschaft mit anderen zu teilen. Die Interaktion und Kommunikation, die sich im Zusammenhang mit einer bestimmten Leidenschaft ergeben bzw. in direktem Zusammenhang mit dieser stehen, sind die entscheidenden Faktoren, die Gemeinschaft um Leidenschaft herum konstituieren.

Es lässt sich also nicht nur Leidenschaft nachvollziehen, sondern es ist auch der Community-Gedanke, der bereits bei explorativen Untersuchungen des Aspektes ins Auge springt. Immer steht die Leidenschaft in Zusammenhang mit Kommunikation und Interaktion und konstituiert so soziale Gruppen bzw. Netzwerke.

Leidenschaft und Community sind also tatsächlich existent und lassen sich beobachten. Leidenschaft und Community, als neues Zielgruppenverständnis, sind realistisch.

Zugleich sind Leidenschaft und Community aber auch abstrakt und damit nachhaltig. Sowohl Leidenschaft als auch Community beschreiben psychologische, sozialpsychologische und soziologische Konzepte.[145] Damit existieren diese Phänomene unabhängig von ihrer konkreten Ausprägung. Es besteht ein theoretisch fundierter Bezugsrahmen, in dessen Geltungsbereich die konkret auftretenden Phänomene reflektiert werden können. Es geht folglich nicht mehr unmittelbar darum, welche Leidenschaften und Communities konkret betrachtet werden, sondern die sich darauf beziehende Vision ist nachhaltig, sie ist geeignet, auch unter geänderten Bedingungen als Leitbild zu dienen. Sie kann als Basis für eine langfristige Entwicklung dienen. Es ist nicht bedeutsam, um welche Leidenschaft und der damit einhergehenden Community es genau geht. Wichtig für die Nachhaltigkeit der Vision ist lediglich, dass die sozialen und psychologischen Mechanismen, die gewissermaßen als theoretische und empirische Basis der Vision dienen, langfristig Gültigkeit besitzen und nicht lediglich Ausdruck eines ad hoc beobachteten Phänomens – oder gar Artefaktes – sind.

---

[145] Vgl. zu diesen Konzepten u.a.: Bar-Tal 1990, S. 35ff.; Felson 1992, S. 1744; Forgas/Williams 2002, S. 4ff.; Harré 1979, S. 223ff.; Hogg/Abrams 1988, S. 21ff.; Sader 1991, S. 64ff.; Schäfers 1999, S. 20f.; Smith 2002, S. 26f.; Stephan/Stephan 1996, S. 90ff.; Wagner 1999, S. 21f.

5.2.3 Kreativität und Intuition

Vor dem Hintergrund der Kreativität und Intuition zeigt sich, dass die Vision für ein AFG-Management sowohl klar formuliert ist als auch nur begrenzten Interpretationsspielraum lässt. Es ist völlig klar, worum es geht, das Leitbild ist eindeutig und unmittelbar und damit geeignet zu leiten: Es geht um ein Marktverständnis, das auf Leidenschaften und Communities fußt.

Kreativ ist diese Vision in vielerlei Hinsicht: Sie verbindet soziologische, sozialpsychologische und psychologische Aspekte mit betriebswirtschaftlichen Perspektiven. Es wird von bestehenden Denkweisen abstrahiert, der Blickwinkel wird geändert. Es ist kein neues Phänomen, welches beobachtet wird, doch durch den geänderten Blickwinkel werden die Konsequenzen der Beobachtung ersichtlich. Die Offenheit und Spontaneität der Vision sind es, die ihre Kreativität ausdrücken. Es ist ein regelrechter Paradigmenwechsel, der sich in dieser Vision offenbart. Leidenschaften und Communities sind die beiden maßgeblichen Stellschrauben, die es ermöglichen, Zielgruppenmärkte in einem betriebswirtschaftlich tatsächlich relevanten Sinne greifbar zu machen und darüber hinaus auch noch kommunikativ und interaktiv zu erschließen.

Leidenschaft und Communities haben zunächst einmal, auf den ersten Blick, wenig mit der Betriebswirtschaftslehre, mit dem Strategischen Management gar, zu tun. Doch durch den ein wenig geänderten Blickwinkel, durch den kreativen Einsatz bestehender Theorien, gepaart mit empirischen Ergebnissen, die auf bislang so kaum untersuchte Phänomene aufmerksam machten, durch die Bereitschaft, sich auf Neues einzulassen und das, was da ist (aus betriebswirtschaftlicher Sicht dynamische und produkthomogene Märkte), nicht nur zu akzeptieren, sondern darauf einzugehen und zu erkennen, welche Chancen sich bieten, gelangt man zu einer kreativen Vision.

Das pionierhafte, kreative Auseinandersetzen mit der Zukunft führt dazu, dass Leidenschaften und Communities identifiziert werden, die geeignet sind, Märkte zu verstehen, zu segmentieren und so Marktwissen zu erlangen und in Wettbewerbsvorteile umzusetzen. Zwei, aus soziologischer, sozialpsychologischer und psychologischer Sicht hoch komplexe Phänomene sind es, die in der Einfachheit ihrer Logik geeignet sind, einen Paradigmenwechsel im Zielgruppenverständnis einzuläuten.

Die Vision ist also intuitiv, da sie einfach ist: Es geht um unmittelbare Beweggründe, um Leidenschaften und die sich daraus ergebenden Konsequenzen: Communities. Die konkreten Vorgänge, die sich dort auf interindividueller und Intergruppenebene abspielen sind komplex – keine Frage –, aber in ihren grundsätzlichen Mechanismen und ihrer Logik sind sie sensationell einfach und unmittelbar einsichtig. Zusammenfassend, mit Bezug auf Kapitel 3, stehen hinter den Begrifflichkeiten bzw. Konzepten Leidenschaft und Community:

Affinitäten sind Ausdrucksform unmittelbarer und wesentlicher individueller Dispositionen. In Leidenschaften äußert sich das Selbst des Individuums. Leidenschaften beschreiben auf der Ebene des Individuums, was es ist. Die Frage nach dem Selbst – „Wer bin ich?" – drückt sich letztlich durch Leidenschaften aus. Communities, als zweiter Aspekt, sind deswegen so wichtig, weil die Leidenschaft allein nicht ausreicht, um die Frage nach dem Selbst, bzw., weiter gegriffen, die Frage nach der individuellen Position in der Gesellschaft zu beantworten (siehe dazu auch Kapitel 2). Erst der reflexive Bezug auf andere macht die Konstruktion des Selbst tatsächlich. Wenn andere ein Individuum in seinem Selbstkonzept annehmen oder ablehnen, wird das individuell konstruierte (und durch Leidenschaften maßgeblich mitbestimmte) Selbstkonzept für das Individuum real. Individuen suchen also den Bezug zu sozialen Gruppen. Intragruppenbezogen werden Ähnlichkeiten betont und zwar solche Aspekte, die das Individuum positiv konnotiert. Der Kontakt zu Gleichgesinnten bestärkt das Individuum in seiner Leidenschaft bzw. in seinen Leidenschaften. Demgegenüber steht der Intergruppenvergleich, also die Bezugnahmen auf die anderen. Die anderen, das sind all die, die nicht die Leidenschaften des Individuums teilen. Gleichwohl helfen die anderen dabei, die Leidenschaft und das Individuum zu fördern und zu bestätigen: Nicht nur, dass das Individuum von Gleichgesinnten bestätigt wird, es wird auch von Andersgesinnten abgelehnt oder, schwächer ausgedrückt, von indifferenten anderen einfach nur wahrgenommen, damit aber gleichwohl bestätigt.

5.2.4 Messbarkeit

Die Inhalte und Implikationen der Vision für ein AFG-Management sind messbar. Die Vision für ein AFG-Management beschreibt zwei Aspekte, die tatsächlich beobachtbar und damit messbar sind. Die Konsequenzen, die sich aus einem Bezug auf die Vision ergeben, sind ebenso messbar.

Die Vision ist messbar, da sie sich auf reale Sachverhalte bezieht. Sowohl Leidenschaft als auch Community sind empirisch fassbar. Dies wurde bereits weiter oben beschrieben, deswegen soll an dieser Stelle nur noch einmal zusammengefasst werden, dass Leidenschaften insofern messbar sind, als sie sich unmittelbar im individuellen Kommunikations- und Interaktionsverhalten äußern und im Rahmen der empirischen Sozialforschung operationalisierbar sind. Communities sind sowohl in Bezug auf das Interaktions- und Kommunikationsverhalten als auch in Bezug auf ihre Struktur und Erscheinungsform messbar.

Die Vision bezieht sich also auf etwas, das es tatsächlich gibt. Es geht nicht um Hypothesen oder Spekulationen. Die Vision für ein AFG-Management formuliert ein Leitbild, das sich als Konsequenz aus realen Sachverhalten ergibt.

Ebenso sind die Implikationen, die sich aus der Vision für ein AFG-Management ergeben, messbar. Sobald sich das Strategische Management, als Strategisches AFG-Management, auf diese Vision bezieht, kommt es zum Paradigmenwechsel im Unternehmen. Im Hinblick auf den, im vorigen Kapitel aufgezeigten, Bezugsrahmen des Strategischen Managements (Trierer Modell), werden alle Bereiche (Strategie, Organisation und Kultur) durch die Vision maßgeblich beeinflusst. Unmittelbar schlägt sich ein erfolgreich implementiertes AFG-Management in einer verbesserten Ertragslage nieder. Unabhängig von einer Bilanzierung des generierten Marktwissens erhöht sich die Performance des Unternehmens, da die Implikationen der Vision zur Etablierung nachhaltiger Wettbewerbspositionen führt, die wiederum die Performance des Unternehmens nachhaltig steigern.

5.2.5 Allgemeingültigkeit und Zukunftsbezogenheit

Die beschriebene Vision des AFG-Managements ist allgemeingültig und zukunftsbezogen. Sie ist, da sie Ergebnis eines kreativen Reflexionsprozesses empirischer Befunde und theoretischer Modelle ist, nicht nur eine Momentaufnahme unbestimmter Phänomene, sondern Ausdruck grundsätzlich existierender Mechanismen und Wechselwirkungen und damit zukunftsbezogen.

Durch den direkten Bezug auf das allgemeine gesellschaftliche Umfeld bezieht die Vision möglichst viele relevante Aspekte der Unternehmensumwelt mit ein. Sie ist daher geeignet, eine Orientierungsfunktion einzunehmen, weil sie nicht kurzfristig ihre Gültigkeit verliert. Sie dient als stabiler Bezugspunkt in einem dynamischen Unternehmensumfeld, das einem permanenten Wandel unterliegt. Durch ihren Bezug auf die endogenen Strukturen der Umwelt – des Marktes – macht die Vision es möglich, in dem stürmischen Umfeld zu bestehen. Die Vision wird zum Ausgangs- und Bezugspunkt, da sie unmittelbar neue Impulse aufspüren und erfolgreich zu nutzen hilft. Es ist die Vision, die in ihrer Logik eine Verbindung zum Bezugsrahmen des Unternehmens herstellt und auf diese Weise geeignet ist, allgemein als Reflexionsmuster herangezogen zu werden.

Die Vision ist zukunftsbezogen, da sie unmittelbar aus dem Wandel heraus entsteht und auf diesen Bezug nimmt. Es ist der Weg in die Zukunft, auf den sich die Vision für ein AFG-Management bezieht. Die Zukunft der Märkte – des Unternehmensumfeldes – wird sowohl durch die Leidenschaften der Individuen als auch durch deren Interaktions- und Kommunikationsbedürfnisse, die sich in Communities ausdrücken, geprägt. Die Vision des AFG-Managements liegt durch ihren Bezug auf Leidenschaften und Communities unmittelbar am Puls der Märkte. Sie ist damit gut geeignet, die Funktion eines richtungsweisenden Leitbildes einzunehmen.

6 Strategie und Affinity-Group-Management - Neue Märkte entstehen

6.1 Marktsegmentierung im Mittelpunkt der strategischen Planung

Mit zunehmender Dynamik der Umwelt müssen auch Flexibilität und Reaktionsgeschwindigkeit des Unternehmens und dessen strategische Anpassung steigen. Flexibilität wird hier jedoch nicht als Improvisation verstanden, sondern als strategisch geplanter Flexibilitäts-Mix des Unternehmens. „Man kann die Marktentwicklungen nicht vorwegnehmen, muss ihnen aber in Echtzeit gewachsen sein. Das bedeutet jedoch, dass die Anpassungsfähigkeit größer sein muss als die planende Vernunft."[146] Das soll nicht heißen, dass langfristige, grundsätzliche Strategien ihre Bedeutung verlieren und durch kurzfristige Taktiken ersetzt werden sollten. Strategische Planung behält weiterhin ihre Relevanz. Sie wird dabei jedoch eher einem Wellenreiten als einem Schachspiel gleichen.[147]

„Je höher die Unsicherheit wird, desto stärker muss man von eindeutig definierter Richtungsfestlegung und klaren strategischen Plänen Abschied nehmen und stattdessen stärker über Optionen, Flexibilität und Investitionen in hohe [sic!] Reaktionsgeschwindigkeit nachdenken, die es einem erlauben, schnell zu handeln, sobald sich der Zukunftsnebel etwas lichtet."[148]

6.1.1 Segmentierungskriterien

Um die strategische Planung möglichst zeitnah dem anzugleichen, was sich in der heutige Gesellschaft für die zukünftigen Marktszenarien herauskristallisiert, ist ein frühzeitiges Trend-Monitoring ebenso wichtig wie die flexible Orientierung an den Bedürfnissen der unternehmensrelevanten Zielgruppen. Die Relevanz der Marktsegmentierung als strategisches Instrument gewinnt damit zunehmend an Bedeutung.

„Die Qualität der gebildeten Marktsegmente steht und fällt [...] mit der Wahl der Segmentierungskriterien. Hierbei gilt es nicht nur, die jeweils relevanten Merkmale zu finden, sondern darüber hinaus die Wahl auf die aussagekräftigsten zu reduzieren, ohne dass wichtige Informationen verloren gehen."[149]

---

[146] Meffert 1999b, S. 470.
[147] Vgl. Bolz/Bosshart 1995, S. 54.
[148] Rall/König 2005, S. 29.
[149] Langner 1991, S. 56.

Soziodemographische Kriterien

Die Unterteilung der Kunden nach geographischen, demographischen und sozioökonomischen Kriterien gilt als klassische Form der Marktsegmentierung. Dabei werden Merkmale wie Wohnort, Herkunft, Alter, Geschlecht, Konfession, Familienstand, Beruf oder Einkommen herangezogen, um die Märkte in homogene Segmente aufzuteilen.

Eine sinnvolle Anwendung dieser Kriterien ist vorwiegend in der Makrosegmentierung zu sehen, wenn es um die Abgrenzung des relevanten Marktes geht (das Alter als Kriterium für Anbieter von Pflegediensten für Senioren oder die Schulausbildung für Universitäten).[150] Auf der Stufe der Mikrosegmentierung kommt den soziodemographischen Kriterien eine untergeordnete Rolle zu. Sie übernehmen hierbei eher eine deskriptive als eine erklärende Funktion, denn im Hinblick auf die Kaufverhaltensrelevanz ist deren Aussagewert sehr eingeschränkt. In der Praxis ist diese Art der Marktsegmentierung sehr beliebt, da die benötigten Kundeneigenschaften leicht zu operationalisieren und mit einem relativ geringen zeitlichen und finanziellen Aufwand zu erheben sind. So wird in der Automobilindustrie vorwiegend nach soziodemographischen Kriterien segmentiert und es werden dementsprechend PKWs für Familien (z.B. Vans, Kombis), Jugendliche (z.B. Smart) oder Besserverdienende (z.B. Porsche) entwickelt.

Beobachtbares Kauf- und Konsumverhalten

Bei den Kriterien des beobachtbaren Kauf- und Konsumverhaltens handelt es sich nicht um Bestimmungsfaktoren des Konsumentenverhaltens, sondern um Ergebnisse von Kaufentscheidungsprozessen.[151] Häufig verwendete Merkmale sind z.B. Produktartwahl, Markenwahl, Einkaufsstättenwahl, Einkaufsfrequenz, Mediennutzung oder Markentreue.

Ebenso wie soziodemographische Kriterien sind auch Kriterien des beobachtbaren Kauf- und Konsumverhaltens wenig geeignet, vergangenes Verhalten zu erklären oder zukünftiges Verhalten von Kunden zu prognostizieren. Zum Beispiel ist es in der Tourismusbranche üblich, die Kunden nach ihrem Reiseverhalten zu segmentieren. Die Aussagekraft dieser Segmentierungsweise ist jedoch sehr gering, denn eine Reise kann aus den unterschiedlichsten Gründen unternommen worden sein. Faktoren wie z.B. Reiseziel oder Reisedauer müssen nicht zwingend in kausalem Sinn kaufentscheidend sein, daher ist der Rückschluss von vergangenem auf zukünftiges Reiseverhalten nicht tragfähig. Auch der Besitz von bestimmten Gütern lässt nur in bestimmtem Maße Ableitungen für künftiges Konsumverhalten zu.

Psychographische Kriterien

Um die Reaktionen der Zielgruppe auf die Marketingaktivitäten des Unternehmens besser erklären und prognostizieren zu können, wird in aktuellen Segmentierungsansätzen immer mehr auf psychographische Kriterien zurückgegriffen. Mit Hilfe von allgemeinen Persönlichkeitsmerkmalen (wie z.B. Intelligenz oder Wagnisfreudigkeit), Präferenzen, Nutzenerwartungen, Motiven, Interessen und Einstellungen (allgemeine, produktspezifische und

---

[150] Vgl. Freter 2001, S. 290f.
[151] Vgl. Freter 1983, S. 87.

markenspezifische) wird versucht, die Psyche der Individuen zu verstehen, daraus Rückschlüsse auf deren (Kauf-)Verhalten zu ziehen und sie aufgrund dieser Erkenntnisse in verhaltenshomogene Segmente zu unterteilen.[152]

Grundlage zur Erklärung des Konsumverhaltens sind S-O-R-Modelle.[153] Diese ermöglichen eine genauere Untersuchung des Kunden mit seinen unterschiedlichen aktivierenden und kognitiven Komponenten. Dabei werden neben direkt beobachtbaren und messbaren Variablen auch Konstrukte herangezogen, die lediglich indirekt über Indikatoren empirisch erfasst werden können (z.B. Persönlichkeit oder Einstellung).[154] Damit ist bereits auf einen gewichtigen Nachteil von psychographischen Segmentierungskriterien hingewiesen: die problematische Operationalität. Das Messen und Bewerten von Motiven und Einstellungen ist nicht nur sehr zeit- und kostenintensiv (meist ist Primärforschung notwendig), sondern führt aufgrund der zumeist subjektiven Komponenten zu wenig validen oder wenig reliablen Ergebnissen.

Interpersonelle Kriterien
Neben den intrapersonellen, psychographischen Faktoren haben die so genannten interpersonellen Aspekte des sozialen Umfeldes einen ganz entscheidenden Einfluss auf das Käuferverhalten.[155] Kriterien wie Informationsaustausch, soziale Orientierung, sozialer Vergleich sowie Umfeldstimuli, wie z.B. Bezugsgruppeneinflüsse oder kulturkreisspezifische Normen und Werte, spielen eine wichtige Rolle bei der Entstehung der psychographischen Ausprägungen eines Individuums und nehmen damit indirekt Einfluss auf das zu erwartende Kauf- bzw. Konsumverhalten. Interpersonelle Kriterien beleuchten demnach im Gegensatz zu den psychographischen Kriterien nicht das Geschehen in einem Individuum, sondern die Beziehungen zwischen den Individuen. Sie reflektieren sozusagen eine gesellschaftliche Realität vernetzten Verhaltens. Diese zwischenmenschlichen Faktoren werden bislang in der Marktsegmentierung entweder gar nicht oder nur als Instrumente zur exakteren Beschreibung eines durch psychographische und soziodemographische Kriterien identifizierten Segmentes eingesetzt. Gründe für deren geringe Anwendung in der praktischen wie auch wissenschaftlichen Marktsegmentierung sind in dem komplexen Ursache-Wirkungs-Gefüge (z.B. von Werten und Verhalten) wie auch der problematischen Operationalisierung der einzelnen Merkmale zu sehen.

6.1.2   Lifestyle-Segmentierung

Angesichts dieser gesellschaftlichen Veränderungen verlieren Kriterien des beobachtbaren Verhaltens sowie soziodemographische Segmentierungskriterien – in Bezug auf das Konsumentenverhalten – zusehends an Aussagekraft. Eine Unterteilung der (potenziellen) Kunden nach dem Alter führt ebenso in eine Sackgasse wie die Orientierung am Einkommen bzw. der sozialen Schicht. Eine verhaltenshomogene Marktsegmentierung nach sozio-

---

[152] Vgl. Freter 2001, S. 292-296.
[153] S-O-R steht hier für Stimuli-Organism-Response.
[154] Vgl. Meffert 2008, S. 101.
[155] Vgl. Kroeber-Riel/Weinberg 2003, S. 489ff.

demographischen Merkmalen scheitert somit am hybriden Konsumenten und seiner Amorphität. Die Segmentierung nach dem beobachtbaren Kauf- und Konsumverhalten beruht auf der Annahme, dass die Konsumenten das beobachtete Verhalten in vergleichbaren Situationen immer wieder zeigen. Doch das Verhalten des „neuen Konsumenten" ist weder konstant noch prognostizierbar. Er zeichnet sich durch einen sprunghaften Wechsel zwischen verschiedensten Konsumstilen aus und lässt sich daher schwer einem bestimmten Segment zuordnen.

Psychographische und interpersonelle Kriterien gewinnen vor diesem Hintergrund zunehmend an Bedeutung. Moderne psychographisch orientierte Segmentierungsansätze, wie die der Lifestyle-Segmentierung, fokussieren auf Kriterien wie Einstellungen, Werte oder Motive und kombinieren diese mit den traditionellen soziodemographischen wie auch verhaltensbezogenen Merkmalen. Basis der Lifestyle-Segmentierung ist die Annahme, dass der Lebensstil einer Person, einer Gruppe oder sogar eines Volkes deren Kauf- und Konsumverhalten signifikant beeinflusst und sich daraus Anhaltspunkte für eine zielgruppenspezifische Marktsegmentierung ergeben.

Das sozialpsychologische Konstrukt Lifestyle stellt die Gesamtheit aller Wiederholungstendenzen von Denk- und Verhaltensweisen eines Menschen dar.[156] Dieses Profil beschreibt, „wie er lebt, was er konsumiert, wie er sich selbst und seine Umwelt sieht bzw. sehen möchte, was ihn interessiert, womit er seine Zeit verbringt und wie sich seine Beziehung zu Mitmenschen gestaltet" [157]

Lebensstile sind damit im Gegensatz zu Moden über einen längeren Zeitraum hinweg entstandene und verfestigte Existenzprofile, die relativ stabil sind. Sie ziehen sich wie ein „roter Faden" durch das Denken, das Handeln sowie die materielle und kulturelle Ausstattung jeder persönlichen Lebenswelt. Der Lebensstil ermöglicht es den Individuen ihrer Identität Ausdruck zu verleihen und sich dadurch von anderen abzugrenzen bzw. die Zugehörigkeit zu bestimmten Kollektiven zu signalisieren.[158]

Nachdem bereits vor über 100 Jahren die ersten Soziologen und Psychologen den Begriff Lebensstil im Zusammenhang mit sozialer Distanzierung und Identität in die wissenschaftliche Diskussion einbrachten[159], präsentierte Lazer 1963 das erste Konzept zur Nutzung des Lifestyles für die Marktsegmentierung.[160] Dieses vorwiegend auf sozialen Determinanten begründete Modell wurde wegen seiner mangelnden Umsetzbarkeit stark kritisiert und in den folgenden Jahren von zahlreichen Forschern weiterentwickelt. Eines der bis heute aktuellen Rahmenkonzepte zur Erklärung von Lifestyle ist der so genannte AIO[161]-Ansatz von Wells/Tigert aus dem Jahre 1971.[162] Dabei werden die Hauptformen menschlicher Lebens-

---

[156] Vgl. Dittrich/Hölscher 2001, S. 53.
[157] Nöthel 1999, S. 56.
[158] Vgl. Drieseberg 1995, S. 8.
[159] Vgl. Veblen 1899; vgl. Simmel 1900; vgl. Weber 1921.
[160] Vgl. Kramer 1991, S. 34.
[161] Hierbei steht A für Activities, I für Interests und O für Opinions.
[162] Vgl. Wells/Tigert 1971.

äußerung gemessen: Aktivitäten (Activities) in den Bereichen Arbeit, Hobbys, Urlaub, Einkaufen etc., Interessen (Interests) bezüglich Familie, Mode, Medien etc. und Einstellungen (Opinions)[163] zu sich selbst, Politik, Erziehung, Produkte etc.[164] Wie aus diesen Dimensionen des Lebensstils hervorgeht, verwendet die Lifestyle-Segmentierung ebenso psychographische Kriterien wie auch Kriterien des beobachtbaren Kauf- und Konsumverhaltens als aktive Determinanten. Zudem werden oft soziodemographische Daten erhoben und als passive Kriterien zur Beschreibung der Segmente herangezogen. Einer der bekanntesten Lifestyle-Bezugsrahmen stammt von Wind/Green:

Abbildung 6.1 Lifestyle-Bezugsrahmen

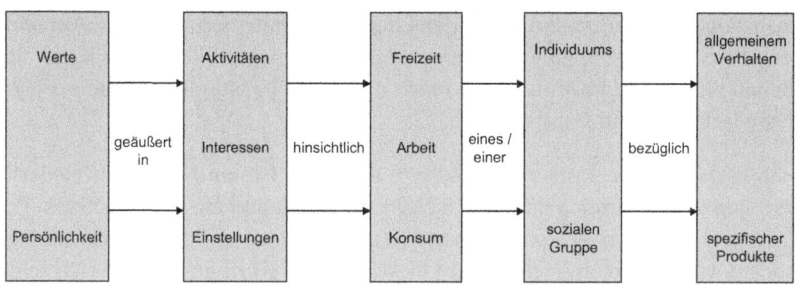

Quelle: In Anlehnung an Wind/Green 1974, S. 108 und Freter 1983, S. 84.

Zu unterscheiden sind allgemeine, persönlichkeitsorientierte und spezifische, produktbezogene Lifestyle-Clusterungen. Allgemeine Lifestyle-Typen, wie z.B. „Alexandra – Die vielseitig interessierte Selbstbewusste", bieten nur wenig kaufverhaltensrelevante Hinweise für das Marketing eines bestimmten Unternehmens bzw. Produktes, können jedoch besonders im internationalen Vergleich von sozialen Gesellschaften interessante Erkenntnisse liefern. Mit zunehmendem Produktbezug der Untersuchungen steigt der Aussagewert von Lebensstilanalysen für die Ausgestaltung spezifischer Marketing-Mixe.[165]

Inzwischen sind Lifestyle-Konzepte aus der Marktforschung nicht mehr wegzudenken. Ihre hohe Akzeptanz in der Wirtschaft ist wohl nicht nur auf die (vermeintlich) hohe Aussagekraft im Bezug auf den erforderlichen Marketing-Mix zurückzuführen, sondern auch mit der sehr plastischen, anschaulichen und einprägsamen Bezeichnung und Beschreibung der Segmente zu erklären.

Auf wissenschaftlicher Seite wird jedoch immer mehr Kritik an der Lifestyle-Segmentierung geübt. Generelle Kritikpunkte sind die problematische Operationalisierung

---

[163] Opinions, also Meinungen können als verbalisierte Einstellungsäußerungen ver-standen werden und werden daher mit dem Begriff Einstellung gleichgesetzt. Vgl. Trommsdorff 2004, S. 158ff.
[164] Vgl. Plummer 1974, S. 34.
[165] Vgl. Freter 1983, S. 84ff.

der vorwiegend psychographischen Segmentierungskriterien sowie der enorme zeitliche und finanzielle Aufwand für eine so umfangreiche und komplexe Datenerhebung und -auswertung.[166] Weitere Kritik lässt sich zudem am Lifestyle-Konzept an sich sowie an dessen Eignung zur Segmentierung und Beschreibung aktueller Gesellschaften üben. So wird in vielen Lebensstilansätzen Kaufverhalten mit Lebensstilverhalten erklärt, was den Aussagewert dieser Ansätze stark einschränkt.[167] Auch eine eindeutige Definition von Lebensstil existiert nicht. Je nach Untersuchung liegt der Schwerpunkt entweder auf beobachtbarem Verhalten, psychographischen Faktoren, sozialen Werten und Normen oder es wird eine Kombination verschiedenster persönlichkeitsdeterminierender Aspekte herangezogen.[168] Damit ist eine Vergleichbarkeit unterschiedlicher Lebensstilstudien nur bedingt möglich.

Weder die praktischen Lebensstilstudien noch die theoretischen Lebensstilkonzepte werden dem Systemcharakter von Lebensstilen gerecht. Die Stärke und Richtung der Zusammenhänge zwischen den einzelnen Einflussfaktoren, wie z.B. Werte, Persönlichkeit und AIO-Statements, bleiben entweder gänzlich unberücksichtigt, oder werden postuliert, aber weder theoretisch begründet noch empirisch hinterlegt.[169]

Unter Berücksichtigung der anfangs beschriebenen gesellschaftlichen Veränderungen, wie z.B. den hybriden Konsumstrukturen und den damit einhergehenden facettenreichen und diffusen Lebenswelten, scheint das Konzept des Lebensstils außerdem nicht geeignet, moderne Gesellschaften und Märkte in homogene, klar abgrenzbare und zeitlich stabile Teilsegmente zu zerlegen. Ein weiterer entscheidender Kritikpunkt, der sich anführen lässt, sind die Beschreibungen der Lifestyle-Cluster als fiktive Prototypen, wie sie so in der Realität nicht vorhanden und entsprechend schwer aufzufinden sind.[170] Nöthel kritisiert an der Lifestyle-Segmentierung darüber hinaus, dass Lebensstile erst dann als solche abgebildet werden, „[...] wenn sie in der Gesellschaft fest verankert sind", d.h. „[...] wenn eine gesellschaftlich relevante Anzahl von Personen dieses Cluster charakterisierende Merkmale aufweist"[171]. Lifestyle-Segmente sind demnach nicht in der Lage ein aktuelles Abbild der Gesellschaft mit ihren relevanten Trends und Veränderungen zu geben und sind daher als Grundlage moderner und zukunftsorientierter Marketingstrategien wenig geeignet.[172]

---

[166] Lifestyle-Fragebögen können bis zu 800 Items umfassen und erfordern daher vom Befragten und Interviewer viel Zeit und Konzentration. „Lebensstile sind empirisch schwierig auszumachen." Scheuch 1993, S. 98.
[167] Vgl. Koschnik 1997, S. 929.
[168] Vgl. Kramer 1991, S. 34ff.
[169] Vgl. Reeb 1998, S. 23, 68.
[170] Vgl. Nöthel 1999, S. 164.
[171] Nöthel 1999, S. 80.
[172] Vgl. Hoffmann 2003, S. 22.

6.1.3 Notwendigkeit neuer Segmentierungsstrategien

"Vormals homogene Segmente und Zielgruppen haben sich aufgelöst in ein Heer durchschnittlicher Abweichler, denen auch mit lifestylebezogenen Kriterien kaum beizukommen ist."[173]

Um sich als Unternehmen in produkthomogenen Märkten behaupten zu können, ist ein ganzheitlicher Ansatz gefordert, der sowohl auf der Markterfassungsseite wie auch der Marktbearbeitungsseite die neuen wirtschaftlichen und gesellschaftlichen Rahmenbedingungen berücksichtigt sowie den Anforderungen des „neuen Konsumenten" gerecht wird.

Traditionelle soziodemographische Kriterien scheitern ebenso wie moderne Lifestyle-Konstrukte am multioptionalen Konsumenten und seiner hybriden Verhaltensstruktur. Grund dafür ist oft die mangelnde Einsicht, „[...] dass Menschen nicht als Einzelgrößen in mehr oder minder großen „Schachteln" (statistische Cluster) existieren, sondern dass die sozialen Kontexte des alltäglichen Lebens mitbedacht werden müssen, wenn man zum tief greifenden Verstehen von Zielgruppen gelangen möchte"[174].

„Eine demografische Gruppe, zum Beispiel 30- bis 50-jährige Männer, umfasst meist recht unterschiedliche Individuen mit unterschiedlichen Bedürfnissen, Vorlieben und Werten."[175]

Mit Blick auf gesellschaftliche Veränderungen, wie z.B. den Trend zur Gruppenindividualisierung und der Suche nach Orientierung in einer zunehmend unüberschaubar werdenden Multioptionsgesellschaft, wird die Bedeutung der interpersonellen Segmentierungskriterien weiter steigen. Moderne und vor allem zukunftsfähige Strategien müssen daher verstärkt auf zwischenmenschliche Beziehungsstrukturen abstellen und diese für sich nutzbar machen. Der Ansatzpunkt für eine marktgerechte Segmentierung ist demnach in den sozialen Umfeldstimuli eines Individuums zu suchen, da diese die aktivierenden und kognitiven Ausprägungen und damit das Verhalten der einzelnen Individuen maßgeblich beeinflussen.

„Das Verhalten der Menschen in den Märkten (Zielgruppe) wird am ehesten dann interpretierbar, wenn die sozialen Einflussfaktoren und verhaltensleitenden Komponenten innerhalb der sozialen Strukturen erkannt werden."[176]

Diese entscheidenden interpersonellen Einflussfaktoren werden weder bei den traditionellen Zielgruppenkonstrukten noch bei den Lifestyle-Konzeptionen als aktive Segmentierungsvariablen herangezogen. Banning berücksichtigt in seinem Lebensstilmodell gesellschaftliche Umfelddeterminanten wie z.B. Primär- und Sekundärgruppen, doch werden diese nur indirekt zur Erklärung der individuellen Persönlichkeitsausprägungen, nicht aber direkt zur Marktabgrenzung eingesetzt.

---

[173] Vgl. Liebl 1999, S. 132.
[174] Kneissl/Becker 1993, S. 80.
[175] Kotler 2005a, S. 28f.
[176] Kneissl/Becker 1993, S. 80.

Aufgrund der verhaltensrelevanten Bedeutung interpersoneller Faktoren empfiehlt sich eine direkte Segmentierung nach sozialen Einheiten, wie z.B. Szenen oder AFGs, die sowohl auf interpersonellen als auch psychographischen Faktoren sowie Kriterien des beobachtbaren Verhaltens beruht. Soziodemographische Variablen fungieren dabei lediglich als segmentbeschreibende Größen.

6.2 Zur Qualität von AFG als neue Segmentierungslogik von Märkten

Vorrangiges Ziel der Segmentierung ist es verhaltenshomogene Segmente zu bilden, d.h. Zielgruppen, die im Bezug auf das Kaufverhalten intern homogen und extern heterogen sind. Das identifizierte Segment sollte also einheitlich auf die jeweiligen Marketingmaßnahmen reagieren. Genau hier liegt die Schwierigkeit, denn wie bereits beschrieben, werden die Verhaltensstrukturen der Individuen immer diffuser und unberechenbarer, sodass die Forderung nach verhaltenshomogenen Segmenten zumindest mit traditionellen Segmentierungsmethoden immer schwerer erfüllt werden kann. Diese verhaltenshomogenen Segmente sollten zudem über einen längeren Zeitraum hinweg stabil sein, um eine langfristige und zukunftsorientierte Planung und Steuerung des Unternehmens zu fördern. Die Ausgestaltung eines spezifischen Marketing-Mix ist ausschlaggebend für den Erfolg einer differenzierten Marktbearbeitung. Daher sollten die einzelnen Merkmalsausprägungen Anhaltspunkte liefern, über welche Qualitäten und wie die identifizierten AFGs angesprochen werden sollten.

6.2.1 AFG bestimmt Kaufverhalten

Der Trend zur Gruppenindividualisierung verdeutlicht, dass Verhalten in der heutigen Zeit vor allem durch soziale Kontakte und Interaktionen in sozialen Netzwerken gesteuert wird. Der AFG-Ansatz macht sich dies zunutze und segmentiert, anders als die Lifestyle-Segmentierung, nicht nach fiktiven Idealkonstrukten, welche aus unabhängigen Individuen bestehen, sondern greift auf soziale Gruppen zurück, deren Mitglieder untereinander in Beziehung stehen. AFGs fungieren als Bezugsgruppen und üben somit einen starken Einfluss auf das Kaufverhalten der Individuen aus. Diese für die Marktsegmentierung entscheidende Kaufverhaltensrelevanz lässt sich anhand der drei wesentlichen Funktionen einer Bezugsgruppe verdeutlichen: Vergleich, Orientierung, Information.

AFGs liefern Vergleichsmöglichkeiten
AFGs können als Maßstab für die Beurteilung und Bewertung der eigenen Meinungen und Fähigkeiten wie auch anderer Personen, Gegenstände oder Situationen dienen.[177] Damit kommen sie einem Grundbedürfnis des Menschen entgegen: der Relativierung der eigenen

---

[177] Vgl. Gukenbiehl 1999, S. 125.

Person mit der sie umgebenden sozialen Umwelt.[178] Werden in einer Bezugsgruppe Produkte bzw. Leistungen von einzelnen Gruppenmitgliedern konsumiert, werden diese damit auch für die anderen Gruppenmitglieder attraktiv. Dies gilt umso mehr, je stärker das Image, das bestimmte Individuen in der Gruppe verkörpern, von den anderen Gruppenmitgliedern als erstrebenswert angesehen wird. Je stärker ein Gruppenmitglied ein bestimmtes Idealbild verkörpert (Meinungsführer), desto wichtiger ist der Vergleich mit diesem Gruppenmitglied für die anderen Gruppenmitglieder.

Die Nutzung eines bestimmten Produktes oder die Inanspruchnahme einer Leistung geschieht in der Bezugsgruppe auch immer unter dem Aspekt, dass ein Gruppenmitglied antizipiert, wie es daraufhin von den anderen Gruppenmitgliedern wahrgenommen wird, d.h. wie der Vergleich der anderen mit dem Individuum selbst ausfällt. Ein Individuum wird daher umso eher eine Leistung in Anspruch nehmen, je größer die Wahrscheinlichkeit ist, dass durch den Vergleich mit den anderen das eigene Selbst als positiv wahrgenommen und aufgewertet wird. In der Gruppe spielt es dann keine Rolle mehr, ob die eigenen Bedürfnisse befriedigt werden, sondern ob die Bedürfnisbefriedigung auch in hohem Maße vom Vergleich der Bedürfnisbefriedigung im Gruppenkontext abhängig ist.

Bei der Bewertung der Produktleistung orientieren sich die Gruppenmitglieder aneinander. Die Bewertung der Ist-Leistung hängt dann nicht mehr nur vom einzelnen Individuum ab, sondern unterliegt in hohem Maße dem Gruppeneinfluss.[179] Das ist insbesondere für Dienstleistungen relevant, die oftmals in hohem Maße mit Vertrauenseigenschaften[180] behaftet sind. Bei diesen stellt sich für den Konsumenten nicht nur das Problem, dass die Leistung im Voraus nicht bewertet werden kann, sondern auch nach der Leistungsinanspruchnahme häufig die Schwierigkeit der Bewertung besteht.[181] Auch bei der Bewertung der für eine AFG so wichtigen Erlebnisse spielt die Gruppe eine entscheidende Rolle. Sowohl Erlebniserwartung als auch Erlebnisreflexion „[...] kommen meist nur unter massiver sozialer Deutungshilfe zustande."[182] Der AFG kommt in diesem Zusammenhang die Funktion zu, dem Individuum bei der Bildung von Erwartungen und vor allem der Beurteilung des Erlebnisses zu assistieren. Der Vergleich mit anderen Gruppenmitgliedern ist demnach ein wesentlicher Faktor für Kaufverhaltensrelevanz und Verhaltenshomogenität der AFG. Das einzelne Gruppenmitglied berücksichtigt, wie die anderen Gruppenmitglieder mit einem bestimmten Produkt bzw. einer Leistung zufrieden sind, bedenkt, wie die Nutzung eines bestimmten Produktes bzw. einer Leistung auf die anderen Gruppenmitglieder wirkt und richtet sein Handeln dementsprechend aus.

Die Werte und Einstellungen anderer werden für das Individuum in deren Handeln bzw. Verhalten erfahrbar. Umgekehrt muss das Individuum den anderen durch sein eigenes Verhalten mitteilen, wie es wahrgenommen werden möchte. Die Gruppenmitglieder vergleichen somit auf konkreter Handlungsebene ihr Verhalten. Da ein Individuum in seinem

---

[178] Vgl. Mummendey/Otten 2008, S. 100.
[179] Vgl. Fournier/Mick 1999, S. 15; vgl. Asch 1987, S. 577ff.; vgl. Ajzen/Fishbein 1980, S. 57f.
[180] Vgl. Meffert 2000, S. 24f.
[181] Vgl. Kirmani/Rao 2000, S. 66ff.
[182] Schulze 2005, S. 435.

Selbstkonzept insbesondere von der Bezugsgruppe bestätigt werden muss, vergleicht es sich selbst mit den anderen: „Wie bin ich?", „Wie sind die anderen?". Innerhalb der Bezugsgruppe kommt es folglich zum wechselseitigen Vergleich.

AFGs liefern Orientierungen für Kaufverhalten
Die Orientierungsfunktion beschreibt, „[...] dass Gruppen für den Einzelnen Normen aufstellen und durchsetzen, deren Einhaltung im Grad der Konformität von Verhalten und Einstellung etc. ablesbar ist."[183] Dieser Funktion kommt besonders in Zeiten zunehmender Orientierungslosigkeit in einer multioptionalen Gesellschaft eine besondere Rolle zu. Werte und Einstellungen spiegeln ein bestimmtes Selbstkonzept des Individuums wider. Die Orientierung an anderen bestätigt und stabilisiert dabei die individuellen Werte und Einstellungen bzw. bietet dem Individuum einen Anhaltspunkt, um sein Selbst zu positionieren.[184] AFGs sind soziale Gruppen und daher in besonderem Maße durch ein „Wir-Gefühl" gekennzeichnet. Geteilte Werte und Normen sowie ähnliche Einstellungen sind der Kern, aus dem heraus das Wir-Gefühl entsteht und in dem das Verhalten der Mitglieder erfahrbar wird.[185]

Im Speziellen ergibt sich für das Marketing daraus die Konsequenz, dass aufgrund der Orientierung der Gruppenmitglieder gleiche Leistungen, die sich wiederum aus den geteilten Werten, Normen und Einstellungen ergeben, nachgefragt werden. Dies gilt insbesondere für AFGs, da die Gruppenorientierung in diesen speziellen Gruppen auf ein ganz konkretes Affinitätsobjekt bezogen ist und auf diese Weise vorgegeben wird, welche Leistungen für die Gruppe relevant sind. Sei es, dass bestimmte Produkte bzw. Leistungen zur Gestaltung des Gruppenerlebnisses notwendig sind oder dass die Gruppenaffinität sich direkt auf ein bestimmtes Produkt bezieht. In AFGs finden sich Individuen mit gleichen Affinitäten zusammen und weisen aufgrund geteilter Werte, Normen und Einstellungen nun auch vergleichbare Verhaltensstrukturen (zumindest in Bezug auf das Affinitätsobjekt) auf. Schlussendlich sind es diese Verhaltensstrukturen, die kaufverhaltensrelevant werden und bei der Marktbearbeitung Berücksichtigung finden müssen.

In der Gruppe werden bestimmte Erwartungsstrukturen im Hinblick auf das Konsumverhalten ausgebildet. Indem Gruppenmitglieder beobachten, dass andere Gruppenmitglieder bestimmte Produkte konsumieren, steigt für sie damit die Wahrscheinlichkeit, dass diese Produkte auch die eigenen Bedürfnisse befriedigen.

AFGs stellen Wissen allen Mitgliedern zur Verfügung
Aufgrund der Komplexität der Umwelt und dem beschränkten menschlichen Potenzial für Informationswahrnehmung, -aufnahme und –verarbeitung, birgt jede Situation (z.B. der Kauf eines Produktes) einen gewissen Grad an Unsicherheit und Unberechenbarkeit in sich. AFGs bzw. AFG-Mitglieder fungieren als Träger von Wissen und vermitteln dem Handelnden eine subjektiv größere, kognitive oder auch affektive Sicherheit und wirken

---

[183] Wagner 1999, S. 23.
[184] Vgl. Turner/Reynolds 2004, S. 262f; vgl. von Avermaet 1996, S. 533ff.
[185] Vgl. Gukenbiehl/Schäfers 2002, S. 119.

somit handlungsorientierend.[186] Der informatorische Gruppeneinfluss kommt dadurch zum Tragen, dass die Gruppenmitglieder sich untereinander austauschen und sich gegenseitig über ihr Affinitätsobjekt informieren. Die Informationen, die der Gruppe entstammen, sind für das Gruppenmitglied wesentlich glaubwürdiger als externe Informationen. Für die Informationssuche in einer AFG bedeutet dies, dass sich die Gruppenmitglieder innerhalb der AFG über das Affinitätsobjekt informieren. Indem sich die Gruppenmitglieder untereinander informieren, steigt für sie die Sicherheit (zumindest in deren subjektiven Wahrnehmung), qualifizierte und glaubwürdige Informationen zu erhalten. Informationen, die aus der Szene oder AFG stammen und daher von Meinungsführern oder Gruppenmitgliedern verbreitet werden, nehmen die zentrale Positionen im Netzwerk der AFG ein und diffundieren nicht nur schneller sondern auch glaubwürdiger in der Gruppe.[187] Für die Gruppenmitglieder wird die Informationsbeschaffung zudem vereinfacht, da die Informationen bereits einen „Relevanzfilter" bei den anderen AFG-Mitgliedern durchlaufen haben.

Je mehr sich die Individuen einer AFG untereinander als Bezugsobjekte dienen, d.h., je mehr sie sich miteinander vergleichen, austauschen und sich aneinander orientieren, umso homogener ist deren Verhalten. Dieses homogene Verhalten einer Zielgruppe ist ausschlaggebend für den Erfolg einer jeden Marktsegmentierung.

6.2.2 AFG nutzt gleiche Kommunikationskanäle

Die Aussagekraft für eine segmentspezifische Ausgestaltung des Marketing-Mix ist bei AFGs sehr hoch. Besonders das Kommunikations- und Interaktionsgeflecht einer AFG kann nützliche Anhaltspunkte für die Auswahl und Gestaltung der Kommunikationsinstrumente geben. Das Verstehen und Nutzen dieses konstitutiven Beziehungsnetzwerkes einer AFG ist essenzieller Bestandteil des AFG-Marketings. Die spezifische Affinität und das damit in Verbindung stehende Konsumverhalten der AFG-Mitglieder geben zudem qualitativ gute Hinweise für die Preis- und Produktgestaltung.

Um eine Zielgruppe anzusprechen, muss bekannt sein, welche Individuen die Zielgruppe umfasst. Bei einer Zielgruppenbildung anhand sozialer Gruppen ist dies eindeutig: Es sind alle Individuen, die sich der Gruppe zugehörig fühlen, die mit anderen Gruppenmitgliedern interagieren und untereinander ein Gruppenbewusstsein ausbilden. Eine solche Gruppe wird auch für Außenstehende fassbar. Ein Marketer steht dann seiner Zielgruppe nicht mehr blind gegenüber, sondern kann konkrete Nachforschungen in der real existierenden Zielgruppe anstellen und so herausfinden, was deren Bedürfnisse sind. Die Gruppeninteraktion findet an bestimmten, virtuellen oder tatsächlich existierenden Orten statt. An diesen Orten wird die Gruppe nicht nur für die Gruppenmitglieder erfahrbar, sondern dort bietet sich auch der erste Ansatzpunkt für den Marketer: einerseits, um etwas über die Zielgruppe zu erfahren, anderseits, um die Gruppe anzusprechen.

---

[186] Vgl. Ulich 1972, S. 101 ff.
[187] Vgl. Foscht/Swoboda 2011, S. 150ff.

Die Kommunikation ist umso erfolgreicher, je mehr die kommunizierten Inhalte mit dem Wertesystem einer bestimmten Gruppe übereinstimmen.[188] Der AFG-Ansatz kann genau davon profitieren: Dadurch, dass das Wertesystem der Zielgruppe bekannt ist, werden nicht nur Streuverluste in der Ansprache minimiert, sondern zudem die Relevanz der Botschaften für die AFG-Mitglieder erhöht.

6.2.3 AFG ist leicht adressierbar

Die Identifizierung der AFG-Mitglieder im Markt ist aufgrund ihres öffentlichen Bekenntnisses unkompliziert. Das öffentliche Bekenntnis zu einer AFG lässt sich über die Anwesenheit bzw. Teilnahme an szenetypischen Veranstaltungen ebenso leicht operationalisieren, wie durch die nominale Mitgliedschaft/Anmeldung in szenebezogenen Vereinen und anderen Kommunikationsplattformen wie z.B. Communities. Dadurch ist eine AFG nicht nur leicht zu identifizieren, sondern auch eindeutig von anderen Marktsegmenten bzw. Zielgruppen abzugrenzen. Als problematisch erweist sich die Operationalisierung von Merkmalen, die auf den Bezugsgruppencharakter einer AFG oder der ihr zugrunde liegenden Szene schließen lassen. Kriterien wie z.B. Wir-Gefühl, Identifizierung oder gegenseitige Orientierung sind nur indirekt über Indikatorenkonstrukte aus mehreren Items zu messen.

6.2.4 AFGs leben lange

Szenen und damit AFGs sind von Natur aus labile Gebilde, die permanent in Bewegung sind und sich laufend verändern. Strenge Ein- und Austrittsbarrieren existieren nicht. Diese Instabilität erscheint auf den ersten Blick nachteilig; sie ist jedoch notwendig, wenn von einer rein theoretischen Segmentierung der Märkte Abstand genommen werden soll. Märkte und Konsumenten sind – realistisch gesehen – keine stabilen Konstrukte, sondern verändern und entwickeln sich ununterbrochen. Die „Kunst" des AFG-Managements besteht darin, sich parallel zur AFG weiterzuentwickeln und nicht stur an einst aufwändig ermittelten Segment- und Zielgruppenbeschreibungen festzuhalten. „Stabilität kann man nicht durch Konstanz und Konsequenz, sondern nur durch Flexibilität erreichen."[189] Unter Stabilität sollte demnach nicht die Unbeweglichkeit und Unveränderbarkeit von Typologien und Märkten verstanden werden, sondern die Lebensdauer einer sich ständig in Bewegung befindlichen sozialen Neigungsgruppe. Diese Lebensdauer kann von Szene zu Szene und von AFG zu AFG sehr unterschiedlich sein. Ein Unternehmen muss daher die Lebenszyklusphase, in der sich die auserwählte Zielgruppe befindet, ermitteln sowie die weitere Entwicklung und das damit verbundene wirtschaftliche Potenzial der angebotenen Problemlösungen abschätzen.

---

[188] Vgl. Jäckel 2008, S. 75.
[189] Bolz/Bosshart 1995, S. 61.

6.2.5 AFG-Bearbeitung ist wirtschaftlich

Eine Segmentierung nach Szenen und AFGs ermöglicht es, das Marketing und somit die Kommunikationsmedien, -kanäle und -inhalte exakt auf die Zielgruppe abzustimmen. Die AFG der Mountainbiker (MTBer) beispielsweise verfügt über spezifische Internetportale, Print-Magazine, Messen, Events etc., über die ein Marketer ganz gezielt (und fast ausschließlich) die anvisierte Zielgruppe der MTBer ansprechen kann. Zu unterscheiden ist zudem zwischen den adressierten Kunden und den erreichten Kunden. Nicht jeder Kunde, an den eine Werbebotschaft adressiert ist, nimmt diese auch wahr.

AFG-Marketing bezieht sich immer auf die Affinitäten bzw. Leidenschaften der Kunden und verringert so deren Wahrnehmungsbarrieren und weckt Interesse. Dieser Weg der Zielgruppenansprache ist nicht nur aufgrund der geringeren Streuverluste effektiver, sondern auch aus finanzieller Sicht vorteilhafter, da Marketingaktionen über Szene- oder AFG-Medien meist mit geringeren Kosten verbunden sind. So kostet z.B. eine einseitige Anzeige im „Spiegel" ca. 59 000 Euro, in Europas größtem Mountainbike-Magazin „Bike" dagegen nur rund 9 700 Euro.[190] Bei einer Segmentierung nach Zielmengen, wie z.B. den Jugendlichen oder Senioren bleibt dem Marketer oft nichts anderes übrig, als über teure Massenmedien die Produkte bzw. Leistungen zu bewerben. Strategisch wird eine AFG-Zielgruppenbearbeitung daher relevant, da sie effizienter und auch effektiver ist, weil die Aufmerksamkeit der angesprochenen Kunden größer ist.

AFG-Netzwerk multipliziert
Ein weiterer und ganz wesentlicher Vorteil, den der AFG-Ansatz mit sich bringt, ist die Multiplikatorwirkung innerhalb der sozialen Neigungsgruppe. Wie die Ausführungen in Kapitel 1 zeigen, orientieren, vergleichen und informieren sich die AFG-Mitglieder untereinander im Bezug auf das Affinitätsobjekt. Eine Werbebotschaft, die über AFG-spezifische Medien einige AFG-Mitglieder erreicht, wird von diesen beurteilt und bewusst an andere AFG-Mitglieder weitergegeben. Hier spielt auch der Aspekt des Meinungsführers eine wichtige Rolle. Meinungsführer (Testimonials) zeichnen sich u.a. durch einen hohen Kommunikationsgrad aus, verkörpern die Gruppenideale in besonderem Maße und dienen daher den anderen Gruppenmitgliedern als wichtige Bezugspunkte und Informationsquellen. Werden diese Multiplikatoren gezielt im AFG-Marketing eingesetzt, so kann die bestmögliche Multiplikatorwirkung und damit eine optimale Marktbearbeitung im Hinblick auf Effizienz und Effektivität erzielt werden.

AFGs sind bezüglich Glaubwürdigkeit sensibel
Die Marketingkommunikation über Szene- und AFG-Medien bringt zudem einen Gewinn an Authentizität mit sich. Wirbt ein Unternehmen z.B. in Szene-Magazinen für seine Produkte, so wirkt es auf AFG-Mitglieder glaubwürdiger und authentischer, als ein Unternehmen, welches AFG-Produkte über Massenmedien bewirbt. Dieser Effekt ist im Hinblick auf den Aufbau persönlicher Kundenbeziehungen ganz entscheidend und wirkt sich damit langfristig über eine intensivere Kundenbindung positiv aus.

---

[190] Vgl. Spiegel Online 2011; vgl. Bike Online 2011.

Für das Marketing bzw. die wirtschaftliche Bearbeitung eines Marktes ist eine strenge soziologische Gruppierung wie die der Szenen zu eng und führt zu kleinen, oft unwirtschaftlichen Segmenten. AFGs umfassen auch die jeweils sporadisch am Szenegeschehen teilhabenden Szeneaffinen (Szenegänger) und sind damit nicht nur größer als Szenen, sondern beziehen auch solche Individuen mit ein, die noch kein langjährig erworbenes Wissen oder Können aufweisen. Gerade diese Neueinsteiger sind für das Marketing sehr interessant, weil sie Aufschluss über das zukünftige Potenzial einer AFG geben.

6.3 Kundenwert: Kriterien der Eignung von AFGs als relevante Marktsegmente

Die Orientierung an AFGs ermöglicht es Unternehmen, diese als eigene Marktsegmente zu betrachten und sie auf ihre Eignung für das eigene Unternehmen hin zu untersuchen und zu klassifizieren. Nicht jede AFG ist für ein Unternehmen automatisch relevant und profitabel. Jedes Unternehmen hat unterschiedlichste Voraussetzungen und Fähigkeiten, die wiederum ein unterschiedliches „Set" an AFGs attraktiv machen können.

Die Attraktivität einer AFG für ein Unternehmen hängt neben der Größe und dem Wachstum des betrachteten AFG-Marktes, besonders vom potenziellen Kundenwert der Zielgruppenmitglieder ab.

Kundenwertberechnungen bilden grundsätzlich die Summe aller diskontierten Ein- und Auszahlungen eines einzelnen Kunden ab, die während der Akquisitionsphase sowie der gesamten Geschäftsbeziehung entstehen.[191] Der Kundenwert stellt dabei kein vom Markt vorgegebenes Datum dar, sondern ist durch gezielte Maßnahmen steuerbar.[192] Mittels der Kapitalwertformel, die entsprechend der klassischen Investitionsrechnungen an Kundeninvestitionen adaptiert werden kann, lässt sich ein Kundenwert errechnen.[193] Es bedarf dazu allerdings noch der Information, wie lange der Kunde dem Anbieter voraussichtlich erhalten bleibt.[194]

Für einen hohen Kundenwert sprechen somit vor allem langfristig profitable Kunden. So wird der Kundenwert auch als wirtschaftliche Kundenlebenszeitbetrachtung beschrieben. Zur Ermittlung des Kundenwertes können verschiedenste Verfahren eingesetzt werden.

- **ABC-Analyse**: Kunden werden nach der Pareto-Regel verteilt, die besagt, dass 20 % der Kunden 80 % des Umsatzes generieren.[195] Das Verfahren hat zum Ziel, die Umsatzkonzentration nach Absatzsegmenten darzustellen.[196] Beispielsweise können die 20 % um-

---

[191] Vgl. Meffert/Bruhn 2009, S. 417; vgl. Meffert/Bruhn 2003, S. 203.
[192] Vgl. Hinterhuber 2004, S. 24.
[193] Vgl. Köhler 2003, S. 414.
[194] Vgl. Reichheld 2003, S. 85.
[195] Vgl. Stahl et al. 2009, S. 253.
[196] Vgl. Krafft 1999, S. 513.

satzstärksten Kunden zu A-Kunden werden, die 20 % umsatzschwächsten zu C-Kunden und die 60 % dazwischen werden zu B-Kunden.

- **Customer-Lifetime-Value-Ansatz**: Die Profitabilität eines Kunden wird über den Kapitalwert für die Perioden der Geschäftsbeziehung berechnet.[197]
- **Scoringmodelle**: Mit Hilfe von Scoringtabellen lässt sich eine integrierte Bewertung von Kundenbeziehungen durch entsprechende Gewichtungen und Bewertungen vorökonomischer und ökonomischer Kriterien erstellen.[198]
- **Portfolio-Analyse**: Vorökonomische und ökonomische Dimensionen können als Strukturbetrachtung gegenübergestellt werden.[199]
- **Kundendeckungsbeitragsrechnung**: Durch die Differenz von Erlösen und Kosten lassen sich Überschüsse pro Kundenbeziehung ermitteln.

Das Referenzwertmodell von Cornelsen bietet z.B. die Möglichkeit Referenzvorgänge zu messen und zu bewerten. Die Grundannahme des Ansatzes besteht darin, dass in der Vorkaufphase wie auch in der Nachkaufphase eine Kommunikation zwischen Kunden stattfindet, in der positive bzw. negative Informationen im Sinne von Referenzen aufgenommen oder weitergegeben werden. Die Kommunikationsnetzwerke von AFGs sind für einen Referenzwert-Ansatz besonders prädestiniert. Beim Referenzwertmodell handelt es sich um ein disaggregiertes Verfahren zur mehrperiodigen Kontrolle von Kundenbeziehungen, das sowohl eine Verbleibquote (Retention-Rate) als auch Interaktionswerte berücksichtigt. Zusätzlich wird der Kundenwert berechnet, der durch interpersonelle Kommunikation zwischen Kunden bzw. innerhalb einer AFG, über Anbieter und Produkte bzw. Dienstleistungen entsteht.[200] Die Referenzwerte fließen in umfassende Kundenwertanalysen ein.[201]

Die potenzielle Eignung dieses Ansatzes für eine Adaption eines AFG-Konzeptes liegt unter anderem darin begründet, dass es den bislang differenziertesten Versuch einer Ermittlung des ökonomischen Wertes von Weiterempfehlungen darstellt. Wesentlich im Hinblick auf eine Adaption ist die Tatsache, dass das Modell bedeutende Eigenschaften der AFG-Konzeption widerspiegelt.

Kundenwertermittlungen sind investitionspolitisch hoch relevant.[202] Jeder AFG kann als Einheit ein Kundenwert zugeordnet werden, der die ökonomische Gesamtbedeutung widerspiegelt. Dabei kann es sich um bestehende AFGs eines Unternehmens handeln, die bereits einen direkten Beitrag zur Zielerreichung des Anbieters liefern, oder aber um neue AFGs, deren Potenzial anderen AFGs gegenübergestellt werden kann.

Der Kundenwert einer AFG stellt daher eine bedeutende Größe zur Selektion von AFGs

---

[197] Vgl. Krafft/Rusatz 2006, S. 278f.
[198] Vgl. Meffert/Bruhn 2003, S. 670.
[199] Vgl. Köhler 2003, S. 406.
[200] Vgl. Bruhn et al. 2000, S. 171ff.
[201] Vgl. Cornelsen 1998, S. 9.
[202] Vgl. Krafft 1999, S. 513.

sowie zur nachfolgenden Phase der Planung und Steuerung von strategischen Marketingentscheidungen[203] dar und kann als aussagefähiges strategisches Instrument zur gewinnoptimalen Ressourcenallokation im Rahmen des Kundenbindungsmanagements von AFGs eingesetzt werden.

Von zentraler Bedeutung für das Verständnis unterschiedlicher Wertigkeiten von AFGs ist das Kundenbindungsmanagement. Die Kundenbindung im Allgemeinen gilt als auf den Kunden ausgerichtetes verhaltensorientiertes Marketingziel, in dem ein Unternehmen anstrebt, längerfristige, d.h. einzelne Transaktionen überdauernde Geschäftsbeziehungen aufzubauen. Einzuordnen ist dies in eine idealtypische Wirkungskette, die sich aus den Elementen „Kundenzufriedenheit", „Kundenloyalität" sowie „Kundenbindung" zusammensetzt, und der die Fähigkeit beigemessen wird, besonders im kompetitiven Wettbewerbsumfeld einen nachhaltigen Einfluss auf den ökonomischen Erfolg eines Unternehmens auszuüben. Kundenbeziehungen gelten somit als wertvolle unternehmerische Ressource, wobei darauf zu achten ist, dass sich allein mit der Bindung profitabler Kunden die angestrebte Erfolgswirkung erzielen lässt. Daraus leitet sich als Ziel des Kundenbindungsmanagements eine differenzierte Steigerung der Kundenbindung ab; Beziehungen werden lediglich zu besonders profitablen Kunden intensiviert und stabilisiert.[204] Auf diesen Zusammenhängen aufbauend, ist die Kundenwertermittlung als Prozess zu verstehen, in dem Kundenbeziehungen danach evaluiert werden, welche Kunden langfristig gebunden werden sollen.

6.4 Bestimmung der Attraktivität von AFG-Märkten

Der Portfolio-Ansatz stellt eines der am weitesten verbreiteten Konzepte der strategischen Planung dar. Der Ursprung dieses Ansatzes geht auf die „Portfolio-Selection-Theory" im Bereich der Finanzierungstheorie zurück, um eine für Investoren optimale Zusammensetzung eines Wertpapier-Portfolios erstellen zu können. Allerdings brachte erst die Verknüpfung mit den Erkenntnissen der Erfahrungskurve sowie des Lebenszyklus-Konzeptes eine Übertragbarkeit auf konkrete Investitionsentscheidungen bei der strategischen Planung in Unternehmen.

Strategische Entscheidungen sollen laut Portfolio-Ansatz eine unternehmensexterne, unabhängige Einschätzung der Attraktivität eines AFG-Marktes enthalten. Jeder Investor kommt dabei zu einer ähnlichen Einschätzung, ob eine bestimmte AFG wächst, wie groß sie ist und welche Rivalität unter den etablierten Mitbewerbern besteht. Grundsätzlich soll in die attraktiven AFG-Märkte investiert werden statt das Kapital in weniger attraktiven AFG-Märkten zu binden.

---

[203] Vgl. Bruhn et al. 2000, S. 169.
[204] Vgl. Eggert 2006, S. 45.

Attraktivitätskriterium „Marktvolumen der AFG"
Das Marktvolumen einer AFG ist abhängig von der Größe, d.h. von der Anzahl an AFG-Mitgliedern, und dem, was sie reell für ihre Affinität ausgeben. Die Ermittlung der genauen Größe einer AFG ist in den meisten Fällen nur indirekt möglich. Ausnahmen sind stark reglementierte AFGs, wie z.B. die der Golfer (um in Deutschland Golf spielen zu können, ist bis auf wenige Ausnahmen eine Mitgliedschaft in einem Golfverein notwendig), oder produktbezogene AFGs, wie z.B. die der Harley-Davidson-Fahrer (um Mitglied dieser AFG zu sein, muss man ein Motorrad von Harley Davidson besitzen). AFGs zeichnen sich in der Regel durch eine informelle Organisationsstruktur aus, die nur wenige Anhaltspunkte zur Größenbestimmung der Gruppe bietet. Die Vereins- und Verbandsstrukturen können hilfreich bei einer Größenbestimmung der AFG sein, dürfen jedoch nicht als einziges Kriterium herangezogen werden. Weitere Kennzahlen zur Bestimmung der Marktgröße können beispielsweise die Auflagenzahlen der bedeutendsten Special-Interest-Medien sein, die Anzahl an Seitenaufrufen der bedeutendsten AFG-relevanten Portale, die Anzahl an Zuschauern bzw. -hörern von relevanten Fernseh- oder Radiosendungen sowie die Anzahl an Besuchern von AFG-spezifischen Messen bzw. Events. Zusammen mit den Umsätzen von AFG-spezifischen Produkten und Dienstleistungen, welche Rückschlüsse auf die durchschnittlichen Ausgaben der AFG-Mitglieder für ihre Affinität zulassen, können so die Marktvolumina der AFGs ermittelt werden.

Attraktivitätskriterium „Marktwachstum der AFG"
Das Marktvolumen ist als Kennziffer der Marktattraktivität nur dann aussagekräftig, wenn es mit den Informationen zum Marktwachstum kombiniert und relativiert wird. Das Marktwachstum einer AFG lässt sich am besten am Lebenszyklus des Beziehungsnetzwerkes festmachen (siehe Kapitel 3.2.4). AFGs, die sich in der Initialphase ihres Lebenszyklus befinden, sind weder formell noch informell eindeutig strukturiert. Kommunikationsstrukturen und Interaktionsnetzwerke bilden sich erst langsam aus und auch Kultur, Werte, Normen und Lebensstil der AFG sind noch nicht klar definiert, d.h. die Entwicklungsrichtung sowie die Entwicklungsgeschwindigkeit der sich abzeichnenden AFG sind noch nicht festgelegt. Das Potenzial einer solchen AFG bzw. potenziellen Geschäftseinheit ist somit nur schwer zu beurteilen. AFGs, die sich in der Wachstumsphase befinden, also bereits eine wirtschaftlich relevante Größe erreicht und eine eigene, eindeutige Identität ausgebildet haben, scheinen insofern attraktiver, da sich ihr Marktwachstum aufgrund bestehender Erfahrungswerte besser einschätzen lässt. Ob nun eine in der Initialphase oder eher eine in der Wachstumsphase befindliche AFG als Markt attraktiver ist, lässt sich nicht generell sagen. Ausschlaggebend sind die Risikobereitschaft und die Strategie des Gesamtunternehmens.

Neben dem Lebenszyklus kann auch das Verhältnis von Szene zu Szenepublikum Aufschluss über das Potenzial der AFG geben. Je mehr Individuen sich potenziell für die Affinität der Szene begeistern können, d.h. je stärker sich die Szene auf gesellschaftliche Megatrends stützt, umso größer ist deren Potenzial. Mit zunehmender Akzeptanz und Verbreitung der AFG in der Gesellschaft verliert die AFG jedoch ihren Reiz für viele bestehende sowie potenzielle Mitglieder. AFGs dienen den Individuen zur Entfaltung ihrer Individualität, zur Abgrenzung von anderen Lebensstilen und büßen daher mit zunehmender

Allgemeingültigkeit an Attraktivität ein.

Konkret messbar wird das AFG-Marktwachstum, wenn Größenzahlen über mehrere Perioden, zumeist Jahre, zusammengetragen und gegenübergestellt werden. Dies können Zuwachsraten bei Mitgliederzahlen, bei der Mediennutzung, beim Kauf bzw. Konsum affinitätsspezifischer Produkte und Dienstleistungen sein. Auch die Anzahl an affinitätsspezifischen Events und die zugehörigen Besucherströme sind von Relevanz.

Attraktivitätskriterium „Marktqualität der AFG"
Für die Qualität eines AFG-Marktes sprechen zahlreiche Indikatoren. Grundsätzlich hängt sehr viel von der Intensität des Szenegeschehens ab. Die Szene ist der Kern, der Motor einer jeden AFG. Je mehr Initiativen von ihr ausgehen und je mehr Individuen sich daraufhin an dieser Szene orientieren, umso attraktiver ist die entsprechende AFG.

Weitere Kriterien der Marktqualität von AFGs sind die in Punkt 6.2 beschriebenen Aspekte: Verhaltenshomogenität und -stabilität. Je homogener und stabiler das Verhalten und die dahinter stehenden Bedürfnisse der AFG-Mitglieder sind, umso präziser lassen sich die Strategien der Marktbearbeitung auf diese Segmente ausrichten.

Zudem wird eine AFG aus Marketingsicht attraktiver, wenn namenhafte branchenfremde Anbieter die Gruppe bereits ansprechen. Dies bietet die Gelegenheit von Kooperationen mit dem Ziel eines erleichterten Markteintritts etwa in Form des in Kapitel 7.1.1 beschriebenen AFG-Industrienetzwerks.

Ferner wird eine AFG dann attraktiver, wenn eine Vielzahl von Events mit Wettbewerben und Auszeichnungen besteht. Immer, wenn Wettbewerbe existieren, gibt es auch Gewinner, zu denen eine AFG aufschaut und die als respektierte Meinungsführer für das Marketing genutzt werden können. Sie sind die am besten geeigneten Sprachrohre für Kommunikationsmaßnahmen in die AFG.

Das zeitliche sowie das finanzielle Engagement, welches eine AFG in Aktivitäten um die gemeinsame Affinität investiert, sind ebenfalls aussagekräftige Kriterien, da sie die Bindung an das Affinitätsobjekt erhöhen. Mit steigendem finanziellen und zeitlichen Einsatz der AFG-Angehörigen sinkt die Gefahr, dass sie der AFG den Rücken kehren. Dadurch verringert sich die Fluktuation und die AFG gewinnt an Stabilität. Der Sachverhalt lässt sich allerdings auch in die andere Richtung erklären: Der Grad der Leidenschaft eines AFG-Mitglieds bedingt die Ausprägung des Verlangens, Zeit auf die Affinität zu verwenden. Ein erhöhter Zeiteinsatz ist dabei verbunden mit der Bereitschaft, mehr Geld für die Leidenschaft auszugeben. Hinsichtlich der tatsächlich in die Affinität investierten Summen treten Attraktivitätsmerkmale wie das Einkommen und die Kaufkraft in den Hintergrund, da sie lediglich das Potenzial und nicht die tatsächlich getätigten Investitionen beschreiben.

Letztere Größen lassen sich hinsichtlich der bereits eingangs in Kapitel 6.3 angesprochenen Kundenwertdiskussion verdichten. Sie verdeutlichen einmal mehr die besondere Bedeutung des Kundenwertes als Attraktivitätskriterium von AFG-Märkten.

Was die Anbieterseite betrifft wird die Marktqualität durch die Qualität des Wettbewerbs bestimmt. Hohe Rivalität belastet die Rentabilitätsaussichten erheblich. Die den Wettbewerb treibenden Kräfte wie

- die Rivalität der Mitbewerber untereinander,
- die Wahrscheinlichkeit des Eindringens neuer Mitbewerber,
- die technologische oder Szene-induzierte Substitution von Technologien (Gesetze, Verfahren, Stile) und Produkten,
- die Abhängigkeit von dominanten Anbietern oder Nachfragern (z.B. ADAC)

spielen auch in AFG-Märkten eine große Rolle und bestimmen so die Qualität des AFG-Marktes und dessen Attraktivität.

6.5 AFG-Management und Maßnahmenprogramme

Das AFG-Konzept basiert auf dem Verstehen von Märkten und Konsumenten. Zielgruppen werden nicht mehr als statistisch konstruierte Gebilde gesehen, sondern als real existierende, soziale Netzwerke von Individuen.

Vor dem Hintergrund einer Marktsegmentierung nach sozialen Einheiten und Beziehungsnetzwerken scheint unpersönliches und undifferenziertes Massenmarketing unangebracht. Die bisherige Einteilung in soziodemographisch gefasste Zielmengen ist nicht mehr ausreichend: Reiseveranstalter konzentrieren sich verstärkt bei der Produktgestaltung und -vermarktung auf die Affinitäten. So präsentieren sich die Veranstalter auf Taucher-Plattformen als Anbieter von Tauchreisen und auf Golf-Website als Anbieter von Golfreisen. Marketing muss heute als umfassender Kommunikationsprozess zwischen Produzenten sowie Dienstleistern und Kunden ausgebildet sein, d.h. als Beziehungsmarketing verstanden werden, welches sich in die Kommunikationsstrukturen der Zielgruppe integriert, einen langfristigen und wechselseitigen Dialog zwischen Anbieter und Nachfrager ermöglicht sowie kundenindividuelle Problemlösungen direkt vermarktet.

Diese Forderung macht die Bearbeitung von AFG-Märkten einfacher, aber zugleich auch anspruchsvoller. Einfacher, weil eine real existierende Gruppe von Konsumenten adressiert werden kann; anspruchsvoller, weil diese Tatsache ein spezifisches Markt-Kunden-Anbieter-Verständnis notwendig macht, wie es der oben vorgestellte AFG-Management-Ansatz postuliert.

Wie in Kapitel 3.2 erläutert, haben AFGs immer Szenen als Basis. Diese Szenen dienen den AFG-Mitgliedern als Orientierungspunkt, als Maßstab für ihr eigenes affinitätsgetriebenes Verhalten innerhalb der Gruppe. Die Szenen mit ihren „Heros" und Meinungsführern vermittelt ein Idealbild, welches für die AFGs als erstrebenswert gilt. Hier entstehen Trends, Kulte und Stories, welche auf die AFGs abstrahlen und diese antreiben. Ziel des AFG-Marketings ist es nun, das Wissen um diesen Bezugsgruppencharakter von Szenen für die Marktbearbeitung von AFGs zu nutzen, um die Wahrnehmungsbarrieren der Zielgruppe zu überwinden, und das werbende Unternehmen als authentisches Mitglied der Szene bzw. AFG darzustellen. Szenen dienen quasi als „Ankerplatz" für das AFG-Marketing.

Die Entwicklung der Szene und deren Auswirkungen auf die AFG sind bei der Ausgestaltung des Marketing-Mix entsprechend zu berücksichtigen. Produkt-, Preis-, Kommunikations- und Distributionspolitik müssen im Sinne eines integrierten Beziehungsmarketings auf die Netzwerkstrukturen von Szene und AFG abgestimmt werden.

6.5.1 Produktpolitik für AFG-Märkte

„Die informellen Gemeinschaften gewinnen in dem Maße an Bedeutung, in welchem individuelle Abgrenzung gelebt wird. [...] Die neue Aufgabe liegt dann in den individuellen Angeboten für Gruppen Gleichgesinnter."[205]

Produkte und Leistungen weisen häufig Eigenschaften auf, die für den Kunden nicht die geringste Relevanz besitzen. Diese Ignoranz den Bedürfnissen des Konsumenten gegenüber ist logische Konsequenz aus einem Zielgruppenverständnis, welches bei näherer Betrachtung eigentlich einem abstrakten Zielmengenverständnis entspringt. Zwei Aspekte beeinflussen das Design und die Produktgestaltung auf den heutigen Märkten: erstens die Quasihomogenität der meisten Produkte[206] und zweitens die Erlebnisorientierung der Konsumenten. Diesem zu begegnen, indem Produkte und Leistungen angeboten werden, die auf Ebene des Basisnutzens Bedürfnisse befriedigen, erscheint wenig erfolgversprechend. Doch solange Unternehmen sich über die wahren Bedürfnisse ihrer Kunden keine Gedanken machen, wird es schwer fallen, Nutzen zu stiften, der über die Befriedigung von Grundbedürfnissen hinausreicht. AFG-Produkte werden nicht rein aus Besitzmotivation gekauft oder aufgrund des praktischen Nutzens, sondern weil mit ihnen ein gewisser Lebensstil verbunden wird, der bei der Selbstdefinition und Orientierung in der Gesellschaft hilft.[207] Es geht nicht mehr nur um Zweck und Funktion, sondern um Erlebnis und Emotion. Die Produkte müssen beim Einkauf oder spätestens bei der Verwendung bestimmte Erlebnisse vermitteln.

Und an dieser Stelle setzt das neue Produktverständnis des AFG-Marketings an: Unternehmen müssen die Affinitäten der Konsumenten kennen lernen und selbst erleben, denn nur so wird es gelingen, Produkte und Dienstleistungen anzubieten, die den wahren und

---

[205] Kneissl/Becker 1993, S. 93.
[206] Der Begriff der quasihomogenen Produktmärkte meint, dass die Anzahl der Marken insgesamt und pro Produktart zunimmt. Daraus resultiert, dass eine klare Unique-Selling-Proposition (USP), wie sie in der klassischen Marketinglehre angestrebt wird, nur schwer oder nur noch teilweise erreicht werden kann. Hierzu wäre notwendig, dass der Konsument die wirkliche Einzigartigkeit des Produktes wahrnimmt und der Marketer die positiven und vor allem konsumentenrelevanten Unterschiede zum Konkurrenzprodukt klar kommuniziert. Da dies nur in seltenen Fällen erreicht wird, wird die Austauschbarkeit der Produkte zum Problem für die Unternehmen. Vgl. Nöthel 1999, S. 17.
[207] Vgl. Lettau 1990, S. 157f.

eigentlichen Bedürfnissen und Erwartungen der Konsumenten gerecht werden und Begeisterung auslösen. Nur auf diese Weise kann sich der Anbieter differenzieren, dem Preiswettbewerb entkommen und der Erlebnisorientierung der Konsumenten Rechnung tragen.

Bezogen auf das AFG-Marketing gewinnt der Gedanke des „Prosumenten" (Produzent/Konsument) eine ganz besondere Bedeutung. Gerade um Produkte in einer AFG zu etablieren, ist es unbedingt notwendig, in Kontakt mit den AFG-Mitgliedern zu treten. Durch den engen Kontakt zum AFG-Geschehen wird es möglich, aktuelle und relevante Trends und Bedürfnisstrukturen zu erfassen und mit entsprechenden Produktangeboten darauf zu reagieren. Auf diese Weise wird erstens vermieden, markt- bzw. zielgruppenferne Leistungen zu entwickeln und zweitens die Chance erhöht, das eigene Leistungsangebot zum Bestandteil der AFG zu machen. Durch die zuvor beschriebene Integration mit der AFG kommt es zu einem intensiven Austausch zwischen Produzent und Konsument, was bei der Neuentwicklung ebenso förderlich ist, wie bei einer kontinuierlichen Weiterentwicklung von Produkten. Wird der Nachfrager dabei bereits zu einem sehr frühen Zeitpunkt in den Produktentwicklungsprozess eingebunden, können Fehler und damit verbundene Modifikationskosten vermieden werden.[208]

Die Produkte müssen Bestandteil der AFG sein und sich im Idealfall aus dieser heraus entwickeln. In der AFG darf nicht der Eindruck entstehen, dass ein bestimmtes Produkt einfach nur so – mehr oder weniger zufällig – für eine bestimmte AFG relevant sein soll. Die Produkte müssen von den AFG-Mitgliedern als integraler und genereller Bestandteil der AFG angesehen werden und AFG-Zugehörigkeit symbolisieren.[209] Es kommt also nicht nur darauf an, ein passendes Produkt anzubieten, es muss auch in der AFG akzeptiert werden. Eine ganz eindeutige und authentische Positionierung des Unternehmens als „Szene- bzw. AFG-Unternehmen" ist dabei entscheidend. Daraus ergibt sich, dass ein Produkt umso erfolgreicher ist, je stärker der Bezug zu einer Szene bzw. AFG hergestellt wird (vgl. z.B. die Firma Burton in der AFG der Snowboarder). Im Extremfall ist das Produkt sogar gleichbedeutend mit dem Affinitätsobjekt, d.h., dass sich eine eigene Szene rund um das Produkt entwickelt. Harley Davidson beispielsweise verfügt über eine eigene Szene, die sich mit der Marke, dem Lifestyle und den Produkten des Motorradproduzenten identifiziert. Diese Szene ist so auf die Produkte von Harley Davidson fokussiert, dass Besitzer ähnlicher Motorräder (z.B. japanischer Chopper) nicht als Szenemitglieder akzeptiert werden.

6.5.2 Konditionenpolitik für AFG-Märkte

Der Konsument hat gelernt, *„[...] dass Produkte gleich sein können, obwohl sie unterschiedliche Preise haben [...]."*[210] Der Preis verliert somit, besonders in produkthomogenen Märkten, zunehmend an Differenzierungskraft. Ein höherer Preis als bei der Konkurrenz ist nur

---

[208] Vgl. Spath/Zahn 2003, S. 7.
[209] Vgl. McAlexander/Schouten/Koenig 2002, S. 38ff; vgl. Bagozzi 2000, S. 395; vgl. Spar 1996, S. 55.
[210] Horx 2002, S. 206.

dann durchzusetzen, wenn ein nachvollziehbarer Produktvorteil besteht. Nur wenn der Produktvorteil von den Abnehmern wahrgenommen wird, schlägt sich dies auch in einer höheren Zahlungsbereitschaft nieder. Ein Markenprodukt per se erlaubt demnach noch keinen höheren Preis. Die Preisfindung sollte ebenso wie die Produktentwicklung in Zusammenarbeit bzw. durch stetige Kommunikation mit der AFG geschehen. Im Prozess der Preisfindung muss dem Kunden ein klares Bild des Preis-Leistungs-Verhältnisses vermittelt werden, um spätere Enttäuschungen zu vermeiden.

Neben der Preispolitik kann der Anbieter auch durch eine entsprechende Konditionengestaltung der Zielgruppe signalisieren, dass er nicht nur kurzfristig Produkte verkaufen will, sondern dass er, als Mitglied der AFG, an längerfristigen Beziehungen interessiert ist. Dies kann etwa dadurch geschehen, dass Garantie- und Serviceleistungen den Bedürfnissen der AFG gerecht werden. Kostenlose Produktinformations- bzw. Beschwerdehotlines z.B. signalisieren dem Kunden nicht nur, dass er ernst genommen wird und sich das Unternehmen um seine Kunden kümmert, sie liefern dem Anbieter auch zusätzliche Informationen über die Bedürfnisse der AFG. Eine weitere Möglichkeit für z.B. einen Mountainbikeproduzenten wäre die Einrichtung von Servicepoints auf entsprechenden Events, an denen Mountainbikern ein kostenloser technischer Check ihrer Bikes angeboten wird. Diese Serviceleistungen sollten sich dabei nicht nur auf die eigenen Kunden beschränken, sondern jedem Mountainbiker zur Verfügung gestellt werden. Um Akzeptanz in der AFG zu erlangen, ist die soziale Komponente des unternehmerischen Handelns zu betonen. Dieses soziale Engagement für die AFG verleiht dem Unternehmen mehr Glaubwürdigkeit und Authentizität.

Cause-Marketing-Aktionen sind eine weitere Variante, den Kunden von der Authentizität und sozialen Grundeinstellung des Unternehmens zu überzeugen. Dabei wird (meist über einen beschränkten Zeitraum) ein gewisser Prozentsatz der Umsätze des Unternehmens abgezweigt, um auf verschiedenste Weise die Entwicklung der AFG zu fördern. So kann z.B. ein Produzent von Skateboards einen Euro pro verkauftem Board in die Errichtung von öffentlichen Skateparks investieren, um sein soziales Engagement für die AFG zu betonen und deren Entwicklung zu fördern.

Der Vorteil des AFG-Marketings bei der Gestaltung der Preispolitik liegt somit einerseits darin, dass durch Einbezug der AFG in Preisfestsetzung und Produktentwicklung bereits im Vorfeld Erkenntnisse über Preis-Leistungs-Vorstellungen in der anvisierten Zielgruppe gewonnen werden können, und andererseits für Produkte und Leistungen, die in einer AFG als wichtiger Bestandteil des AFG-Geschehens wahrgenommen werden, eine geringere Preiselastizität besteht.

6.5.3 Kommunikationspolitik in AFG-Märkten

„Consumers have become better informed than ever before, with the result that some of the traditional methods of advertising and marketing simply no longer work."[211]

Der neue Kunde ist heute besser informiert und sensibler. Er lässt sich nur noch schwer überreden, ein bestimmtes Produkt zu kaufen. Zudem ist der Kunde meist durch die stark konsumorientierte Gesellschaft derart übersättigt, dass der emotionale Zusatznutzen verstärkt kommuniziert werden muss.[212] Mit einfallsloser Informationspolitik und der reinen Kommunikation von Produkteigenschaften ist der Konsument nicht zum Kauf zu animieren. Das Marketing sollte daher Abstand nehmen von der Idee, den Konsumenten durch mehr und noch mehr Werbung irgendwie zu erreichen.

Ziel der Kommunikationspolitik im Rahmen des AFG-Ansatzes ist daher die Erregung kommunikativer Lust und nicht die reine Mitteilung von Inhalten. „Marketing hat es nicht mit Bedürfnissen zu tun, sondern mit Begehren."[213] Um dieses Begehren bei der Zielgruppe zu erzeugen, kommt es besonders auf den AFG-spezifischen Einsatz der Kommunikationsinstrumente an. Ein wesentliches Instrument, auf das im Folgenden näher eingegangen werden soll, ist das Event.

Ein Event ist „[...] eine vororganisierte Veranstaltung, bei der unterschiedliche Unterhaltungsangebote nach szenetypischen ästhetischen Kriterien kompiliert und synthetisiert werden, wodurch idealerweise ein interaktives Spektakel zustande kommt, das in der Regel mit dem Anspruch einhergeht, den Teilnehmern ein „totales" Erlebnis zu bieten. Die zumindest latente Funktion auch und gerade eines Events ist die Aktualisierung, Herstellung und Intensivierung von Wir-Gefühl"[214]. Szenen und AFGs sind Interessensgruppen, deren Mitglieder gezielt den Austausch und die Interaktion mit Gleichgesinnten suchen. Events sind daher ein strukturell unverzichtbares Element von Szenen und AFGs und bieten Anbietern und Nachfragern die Möglichkeit, in einem positiven Erlebnisumfeld persönlichen Kontakt miteinander aufzunehmen.[215] Sie sind außeralltägliche, raum-zeitlich verdichtete Kristallisationspunkte des Szenelebens mit einer hohen Anziehungskraft für Gleichgesinnte.

Unternehmen können Events dazu nutzen, für den Konsumenten erfahrbar zu werden, sich „in Szene zu setzen" und ihre Marken emotional aufzuladen. Sie sind die optimale Plattform, um sich als authentisches AFG-Unternehmen der Öffentlichkeit zu präsentieren. Zusätzlich zu dieser Image bildenden Funktion bieten Events die Chance der Informationsgewinnung über Bedürfnisse, Verhaltensweisen und Leidenschaften der AFG. An Events werden also nicht nur Unternehmen und Marken erfahrbar, sondern auch die AFG an sich. AFGs sind permanent im Wandel befindliche soziale Strukturen. Für den Marketer bedeu-

---

[211] The future of advertising 2004, o.S.
[212] Vgl. Förster/Kreuz 2003, S. 72.
[213] Bolz/Bosshart 1995, S. 210.
[214] Hitzler/Bucher/Niederbacher 2001, S. 26.
[215] Vgl. Förster/ Kreuz 2003, S. 102.

tet das, immer auf dem neuesten Stand der Entwicklung zu sein und das Entstehen neuer Trends (die ihren Ursprung nicht selten in Events haben) nicht zu verpassen. Es kommt demnach darauf an „[...] die Sprachspiele von Szenen zu entschlüsseln, oder allgemeiner: die Symbolspiele angemessen einschätzen zu können. Wer das nicht kann, ist in derselben Situation wie der Tourist, der die Sitten und Bräuche eines Landes begreifen will, aber die Landessprache nicht beherrscht"[216].

Unternehmen können entweder an Events teilnehmen (als Sponsoren oder Organisatoren) oder eigene Events ausrichten. Der Vorteil von eigenen Veranstaltungen liegt nicht nur in einer damit verbundenen stärkeren Werbewirkung, sondern vor allem in der Möglichkeit, mit Hilfe dieser Events einen festen Platz innerhalb des Interaktionsgeflechtes der Zielgruppe einzunehmen. Events sind also ein wichtiges Element der Integration von Anbieter und Nachfrager und ermöglichen den Ausbau von Kundenbeziehungen zu Kundenbindungen.

Neben Events gibt es eine Reihe weiterer Kommunikationsinstrumente, wie z.B. Direkt-Mailings, Sponsoring, Einsatz von Meinungsführern, Produkt-Placement und Public Relations, aus denen Unternehmen ihren Kommunikations-Mix zusammenstellen können. Entscheidend ist dabei stets die Abstimmung der Kommunikationsinhalte auf die jeweilige AFG. Bei entsprechender Positionierung der Werbebotschaften können auch klassische Massenmedien wie Fernsehen oder Print-Magazine im AFG-Marketing zum Einsatz kommen. Egal über welche Kommunikationskanäle die AFG adressiert wird, sie sollten immer interaktiv sein, d.h. dem Kunden die Möglichkeit zum direkten Feedback geben. Besonders geeignet ist hierzu das Internet, da es den wechselseitigen Kontakt mit einer Ländergrenzen überschreitenden AFG ermöglicht.

Grundlage jeder Kommunikationspolitik ist das Image eines Unternehmens.[217] Besonders bei der Marktbearbeitung von sozialen Neigungsgruppen kommt es auf ein eindeutiges und authentisches Image als AFG-Unternehmen an. Dieses Image kann nicht bewusst erzeugt, sondern nur beeinflusst werden. Daher ist es für ein Unternehmen wichtig, durch die kommunikationspolitischen Maßnahmen auf die Öffentlichkeit einzuwirken, um eine positive Grundeinstellung zum Unternehmen aufzubauen. Allgemein kann ein gutes Image die Absatzsteigerung eines Unternehmens bewirken und, speziell bezogen auf AFGs, ist ein entsprechendes Image sogar Voraussetzung, um in einer bestimmten AFG Fuß zu fassen. Im Sinne eines konsequenten AFG-Marketings muss es dem Unternehmen gelingen als Mitglied der AFG akzeptiert zu werden. Nur, wenn dieser Schritt vollzogen ist, d.h. wenn das Unternehmen aufgrund seines Images authentisch in der Szene wahrgenommen wird, besteht die Chance, das Produkt- und Leistungsangebot des Unternehmens durch Kommunikationsmaßnahmen in einer AFG zu verankern.

Ziel der Kommunikationsmaßnahmen für AFGs muss es sein, die Produkte des Unternehmens als sozial erstrebenswert für die Gruppe der AFG darzustellen, d.h., dass durch den

---

[216] Bolz/Bosshart 1995, S. 100.
[217] Vgl. Nieschlag/Dichtl/Hörschgen 2002, S. 78.

Konsum der AFG-Produkte positive Sanktionen (z.B. Anerkennung, Respekt, Bewunderung) erreicht und negative Sanktionen (z.B. Verachtung, Missachtung) vermieden werden können.[218] Dazu müssen Marke und Produkt Teil des Symbolsystems der Szene werden. Dabei wird die Qualität der Produkte meist vorausgesetzt. Um mit einer Markenpositionierung in einer Szene erfolgreich zu sein, muss die Marke für mehr als nur Qualität stehen. Sie muss die Werte und Leidenschaften der Szene verkörpern. Szenemarken müssen sozial konstruiert und emotional aufgeladen werden. Marken werden meist von „Marketing-Profis" nach altbewährten Formeln und Regeln gemacht. Dabei wird meist immer auf dieselben Formeln zurückgegriffen, sodass sich die Werbebotschaften vieler Marken kaum unterscheiden und so der Wiedererkennungswert und Differenzierungscharakter für den Kunden ausbleibt. „Die Markengestalt verliert ihren Charakter als einmaliger Kristallisationskern für soziale Anhänglichkeit. Austauschbarkeit ist jedoch das Ende jeder wirtschaftlich erfolgreichen Marke."[219] Wie unterscheiden sich z.B. die Biermarken Becks Gold und Bit Sun voneinander? Gar nicht. Beide Marken werben mit denselben Attributen: jung, ungezwungen, leicht, frisch, sexy etc. Im AFG-Marketing müssen Marken ihren eigenen Charakter haben, sie brauchen Ecken und Kanten, an denen sich die Kunden festhalten können. Marken müssen ebenso einzigartig sein wie ein jedes Individuum und dennoch die Ideale und Werte der Szene verkörpern. Nur so können sie zu Kultmarken werden, welche der oft rasanten Szeneevolution standhalten. „Die Stärke von wirklichen Kultprodukten besteht darin, dass sie wortlos überlegen sind. Wirkliche Kultprodukte brauchen keine Erklärungen, keine Informationen. Wenn Sie Ihrem Kunden Ihr Produkt erklären müssen, haben Sie kein Kultprodukt."[220] Marken und Produkte müssen zum emotionalen Bestandteil der Neigungsgruppe werden und inszeniert, also in Szene gesetzt werden.

Um die Botschaft der Marke in der AFG zu verbreiten, eignet sich der Einsatz von Meinungsführern. Testimonials zeichnen sich meist durch eine höhere Glaubwürdigkeit und ein höheres produktbezogenes Involvement aus und fungieren als Multiplikatoren und Transformatoren.[221] Meinungsführer sind Personen, die in besonderem Maße Einfluss auf die Einstellung bzw. das Verhalten anderer haben.[222] Wichtig im AFG-Marketing ist jedoch nicht der Einsatz irgendwelcher Meinungsführer, wie z.B. Celebrities, Politiker, Schauspieler oder Musiker, sondern das Einbinden zentraler Figuren der Szene (Ikonen, Helden), deren Meinungen und Handlungen das Szenegeschehen wesentlich prägen und damit der AFG als Bezugs- und Orientierungspunkte dienen.

---

[218] Vgl. Kroeber-Riel 2003, S. 490f.
[219] Deichsel 2004, S. 80.
[220] Bolz/Bosshart 1995, S. 248.
[221] Vgl. Wiswede 1995, S. 1821; vgl. Kroeber-Riel 2003, S. 515ff.
[222] Vgl. Jäckel 2008, S. 112ff; vgl. Weimann 1994, S. 29ff.

6.5.4 Distributionspolitik in AFG-Märkten

Ziel der Distributionspolitik ist es, die Verfügbarkeit der Produkte am Markt, für die Zielgruppe zu gewährleisten. Dazu müssen Vertriebswege gewählt werden, die nicht nur von der Quantität her, sondern auch bezüglich der Qualität den Anforderungen jeder einzelnen AFG gerecht werden.

Prinzipiell lassen sich direkte und indirekte Absatzwege unterscheiden, wobei den direkten Kanälen im AFG-Marketing besondere Beachtung zu schenken ist. Die direkten Absatzkanäle eines Unternehmens sind Schnittstellen zum Kunden und sollten daher ebenso persönlich und AFG-individuell gestaltet sein wie alle anderen Marketinginstrumente. Das Wissen um die Netzwerkstrukturen der AFG kommt besonders in der Distributionsgestaltung zum Tragen, denn direkte Absatzwege können nur dann effektiv gestaltet werden, wenn bekannt ist, wo der Kunde seiner Affinität nachgeht. Varianten des direkten Vertriebs wären z.B. der Verkauf über das Internet (genauer gesagt über die unternehmenseigene Website), der Verkauf auf Messen und Events oder direkt ab Lager. Vorteile des direkten Absatzes sind neben der Qualitätssicherung (besonders im Beratungsservice) vor allem die Möglichkeit der Informationsgewinnung über das Kaufverhalten der Endabnehmer. Der Produzent kommt so (über seine eigenen Vertriebsangestellten) in direkten Kontakt mit seiner Zielgruppe und kann so persönliche Beziehungen zum Kunden aufbauen bzw. die Beziehungsintensität weiter stärken. Je näher das Unternehmen dem Kunden ist, umso eher ist die Integration mit der AFG zu erreichen.

Wenn indirekte Absatzwege genutzt werden, bieten sich hierzu Spezial- und Fachgeschäfte an, die bereits in die AFG-typische Infrastruktur integriert sind. Dort ist bereits AFG-relevantes Wissen inkorporiert, auf dem der Marketer aufbauen kann. Diese Spezialgeschäfte haben darüber hinaus den Vorteil, dass die Präsenz des Produktes im Aufmerksamkeits- bzw. Verfügungsbereich des (potenziellen) Konsumenten gewährleistet ist und zwar in stärkerem Maße, als dies mit einer großen Präsenz im undifferenzierten Einzelhandel möglich wäre. Das Wir-Gefühl[223] einer AFG wird besonders an gemeinsamen Szenetreffpunkten erlebbar. Auch Fachgeschäfte können solche Treffpunkte darstellen. Daher ist es ganz entscheidend, dass ein Unternehmen nicht nur weiß, in welchen Fachgeschäften es vertreten sein sollte, sondern auch, wie es seine Produkte dort inszeniert. Authentizität und Glaubwürdigkeit sind auch hierbei, neben der Fachkompetenz des Verkaufspersonals, unerlässlich.

Eine besondere Bedeutung kommt im AFG-Marketing dem Erlebnishandel zu.[224] Bereits der Kaufprozess ist im Idealfall Bestandteil des Ereigniskomplexes AFG. Nicht erst die konkrete Nutzung des Produktes in der AFG, sondern bereits der Kaufakt stellt dann für das AFG-Mitglied ein Erlebnis dar. Aufgrund des Uno-actu-Prinzips kommt es beim Kauf

---

[223] Wie bereits dargelegt, definieren sich AFG-Mitglieder und insbesondere Szene-Mitglieder über ihre gemeinsame Affinität, über welche sie sich nach außen von anderen abgrenzen und nach innen ein Wir-Gefühl erzeugen.
[224] Vgl. Redwitz 1991, S. 266ff.

bzw. Konsum von Dienstleistungsprodukten grundsätzlich zu einem Erlebnis, woran die Leistung im Nachhinein auch bewertet wird. Aber auch der Kauf eines physischen Produktes kann zum Erlebnis werden. Wesentliche Rollen spielen hierbei die Atmosphäre, das Design bzw. Ambiente des Verkaufortes, die Fachkompetenz und das Auftreten der Verkäufer sowie die Klientel, mit der die entsprechende Situation erlebt wird.

Aufgrund der auf persönlichen Beziehungen und gemeinsamen Affinitäten beruhenden Integration und Vernetzung von Anbieter und Nachfrager, kommt der Personalpolitik im AFG-Ansatz eine besondere Bedeutung zu. Die Mitarbeiter sind das Bindeglied zwischen dem Unternehmen und der AFG. Das Management ist daher gefordert, speziell in der Mitarbeiterbeschaffung und -entwicklung die Grundlagen für eine affinitätsorientierte Kundenbeziehung zu schaffen.

6.5.5 Personalbeschaffung für AFG-Märkte

Wie bereits erläutert, ist die Einbindung von AFG-Mitgliedern in das Unternehmen essenzieller Bestandteil des AFG-Ansatzes. Neben der Integration von AFG- bzw. Szeneexperten als Stabsstellen für das Management, muss auch bei der Suche, Auswahl und Einstellung von allen anderen Mitarbeitern verstärkt auf deren Affinitäten geachtet werden. Die fachliche und soziale Kompetenz der potenziellen Mitarbeiter alleine genügt nicht, um ein Unternehmen erfolgreich in einer AFG zu verankern. Alle Mitarbeiter, egal in welcher Abteilung oder Position, müssen sich mit den Affinitäten ihrer Zielgruppen identifizieren und sich aktiv mit dieser auseinander setzen. Die Mitarbeiter eines AFG-orientierten Unternehmens sind im Idealfall intrinsisch motiviert, d.h., ihre Leidenschaft für ein gewisses Affinitätsobjekt stellt den Hauptgrund für ein Engagement in dem Unternehmen dar. Authentizität spielt hier eine wichtige Rolle. Nur wenn die Mitarbeiter eines Unternehmens authentische AFG-Mitglieder sind, d.h. von der AFG als solche erkannt und akzeptiert werden, ist auch das Unternehmen bzw. die Marke authentisch.

Für die Personalrekrutierung bedeutet dies, nicht nur in einem Einstellungsgespräch die jeweiligen Affinitäten zu ermitteln, sondern aktiv in der AFG um Mitarbeiter zu werben. Dies kann z.B. durch das Schalten einer Stellenausschreibung in AFG-typischen Print- oder Online-Magazinen geschehen. Dadurch ist nicht nur sichergestellt, dass Personen mit der gewünschten Affinität erreicht werden. Gleichzeitig wird der AFG damit das Bemühen des Unternehmens um Integration mit der AFG vermittelt.

Da eine AFG nicht auf ein Land beschränkt ist, sondern über Ländergrenzen hinaus Menschen mit der gleichen Affinität verbindet, ist es zudem sinnvoll, Mitarbeiter aus den unterschiedlichsten Ländern und Kulturen zu rekrutieren, in denen die AFG eine relevante Größe bzw. Stärke aufweist. Um sich mit der AFG identifizieren zu können und deren spezifische Kultur (welche länderunabhängig ist) zu verstehen, sollte ein AFG-Unternehmen in seiner Mitarbeiterstruktur diesen Kulturen-Mix der AFG-Mitglieder widerspiegeln.

Weiterhin ist es sinnvoll, bei der Mitarbeiterauswahl nicht nur auf die fachliche Kompetenz und das theoretische Hintergrundwissen bezüglich einer bestimmten AFG zu achten. Viel entscheidender sind das aktive Engagement der Mitarbeiter in der AFG und die damit einhergehenden Kontakte zu anderen AFG-Mitgliedern. Diese Kontakte der Mitarbeiter gilt es zu ermitteln und für das Unternehmen nutzbar zu machen.

6.5.6 Personalentwicklung für AFG-Märkte

Bei der Bearbeitung von Märkten wie AFGs, wird nicht nur von dem Management und dem Unternehmen an sich eine gewisse Flexibilität gefordert, sondern auch von jedem einzelnen Mitarbeiter. Die Mitarbeiter müssen Willens sein, sich im Sinne der AFG weiterzuentwickeln und weiterzubilden, d.h. die geforderte Flexibilität betrifft die fachliche Weiterbildung ebenso wie die persönliche Entwicklung. Die Aufgabe des Unternehmens besteht darin, die Rahmenbedingungen für diese fachliche und persönliche Entwicklung zu schaffen.

In Bezug auf die fachliche Entwicklung bieten sich unternehmensinterne Mitarbeiterschulungen an. Inhaltlich können und sollten sich diese Schulungen auf zwei wesentliche Themenbereiche fokussieren: die Vermittlung des theoretischen AFG-Managementansatzes sowie die Vermittlung von AFG-spezifischem Wissen. Diese Form des vermittelten Wissens bleibt jedoch oft unverstanden und zusammenhangslos und kann daher nur den Grundstock eines tiefgreifenden Zielgruppen- und Marktverständnisses darstellen. Das so vermittelte Wissen ist durch aktives Teilnehmen der Mitarbeiter an AFG-spezifischen Aktivitäten zu personalisieren, d.h. für jeden Mitarbeiter individuell erfahrbar zu machen. Um die persönliche Entwicklung der Mitarbeiter als AFG-Mitglieder zu fördern, steht dem Unternehmen eine Vielzahl an Möglichkeiten zur Verfügung. Entscheidend ist, dass dem Mitarbeiter ein gewisser Freiraum zur Ausübung seiner Leidenschaft, seiner Affinität eingeräumt wird. Das Unternehmen „Burton Snowboards" beispielsweise bietet seinen Mitarbeitern (u.a. in den Filialen in Burlington/USA und Innsbruck/Österreich) unter dem Motto „schneefrei" die Möglichkeit, auch während der Arbeitszeit der Affinität zum Snowboarden nachzugehen. An Tagen, an denen das Wetter optimal zum Snowboarden ist, können die Mitarbeiter vormittags ein paar Abfahrten machen, bevor sie im Büro ihre Arbeit aufnehmen. Zudem erhalten sie den Skipass zu einem vergünstigten Preis.[225] Solche und andere Maßnahmen zur Förderung der AFG-Aktivitäten bei der Belegschaft sind zudem geeignet, um die Mitarbeiterzufriedenheit zu stärken.

6.6 Strategiecontrolling in AFG-Märkten

Die aus der Portfoliomethodik resultierenden Strategien sollten in regelmäßigen Abständen hinterfragt werden. Die Performance der AFG-Märkte muss gemessen werden, d.h. es bedarf einer „Beobachtung und Messung strategischer Initiativen und ihrer Auswirkun-

---

[225] Vgl. Siering 2005, S. 2.

gen"[226]. Das Ziel besteht darin, möglichst frühzeitig zu erfahren, welche Veränderungen durch bestimmte Initiativen ausgelöst werden. Dies ist nicht nur für das Management und die Mitarbeiter eines Unternehmens von großem Interesse, sondern auch für Investoren, Lieferanten, Aufsichtsgremien etc. Mit Hilfe des AFG-orientierten Strategiecontrollings können die Entwicklungen in AFG-Märkten über einen längeren Zeitraum hinweg beobachtet und evaluiert werden. Sollten die Initiativen in einem AFG-Markt nicht greifen, so können rechtzeitig korrigierende bzw. unterstützende Maßnahmen eingeleitet werden.

Das Strategiecontrolling ist dabei auf zwei Säulen aufgebaut: einer, die sich mit der Reflexion der gefällten strategischen Entscheidungen auseinander setzt und einer, die gestalterisch wirkt, indem Strategien direkt in materielle Ziele und zugehörige Messgrößen übersetzt werden.

Innerhalb der ersten Säule sollten Unternehmen, die AFG-Management betreiben, ihr Strategiecontrolling dreiteilig aufbauen:

1. Kontrolle der Vollständigkeit, Konsistenz sowie der den strategischen Plänen zugrunde liegenden Prämissen über den AFG-Markt. Bei der Verabschiedung einer bestimmten Strategie sind mit dieser Wahl immer auch Risiken verbunden.

2. Durchführungskontrolle von strategisch besonders relevanten Entscheidungen sowie wichtiger Meilensteine.

3. Kontrolle der Wirksamkeit der beschlossenen Maßnahmen. Insbesondere ist zu prüfen, ob das operative Verhalten schädliche Folgewirkungen nach sich zieht.

Gerade in engen Netzwerken, wie es bei AFGs der Fall ist, können sich fehlgeleitete oder missverstandene Marketingmaßnahmen sehr schnell verbreiten. Ziele werden dann schlimmstenfalls nicht mehr nur verfehlt, sondern die AFG kann ein Unternehmen über ihr Netzwerk offen ablehnen. Daher ist es von besonderer Bedeutung, dass das Strategiecontrolling Überprüfungen in festgelegten periodischen Abständen durchführt. Zum einen ist regelmäßig die gesamte strategische Geschäftssituation zu durchleuchten, zum anderen sind die Abgrenzungen der AFG-Märkte als strategische Geschäftseinheiten periodisch zu prüfen, denn die Grenzen können sich in kurzer Zeit verschieben. Schlussendlich müssen periodisch die auf einen AFG-Markt bezogenen geschäftspolitischen Verhaltensgrundsätze überprüft werden.[227]

Die zweite, gestalterische Säule des AFG-Strategiecontrollings ist nicht als eine dem strategischen Entscheidungsprozess nachgelagerte Funktion zu verstehen. Vielmehr sollte es simultan in ein zirkuläres Verhältnis zu den unternehmensrelevanten Prozessen eingebunden werden. Dies schließt die AFG-Marktidentifikation und -bewertung mit profundem Wissen über AFG-Märkte, Strategieentwicklung und Finanzplanung, Personalentwicklung und Innovationsfähigkeit, strukturelle Anpassung von Aufbau- und Ablauforganisation sowie die Verankerung in der Unternehmenskultur mit ein.

---

[226] Müller-Stevens/Lechner 2005, S. 693.
[227] Vgl. Gälweiler 2005, S. 207ff.

Die wissenschaftliche Literatur wie auch die unternehmerische Praxis bieten in diesem Zusammenhang vor allem Scorecard-Modelle an, die in der Lage sind, diese komplexen Zusammenhänge messbar zu machen und damit abzubilden. Das bekannteste Beispiel stellt hierbei sicherlich die Balanced Scorecard von Kaplan/Norton (1997) dar. Die Strategien der SGEs werden in quantifizierbare Größen übersetzt, wobei die Balanced Scorecard die Erfordernisse für Geschäftsprozesse, Innovationen, Lernfähigkeit sowie Wachstum berücksichtigt. Weitere Besonderheiten bestehen darin, dass darüber hinaus auch unternehmensexterne Anspruchsgruppen integriert werden, dass subjektive, nichtmonetäre Indikatoren Eingang finden, sowie dass neben kurzfristigen auch langfristige strategische Ziele Berücksichtigung finden.

7 Unternehmensorganisation und Affinity-Group-Management

7.1 AFG-Management im Kontext der Netzwerkorganisation

7.1.1 Beschreibung des AFG-Netzwerkes

Strukturalistisch betrachtet, sind Netzwerke Beziehungsgeflechte aus mehreren Akteuren jeglicher Art (Personen, Unternehmen, Organisationen etc.) und verschiedensten Beziehungen zwischen diesen Akteuren.[228]

Netzwerke gehen über eine reine Bindung zwischen zwei Akteuren hinaus und bestehen aus tri- oder multilateralen Beziehungen. Die Akteure können durch direkte und indirekte Beziehungen miteinander in Verbindung stehen, jedoch konstituiert erst die Existenz von indirekten Beziehungen zwischen mindestens drei Akteuren ein Netzwerk.[229] Dabei lassen sich anhand der Struktur der Beziehungen einfache und komplexe Netzwerke unterscheiden (siehe **Abbildung 7.1**).

Abbildung 7.1 Klassifikation von Netzwerken

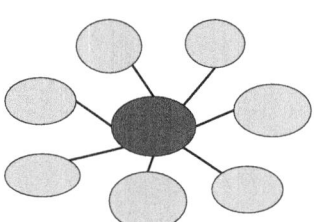
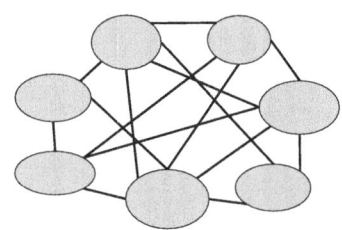

Quelle: In Anlehnung an Kutschker 1994, S. 126.

Einfache Netzwerke sind meist durch einen zentralen Akteur gekennzeichnet, der die Kooperationspartner über vorwiegend gleichartige Beziehungen zentral koordiniert (z.B. Franchise-Systeme). Daher sind diese Netzwerke oft sternförmig aufgebaut. Im Gegensatz

---

[228] Vgl. Windeler 2005, S. 216.
[229] Vgl. Kutschker 1994, S. 121ff.

zu diesen einfachen Netzwerken, zeichnen sich komplexe Netzwerke durch eine Vielzahl von Verbindungen zwischen den Teilnehmern aus. Eine zentrale Einheit existiert nicht, wodurch die meisten Teilnehmer indirekt wie auch direkt mit vielen anderen in Beziehung stehen.[230]

AFGs sind, wie in vgl. Kapitel 3.3 bereits erläutert, als komplexe, soziale Beziehungsnetzwerke zu verstehen, die aus Nachfragern und Anbietern bestehen, die ihrerseits wieder eigene Netzwerke ausbilden. Diese Endkonsumenten- und Industrienetzwerke lassen sich jedoch nur schwer voneinander trennen bzw. unabhängig bearbeiten. Als Beispiel seien hier internetbasierte AFG-Foren genannt, auf denen sich AFG-Mitglieder (vorwiegend Konsumenten) untereinander austauschen können. AFG-Foren sind als Anbieter kommerzieller Dienstleistungsprodukte Teil des AFG-Industrienetzwerkes, zugleich sind solche Plattformen jedoch auch elementarer Bestandteil der Konsumentennetzwerke, da die Ausbildung der Beziehungen zwischen den einzelnen Konsumenten ohne solche Plattformen nicht oder nur in beschränktem Maße möglich wäre.

Abbildung 7.2 AFG-Netzwerk aus Anbietern und Nachfragern

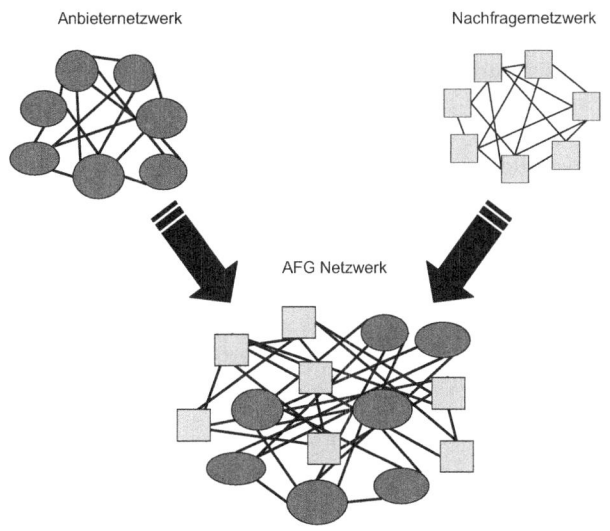

In vielen AFGs gehen zudem die Entwicklungen von Anbieter- und Nachfragernetzwerken Hand in Hand. So entstehen Szenen und damit auch AFGs zumeist aus der Aktivität einiger weniger Akteure, die sich intensiv mit ihrer Affinität beschäftigen und durch die Entwicklung innovativer Produkte neue Impulse setzen. So geht z.B. die Entstehung der Konsument- und Anbieternetzwerke in der AFG der Snowboarder u.a. auf den Amerikaner

---

[230] Vgl. Kutschker 1994, S. 128f.

Jake Burton zurück, der Anfang der 70er Jahre die ersten Snowboards mitentwickelte. Er machte seine Leidenschaft zum Beruf und gründete seine eigene Snowboard-Firma „Burton Snowboards", repräsentierte also Konsument und Anbieter. Burton ist heute Weltmarktführer und hat die Entwicklung der Anbieterstruktur auf dem Snowboardmarkt von Beginn an entscheidend mitgeprägt. Die kleine Clique um Jake Burton, die sich aufgrund ihrer Leidenschaft zum Snowboarden fand, war zugleich einer der Ursprünge der Konsumentennetzwerke. Heute ist Jake Burton immer noch einer der Ikonen der AFG, Vorbild für viele Snowboarder und treibt die Entwicklung von Konsumenten- wie auch Produzentennetzwerken voran.[231]

Dieses Beispiel zeigt, wie wichtig es in AFG-Märkten ist, die Werte- und Verhaltensnormen der Zielgruppe als industrieller Anbieter nicht nur gut zu kennen, sondern sie auch in der Organisation glaubwürdig zu vertreten und zu leben.

7.1.2 Strukturelle Dimension des AFG-Netzwerkes

In einer AFG stellen die einzelnen Individuen (Konsumenten), Unternehmen (Produzenten/Händler/Dienstleister) sowie Organisationen (Verbände/Vereine) die Akteure dar, die miteinander kommunizieren, interagieren und somit das Netzwerk der AFG aufspannen. Die Beziehungen, die sich zwischen diesen Akteuren entwickeln, unterscheiden sich hinsichtlich Inhalt, Intensität und Form. Die Inhalte einer Beziehung zwischen Mitgliedern einer AFG sind immer primär auf das Affinitätsobjekt bezogen, unabhängig davon, ob es sich dabei um Informationen, Emotionen oder physische Produkte (Leistungsaustausch) handelt. Dabei können die Inhalte einer Beziehung zwischen zwei spezifischen Akteuren wechseln. So kann die Beziehung zweier Mitglieder der AFG Auto-Tuning mal informativer (wenn z.B. Erfahrungsberichte bezüglich neuer Tuning-Komponenten ausgetauscht werden), mal emotionaler Natur sein (wenn z.B. bei einem gemeinsamen Event die Leidenschaft fürs Auto geteilt und erlebt wird) und mal einen physischen Leistungsaustausch beinhalten (wenn z.B. bestimmte Tuning-Parts getauscht oder verkauft werden). Unabhängig vom Inhalt, kann die Beziehung mehr oder weniger intensiv sein. Die Bandbreite reicht hierbei von sporadischen, seltenen und unregelmäßigen Kontakten bis zu geplanten, häufigen und regelmäßigen Beziehungen.

Die Intensität dieser Interaktionen ist ein wichtiger Aspekt, dem im strategischen Management von Netzwerken größte Aufmerksamkeit geschenkt werden muss. Intensive Beziehungen und damit eng und fest verflochtene Netzwerke stellen für ein Unternehmen, welches dieses Netzwerk als Zielgruppe auserwählt hat, eine optimale Grundlage für Beziehungsmarketing dar. Zugleich stellen diese intensiven Beziehungen zweier AFG-Mitglieder aber auch hohe Ansprüche an die Beziehungsfähigkeit des Unternehmens. Nur wenn ein Unternehmen mit gleicher oder höherer Intensität in dem AFG-Netzwerk interagiert, wird es von dessen Mitgliedern als relevant wahrgenommen und akzeptiert werden.

---

[231] Vgl. Siering 2005, S. K02.

Neben Inhalt und Intensität kommt es auch auf die Form der Beziehung an. Beziehungen können einseitig (ein Sender und ein Empfänger des Interaktionsinhaltes) oder wechselseitig (beide Akteure sind sowohl Sender als auch Empfänger) ausgebildet sein. Ziel eines Unternehmens muss es sein, seine Kommunikationspolitik möglichst auf dauerhafte, wechselseitige Beziehungen auszurichten, denn nur im permanenten Dialog mit der AFG ist diese Zielgruppe optimal zu managen.

In engem Zusammenhang mit der Form der Beziehungen steht der Zentralisationsgrad des Netzwerkes. Zentralisierte Netzwerke bestehen vorwiegend aus einseitigen Beziehungen, bei denen die Kommunikation von wenigen Akteuren ausgeht. AFGs sind meist dezentral strukturiert, dennoch gibt es auch hier einige Mitglieder mit exponierter Stellung im AFG-Kommunikationsnetzwerk. Dies können beispielsweise bestimmte Medien (Online-Portale, Magazine, TV-Sendungen) oder auch einzelne Meinungsführer sein, welche als Informationslieferanten mit einer Vielzahl an AFG-Mitgliedern einseitig vernetzt sind. Diese zentralen Verdichtungen der Beziehungsstruktur sind vorwiegend im aktiven Kern der AFG, der Szene, zu finden und haben meist starken Einfluss auf die Entwicklungsrichtung und -geschwindigkeit der AFG.

Ein weiterer Aspekt der strukturellen Netzwerkdimension ist der Organisations- bzw. Formalisierungsgrad. Zu Beginn einer jeden AFG steht zumindest eine kleine, meist lokal aktive Szene. Diese Szenen wiederum entstehen durch ein spontanes und freiwilliges Zusammenfinden gleichgesinnter Individuen, ohne jegliche formalen, institutionellen oder organisatorischen Regelungen und Zwänge. Mit zunehmender Größe der Szene bzw. Entwicklung der AFG, bilden sich Organisationsstrukturen aus, die das Geschehen in dem Netzwerk regeln und standardisieren. Bestes Beispiel dafür sind Vereine und Verbände. Diese Institutionen erleichtern vielen Individuen den Einstieg in die AFG und sichern damit einerseits die Entwicklung bzw. das Fortbestehen der AFG. Andererseits wirkt sich ein zu hoher Organisationsgrad aber auch negativ auf die Eigendynamik des sozialen Beziehungsnetzwerks aus. Szenen und AFGs leben von einer Freiheit und Ungezwungenheit, welche den Mitgliedern den notwendigen Freiraum zur individuellen Selbstentfaltung bietet.

Das Industrienetzwerk einer AFG setzt sich aus allen Unternehmen verschiedenster Branchen zusammen, welche die jeweilige AFG als Zielgruppe betrachten und ihr entsprechende Produkte und Dienstleistungen anbieten. Je nach AFG spielen unterschiedliche Branchen und Unternehmen eine wichtigere Rolle, es gibt jedoch einige Branchen, welche grundsätzlich, AFG-übergreifend von zentraler Bedeutung sind: Hersteller, Medien, Events/Messen und Vereine/Verbände. Sie sind für die Entstehung und Weiterentwicklung von AFGs unerlässlich. Abzuleiten sind diese Kernbranchen aus den definitorischen Hauptbestandteilen einer jeden AFG (siehe **Abbildung 7.3**).

Abbildung 7.3 AFG auf Nachfrager- und Anbieterseite

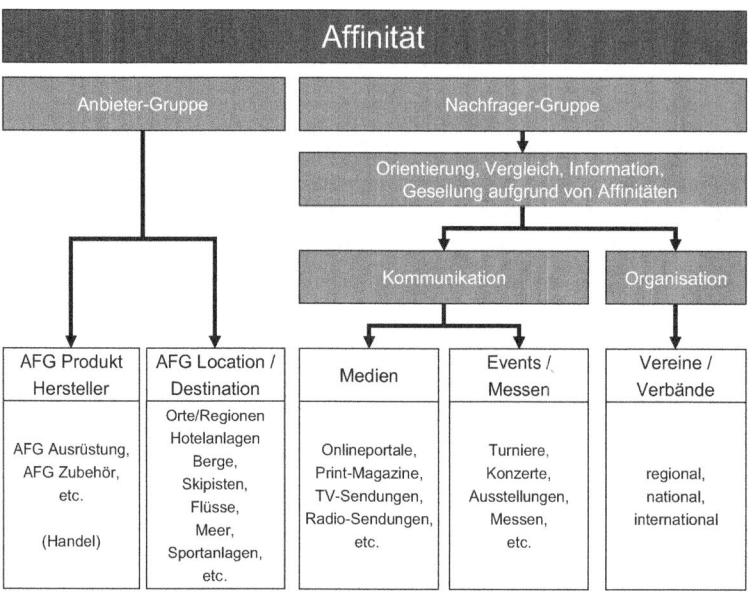

In einer AFG dreht sich alles um die entsprechende Affinität bzw. das Affinitätsobjekt. Entsprechend sind Unternehmen, die sich auf die Produktion dieser Affinitätsobjekte spezialisieren, richtungsweisend für die gesamte Entwicklung der AFG. Dabei kann durch das Produkt- und Leistungsangebot eines Unternehmens der Entstehungsprozess von AFGs und deren zugrunde liegenden Szenen angestoßen werden. AFG-Produkthersteller stellen meist Marken mit einem hohen Bekanntheitsgrad und einer entsprechend hohen Marktmacht dar.

Neben dem Affinitätsobjekt ist meist (abhängig von der AFG) eine entsprechende Location bzw. Destination erforderlich, an der die Affinität ausgeübt werden kann.[232] Bei Skifahrern und Snowboardern sind es die Pisten und Fun-Parks, bei Anglern das Gewässer und bei Tennisspielern der Tenniscourt. Anbieter und Betreiber dieser Locations (Seilbahngesellschaften, Sportanlagenbetreiber etc.) sind daher ebenso essenzieller Bestandteil dieser AFG-Industriecluster.

AFGs können sich nur entwickeln, wenn deren Mitgliedern geeignete Kommunikationsmittel und -wege zur Verfügung stehen. Besonders die Entwicklung von einer regionalen über eine nationale hin zu einer internationalen Ausdehnung einer AFG ist ohne spezifische

---

[232] Es existieren auch AFGs, deren Mitglieder keine spezifisch ausgestaltete Location benötigen, um ihre Affinität auszuleben (z.B. AFG Fotografie).

Medien wie Zeitschriften, Onlineportale, TV- und Radio-Sendungen nur schwer möglich. Mit der Größe der AFG steigt auch die Anzahl dieser Medien sowie deren Ausdifferenzierung und Konzentration auf bestimmte Schwerpunktthemen.

Szenen und AFGs sind Neigungsgruppen, deren Mitglieder gezielt den Austausch und die Interaktion mit Gleichgesinnten suchen. Events (Ausstellungen, Turniere, Festivals etc.) und Messen sind real existente Plattformen, auf denen die Mitglieder zusammenkommen, sich austauschen und ihre Affinität zusammen ausleben können. Sie sind außeralltägliche, raum-zeitlich verdichtete Kristallisationspunkte des Szene- und AFG-Lebens mit einer hohen Anziehungskraft für Gleichgesinnte. Events und Messen sind daher strukturell unverzichtbare Elemente von Szenen und AFGs und bieten Anbietern und Nachfragern die Möglichkeit, in einem positiven Erlebnisumfeld persönlichen Kontakt miteinander aufzunehmen.[233]

Mit zunehmender Größe einer AFG steigt auch deren formeller Institutionalisierungsgrad, welcher in der Anzahl, dem Einfluss und den Aufgaben von Vereinen und Verbänden zum Ausdruck kommt. Diese Institutionen fördern die Entwicklung der AFGs, indem sie entsprechende politische und gesellschaftliche Rahmenbedingungen schaffen. AFGs sind unterschiedlich stark strukturiert. So ist der Organisations- und Strukturierungsgrad der AFG Golfen annähernd 100 % (um Golfen zu können, muss man Mitglied in einem Verein sein), wohingegen gemäß eigenen Umfrageergebnissen nur ca. 5 % der Mountainbiker in einem Verein organisiert sind.

---

[233] Vgl. Förster/Kreuz 2003, S. 102.

In **Abbildung 7.4** ist ein solches Industrienetzwerk am Beispiel der AFG Mountainbike dargestellt.

Abbildung 7.4 AFG-Industriecluster Mountainbike

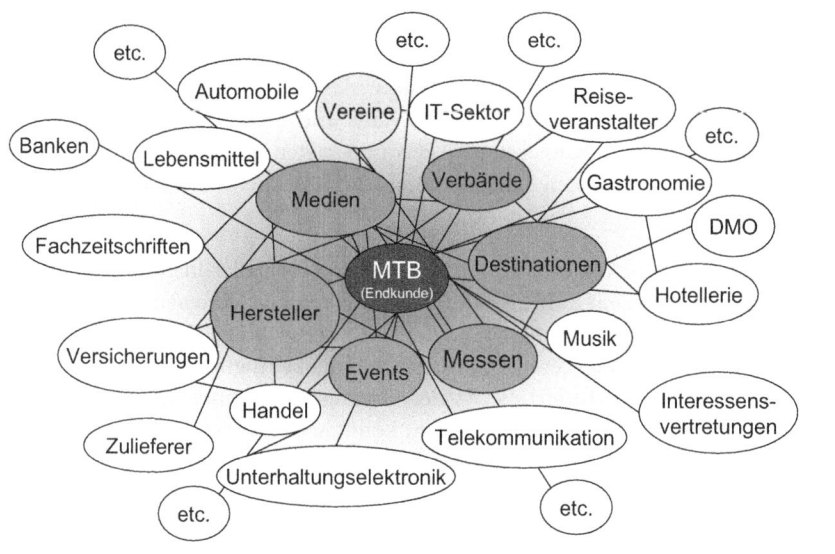

Das Industriecluster in **Abbildung 7.4** ist auf einer sehr hoch aggregierten Ebene dargestellt. Innerhalb der einzelnen Branchen existieren weitere Netzwerke, wie in der folgenden **Abbildung 7.5** am Beispiel der MTB-Hersteller veranschaulicht.[234]

---

[234] In der Branche der Hersteller gibt es wiederum Subbranchen, wie z.B. Fahrradproduzenten, Bekleidungsproduzenten, Hersteller von Protektoren etc., welche miteinander vernetzt sind.

Abbildung 7.5 Subnetzwerk der MTB-Hersteller

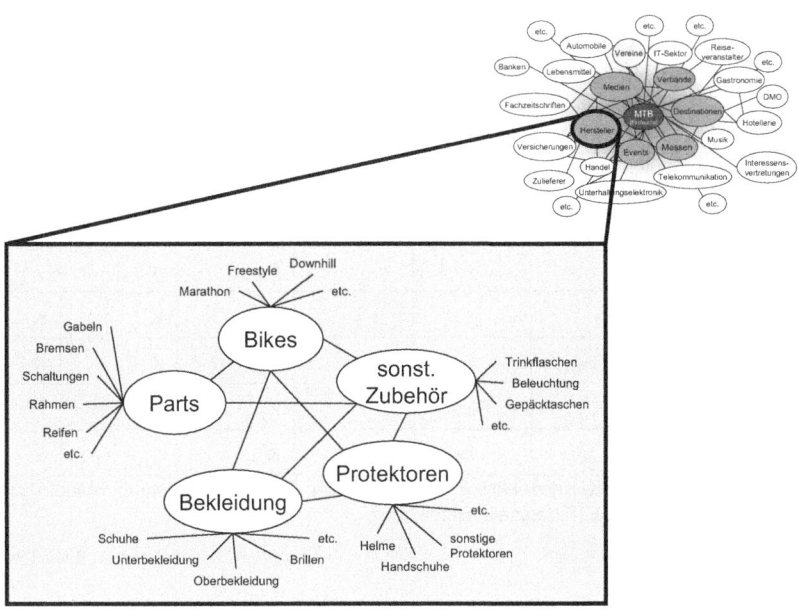

Zwischen den einzelnen Elementen (Unternehmen, Personen, Organisationen etc.), die in einem AFG-Industrienetzwerk agieren, bestehen unzählige Beziehungen und Kooperationen verschiedenster Art. Diese Beziehungen lassen sich anhand mehrerer Kriterien wie z.B. Intensität (formlose Vereinbarung, vertragliche Vereinbarung), Richtung (einseitig, wechselseitig), Zeitdauer (befristet, unbefristet) oder Art (Handelsbeziehung, finanzielle Beteiligung, Kooperation etc.) näher beschreiben.

Tabelle 7.1 zeigt, wie z.B. anhand der Art der Beziehungen Netzwerkstrukturen eines AFG-Industrienetzwerkes mit Hilfe einer Beziehungsmatrix erfasst werden können.

Tabelle 7.1 Beziehungsmatrix

	UN 1	UN 2	UN 3	UN 4	UN 5	UN 6	UN 7
UN 1		L$_{(1>2)}$	L$_{(1>3)}$	L$_{(1>4)}$	K, L$_{(1>5)}$	L$_{(1>6)}$	
UN 2			K, L$_{(2>3)}$		K		
UN 3		K			F$_{(3>5)}$	K	
UN 4		F$_{(4>2)}$	L$_{(4>3)}$			K	K
UN 5	K	K, F$_{(5>2)}$				K	K
UN 6			K, F$_{(6>3)}$	K	K, L$_{(6>5)}$		
UN 7	L$_{(7>1)}$			K	K		

Beispielarten der Kooperation: K: Know-How (F&E, Produktion, Personal, Marketing, Marktforschung, etc.); L: Lieferantenbeziehung; F: Finanzielle Beteiligung

Quelle: In Anlehnung an Beck 1998, S. 92.

7.1.3 Netzwerkfähigkeiten als Kernkompetenz entwickeln

AFGs sind soziale Beziehungsnetzwerke, die sich als Zielgruppen optimal eignen, um den gesellschaftlichen Entwicklungen der Individuen strategisch zu entgegnen. Legt man Erkenntnisse aus der Netzwerkökonomie zugrunde, stellen AFGs, als Netzeffektgüter betrachtet, ein großes wirtschaftliches Potenzial dar.

In der Netzwerkökonomie werden die Effekte in Netzwerken (die verstärkt durch neue Informations- und Kommunikations-Technologien (IuK-Technologien) ermöglicht werden) aus ökonomischer Perspektive diskutiert.[235] Dabei spielen Netzeffektgüter eine zentrale Rolle. Netzeffektgüter stellen Güter dar, die neben dem originären Nutzen über einen, durch das Netzwerk hervorgerufenen derivativen Nutzen verfügen, welcher sich durch die Häufigkeit der Nutzung des Gutes ergibt.[236] Als klassisches Beispiel wird in der Literatur oftmals das Telefon angeführt: Ein Telefon allein nützt wenig. Erst sobald weitere Personen über ein Telefon verfügen, gewinnt das Telefon des ersten Nutzers an Wert. Dieser Wert steigt mit der Anzahl der Personen, die über ein Telefon verfügen. In Märkten, auf denen positive Netzeffekte auftreten, basiert demzufolge der Wert eines Gutes (genauer des Netzeffektgutes) nicht mehr auf dessen Knappheit. So gesehen werden gewohnte ökonomische Realitäten auf den Kopf gestellt, denn der Wert eines Gutes steigt vielmehr mit der Zunahme von dessen Verbreitung. Es ist jedoch festzuhalten, dass es sich gerade beim Telefon

---

[235] Vgl. Weiber 2002c, S. 270ff.
[236] Vgl. Wendt/von Westarp/König 2000, S. 422ff.

um ein Wirtschaftsgut mit ausschließlich derivativem Nutzen und damit genau genommen um ein Systemgut handelt.

Geeignetere Beispiele für Netzeffektgüter stellen Personal Computer oder auch die Office-Suite von Microsoft dar: Sie sind für sich einzeln nutzbar (d.h., sie verfügen über einen originären Nutzen), ihr Nutzenwert steigt jedoch, je mehr Nutzer diese verwenden (derivativer Nutzen). Diese Beispiele verdeutlichen auch, welchen Stellenwert Standardisierung (Kompatibilität) für die Stärke der Netzeffekte einnimmt: Microsoft (MS) Word stellte lange Zeit einen Quasi-Standard zur Textverarbeitung dar, d.h. der Nutzer, der seine Texte in MS Word verfasste, konnte sicher sein, dass diese von Dritten auch gelesen werden konnten. Dieser Umstand führte zu einem natürlichen Monopol für Microsoft und damit auch zu hoher Rentabilität der Microsoft-Office-Suite. Im Zuge zunehmender Verbreitung von Open-Source-Software und der in diesem Zusammenhang zu nennenden freien Open-Office-Suite nehmen diese Effekte jedoch für Microsoft zugunsten der Gemeinschaft zunehmend ab. Es werden offene Standards deklariert, über die der Austausch von Dokumenten auch zwischen verschiedenen Softwares ermöglicht wird. Die so erreichte Interoperabilität zwischen verschiedenen Netzwerksystemen führt wiederum zur Realisierung von Netzeffekten auf einer Metaebene.[237]

Der originäre Nutzen eines AFG-Netzwerkes ergibt sich durch die Funktion der AFG als asynchrone Informationsstruktur zur einseitigen Informationsübermittlung. AFG-spezifische Magazine oder TV-Sendungen beispielsweise haben für AFG-Mitglieder einen bestimmten, konstanten, originären Nutzen. Erst durch das Interagieren mehrerer Individuen über interaktive, synchrone Kommunikationsmedien, wie z.B. Events oder Chat-Rooms im Internet, gewinnt die AFG jedoch als soziales Beziehungsnetzwerk an Bedeutung. AFG-Netzwerke können damit als Netzeffektgüter bezeichnet werden, deren Derivativnutzen mit jeder AFG-spezifischen Interaktion steigt. Je mehr Individuen an diesem Netzwerk durch die Orientierung an und dem Vergleich mit gleichgesinnten AFG-Mitgliedern partizipieren, umso effektiver wird die Informationsbeschaffung.

Die Wertsteigerung von Netzeffektgütern erfolgt nicht linear; es existiert vielmehr ein Schwellenwert, ab dem der wahrgenommene Nutzen für vorhandene wie potenzielle Nutzer angesichts des bereits vorhandenen Kundenvertrauens in die Höhe schnellt. Ist dieser Punkt des Erreichens der kritischen Masse einmal überschritten, steigen der Wert des Netzwerkes und dessen inhärenter Derivativnutzen rapide an. Der Zeitpunkt der Überschreitung dieses Schwellenwertes ist gleichzusetzen mit der Entwicklung der Szene zur AFG.

Dieser Umstand liegt nicht zuletzt im positiven Feedback-Kreislauf (Increasing Returns) begründet. Die dahinter stehende Annahme besagt, dass mit zunehmendem Anstieg der Nutzerzahlen eines Netzeffektgutes der Gesamtnutzen des Netzwerkes nicht nur steigt, sondern jeder zusätzlich gewonnene neue Nutzer weitere Nutzer nach sich zieht (Multipli-

---

[237] In diesem Sinne wird nicht nur auf die Auswirkung von Standards für positive Netzeffekte hingewiesen, sondern gleichsam ein Ansatz zur Begründung ihrer Entstehung geliefert.

kator-Effekt). Metcalfe's Law besagt in diesem Zusammenhang als Faustregel, dass der Gesamtnutzen eines Netzwerkes quadratisch mit der Anzahl der Benutzer dieses Netzwerkes wächst.[238] Dieses wird umso intensiver der Fall sein, je eher die für ein Netzwerk als besonders wirkungsvoll identifizierten Nutzer (Meinungsführer) zum Beitritt in das Netzwerk bewogen werden können.[239] Je mehr Interaktion im Zeitverlauf über das AFG-Netzwerk stattfindet, umso höher ist zudem der Lerneffekt der einzelnen Individuen sowie des gesamten Beziehungsnetzwerkes bezüglich der Nutzung von Kommunikationsmedien, -kanälen und -inhalten. Die Kosten der Informationssuche und Informationsverbreitung sinken mit steigender Ausdifferenzierung des Kommunikationsnetzwerkes und der Erfahrung der darin agierenden Individuen, wodurch der Gesamtnutzen des Netzeffektgutes weiter steigt (Lernkurveneffekt).

Der Nutzen, den AFG-Netzwerke für ihre Mitglieder haben, lässt sich in einen direkten und einen indirekten Nutzen unterteilen. Der direkte Nutzen ergibt sich aus den internen Informations-, Orientierungs- und Vergleichsfunktionen der AFG für ihre Mitglieder. Mit zunehmender Größe der AFG und deren Verbreitung in der Gesellschaft, steigt jedoch auch deren Vernetzung mit anderen, nahe verwandten AFGs. Diese Tatsache kommt den multioptionalen, amorphen Individuen zugute, die meist mehreren AFGs gleichzeitig angehören und erhöht durch diesen indirekten Nutzen den Gesamtnutzen einer AFG.

Das Wissen um die AFG-Netzwerkstrukturen und die damit verbundenen Netzwerkeffekte ist grundlegend, um effektives AFG-Management zu betreiben. Um jedoch das Potenzial der AFG-Netzwerke für ein Unternehmen nutzbar zu machen, bedarf es darüber hinaus der Integration des Unternehmens in dieses Netzwerk, was spezifische Netzwerkfähigkeiten des Unternehmens erfordert.

Will sich ein Unternehmen in eine AFG integrieren, muss es demnach willens und fähig sein, sich an den AFG-spezifischen Interaktionen zu beteiligen und damit seinen Beitrag zur Steigerung des Derivativnutzens des AFG-Netzwerkes zu leisten. Dies erfordert einerseits viel Zeit und persönlichen Einsatz von allen Mitarbeitern jeglicher Unternehmensbereiche und -ebenen, andererseits aber auch entsprechende strukturelle und technische Voraussetzungen, wie z.B. eine flache Hierarchie, kurze Kommunikationswege, eine entsprechende Aufgaben- und Kompetenzverteilung, intelligente CRM-Systeme, Internet-Connectivity etc.

Die Interaktion mit den AFG-Endkonsumenten (z.B. über den Austausch auf Messen, Events, Online-Portalen etc.) dient nicht nur der Wissensgenerierung bezüglich deren Bedürfnisse und Verhaltensweisen, sondern auch der Image- und Vertrauensbildung. Der kulturelle Fit zwischen dem Unternehmen und der AFG spielt daher eine entscheidende Rolle für die Beziehungsqualität und damit auch für den Erfolg der Integrationsbemühungen.

---

[238] Vgl. Odlyzkol/Tilly 2005.
[239] Umständen müssen hier Wechselkosten beachtet und kompensiert werden.

7.1.4 Organisatorische Herausforderungen auf B2C-Ebene

AFG-Management basiert auf einem umfangreichen und detaillierten Zielgruppen-Wissen und den damit verbundenen intensiven Kundenbeziehungen. Die Integration des Anbieters mit seiner Zielgruppe ist die logische Konsequenz des AFG-Ansatzes und fordert damit nicht nur eine spezifische Ausgestaltung des Marketing-Mix, sondern zudem eine strukturelle Öffnung in Richtung AFG. Integration auf organisatorischer, struktureller Ebene bedeutet demnach eine Verflechtung der Interaktionsnetzwerke von Anbieter und Nachfrager, was sich auf die Ablauf- wie auch Aufbauorganisation eines Unternehmens auswirkt.

Die Aufbauorganisation, d.h. die Abteilungsbildung sowie die Aufgaben- und Kompetenzgliederung im Unternehmen, muss in zweierlei Hinsicht an das Konzept des AFG-Managements angepasst werden.

Zum einen ist die Integration der Zielgruppe in die Organisation des Produzenten notwendig, d.h. die AFG muss Teil der Unternehmensstruktur werden. Konkret kann eine solche Integration über die Einbindung von AFG-Mitgliedern/-Insidern als z.B. AFG-Manager geschehen. AFG-Manager sind Personen, die selbst aktives Mitglied einer bestimmten AFG sind und über ein umfangreiches, detailliertes Expertenwissen im Bezug auf ihre AFG verfügen.[240] Diese Experten werden als eine Art Stabsstelle den Produktmanagern an die Seite gestellt, welchen sie als Wissenslieferant und Berater rund um ihre AFG dienen.[241] Sie bringen damit nicht nur die Szenekultur und das Szenewissen in das Unternehmen ein, sondern verfügen meist auch über hervorragende Kontakte in die Szene, die dem Unternehmen die Integration in das Beziehungsnetzwerk der sozialen Neigungsgruppe erleichtern. Dabei ist darauf zu achten, dass die AFG-Manager als Bindeglied zwischen AFG und Unternehmen fungieren und somit weder zeitlich noch ideologisch bzw. moralisch vollkommen an das Unternehmen gebunden werden sollten. Sie dienen nicht nur als Informationslieferant für das Unternehmen, sondern nehmen darüber hinaus eine Vermittlerposition zwischen der AFG und dem Unternehmen ein, die eine geistige und strukturelle Freiheit erfordert.

Auf der anderen Seite erfordert AFG-Marketing die Integration des Unternehmens in die Netzwerkstrukturen der AFG. Dies ist z.B. möglich durch die Besetzung repräsentativer und aktiver Positionen in institutionellen AFG-Vereinen/-Verbänden durch Persönlichkeiten der Unternehmensführung, durch das Initiieren verschiedenster Events oder durch das Zur-Verfügung-Stellen von Kommunikationsplattformen, wie beispielsweise Internetportale oder Fanzines. Damit wird nicht nur der Zugang zu einem umfangreichen und fundierten Wissen über die Zielgruppe erschlossen, sondern das Unternehmen gewinnt damit in den Augen der AFG-Mitglieder auch an Authentizität und Glaubwürdigkeit. Die Organisa-

---

[240] Vgl. Merks 1996, S. 39. Lettau forderte bereits vor 25 Jahren die komplette Abkehr von Produkt-Managern und deren Ersetzung durch Markt-Manager. Produkt-Management sieht Lettau als „Relikt der absatzorientierten Phase" (Produkting) und plädiert für ein echtes Marketing, welches er als Markt-Management definiert. Vgl. hierzu Lettau 1990, S. 13.
[241] Vgl. Nöthel 1999, S. 185ff.

tion in AFG-orientierten Unternehmen entspricht damit einer mehrdimensionalen Netzwerkstruktur zwischen Anbieter und Nachfrager.

Die Prozessgestaltung (Ablauforganisation) von Führungs- und Leistungsprozessen ist im Hinblick auf die Notwendigkeit einer reaktionsschnellen Anpassungsfähigkeit an die Bedürfnisse der Kunden möglichst unbürokratisch und dezentral zu gestalten. Kurze Entscheidungs-, Handlungs- und Kommunikationswege sind dabei von Vorteil. Durch die starke Vernetzung von Unternehmen und AFG entsteht ein sehr komplexes System, welches nur schwer durch formale, einheitliche Prozessvorgaben von Seiten der Unternehmensführung gesteuert werden kann. „Je komplexer ein System ist, desto weniger kann man es durch Befehle steuern. An die Stelle der planenden Vernunft muss deshalb eine Offenheit für Prozesse der Selbstorganisation treten. Und die Betonung liegt hierbei nicht auf Organisation, sondern auf Spontaneität."[242] Statische, deterministische Prozesse müssen daher durch dynamische, nichtlineare Prozesse abgelöst werden, um bewegliche Strukturen zu schaffen, die sich selbst organisieren. Die Hauptanforderung an die Organisationsgestaltung muss daher lauten: „Getting Flexible!"[243]. Besondere Bedeutung kommt somit der Rolle des Managers bzw. des Geschäftsführers zu. Er muss bereit und fähig sein, Aufgaben und Verantwortungen an z.B. AFG-Manager zu delegieren und selbst Teil der Zielgruppe zu werden.

Das langfristige Einbinden von AFG-Mitgliedern in die Unternehmensstrukturen und -prozesse, als AFG-Manager, ist ebenso wichtig, wie die kurzfristige Einbindung der Kunden in den Produktionsprozess. (Customer-Integration). Dies ist eine notwendige, aber noch keine hinreichende Voraussetzung für eine optimale Kundenbeziehung und Kundenbindung. Customer-Integration beruht auf einer einseitigen Integration der Kunden in die Strukturen und Prozesse der Produzenten.

Die Producer-Integration, also die Integration des Produzenten in die Strukturen und Prozesse seiner Zielgruppe, wird in Wissenschaft und Praxis bislang vernachlässigt. Dabei beruht eine intensive und effektive Beziehung immer auf Gegenseitigkeit. Erst die Definition der Zielgruppe als soziales Beziehungsnetzwerk, welche Grundlage des AFG-Ansatzes ist, ermöglicht eine Integration des Produzenten in seine Zielgruppe. AFG-Management kombiniert Customer-Integration und Producer-Integration und erreicht durch diese, auf Gegenseitigkeit beruhende Verschmelzung von Anbieter und Nachfrager, ein Höchstmaß an Beziehungsqualität.

7.1.5 Organisatorische Herausforderungen auf B2B-Ebene

Die strukturelle Öffnung des Unternehmens in Richtung AFG-Märkte betrifft nicht nur die Ebene der B2C-Kundenbeziehungen, sondern auch die Ebene der B2B-Geschäftsbeziehungen. Kooperationen spielen hier eine entscheidende Rolle. Um sich in

---

[242] Bolz/Bosshart 1995, S. 62.
[243] Stahl 1996, S. 121.

das AFG-Industrienetzwerk zu integrieren, sind Kooperationen auf horizontaler, vertikaler und lateraler Ebene unabdingbar.

Bei horizontalen Kooperationen arbeiten zwei (oder mehrere) Unternehmen zusammen, die in derselben Branche und auf derselben Wertschöpfungsstufe agieren, d.h. es handelt sich um Kooperationen zwischen Mitbewerbern bzw. Konkurrenten. Diese Kooperationen werden meist in Form von strategischen Allianzen verwirklicht, um gewisse Größenvorteile (Economies-of-Scale) zu generieren. Ein Paradebeispiel einer solchen horizontalen, strategischen Allianz ist die Star Alliance, ein Verbund von 27 Fluggesellschaften (u.a. mit Lufthansa und Air Canada).[244] Die Allianz ermöglicht durch einen gemeinsamen Bezug (z.B. von Kerosin) günstigere Einkaufspreise und erhöht zudem die Auslastung der einzelnen Flüge, indem überbuchte Flüge und Strecken auf andere Allianzpartner verteilt werden.

In AFGs können solche horizontalen Kooperationen v. a. im Bereich der Marktforschung sinnvoll und effektiv eingesetzt werden. Marktforschung ist für ein erfolgversprechendes AFG-Management unerlässlich, jedoch stoßen viele Unternehmen wegen des hohen Aufwandes (zeitlich und finanziell) besonders bei Primärforschungen an ihre Grenzen. Kooperationen können hier die Aufwendungen für jedes einzelne Unternehmen reduzieren.

Kooperationen entlang der Wertschöpfungskette werden als vertikale Kooperationen bezeichnet. Typische vertikale Kooperationen sind z.B. Partnerschaften zwischen einem Unternehmen und seinen Zulieferern. Der Mountainbike-Hersteller „Scott" beispielsweise konzentriert sich auf die Produktion von Rahmen und kooperiert bezüglich der restlichen Einzelteile (Bremsen, Gangschaltung, Federgabel etc.) mit vielen andern Unternehmen (Shimano, SRAM, Fox etc.).

Horizontale und vertikale Kooperationen sind meist unerlässlich, um sich als Unternehmen auf hart umkämpften Märkten behaupten zu können. Da man sich mit diesen Kooperationsformen jedoch nur in der eigenen Branche bewegt, sind diese Partnerschaften nicht ausreichend, um sich als Unternehmen umfassend in das komplette Netzwerk der AFG zu integrieren.

Laterale Kooperationen hingegen sind Partnerschaften zwischen Unternehmen unterschiedlicher Branchen und Wertschöpfungsstufen. Norco, ein kanadisches Unternehmen und einer der weltweit führenden Mountainbike-Hersteller, ging Anfang des Jahres 2006 eine solche vertikale Kooperation mit der kanadischen Fluggesellschaft Air Canada ein, indem jeder Käufer eines Norco-Mountainbikes zu einem Aufpreis von nur 49 Euro ein Flugticket nach Vancouver (Hin- und Rückflug) erwerben konnte.[245]

Auch wenn die Vorteile von Kooperationen durch die Spieltheorie belegt sind, fällt es Unternehmen oft schwer, diese Potenziale zu nutzen. Oft scheitern sie an einer mangelnden Kooperationsbereitschaft, d.h. Eigeninteressen werden starr verteidigt, ohne die Chancen und Potenziale einer Zusammenarbeit mit dem Gegenüber zu erkennen bzw. zu akzeptie-

---

[244] Star Alliance 2011, o.S.
[245] Vgl. Norco/Air Canada 2006, S. 39.

ren. Die Einsicht und Bereitschaft, andere AFG-Unternehmen primär als potenzielle Partner und nicht als Konkurrenten zu sehen, ist der erste Schritt zu einem erfolgreichen AFG-Netzwerkmanagement. Die Entwicklung einer solchen Kooperationsbereitschaft steht im Zusammenhang mit der Unternehmenskultur. Die Kooperationsfähigkeit hingegen steht in enger Verbindung mit dem Vermögen im Team zu arbeiten (unternehmensintern und unternehmensübergreifend). Neben der Teamfähigkeit der einzelnen Mitarbeiter sind zudem organisatorische Rahmenbedingen notwendig:

- Die strukturelle Gestaltung der verschiedenen Unternehmensbereiche muss entsprechend der strategischen Geschäftsfeldausrichtung erfolgen. So kann es bei einem Unternehmen, welches mehrere AFGs bearbeitet, sinnvoll sein, Abteilungen nach diesen AFGs auszurichten und nicht nach Funktionen. So könnte es z.B. eine Abteilung „Snowboard" und eine Abteilung „Skateboard" geben, denen einzelne Produktmanager zugeordnet werden. Dies erleichtert insbesondere die Teamzusammenstellung für unternehmensübergreifende Kooperationen.

- Abteilungsbildung und entsprechende Aufgabenzuweisungen sind wichtig, müssen jedoch stets Freiräume innerhalb eines verbindlichen, übergeordneten Rahmens gewähren. Freiraum für die Kernaufgaben und Kernkompetenzen jedes Beteiligten entsteht dann, wenn von der Unternehmensführung intelligent delegiert und Schnittstellen eindeutig geklärt werden. Erst dann kann jeder Mitarbeiter seine eigenen Interessen und Kernkompetenzen optimal im Team einbringen und umsetzen.

Die Kooperationsfähigkeit betrifft jedoch auch technische Aspekte, wie z.B. eine, entsprechend der Kooperationsanforderungen leistungsfähige, technische Ausstattung.

7.2 Management von sozialen Netzwerken und Online-Communities

7.2.1 AFG im Internet als Virtual Communities

Soziale Netzwerke wie Facebook, XING und Google+ sowie Online-Communities erfreuen sich bereits seit geraumer Zeit vor allem im Marketing, im Customer-Relationship-Management aber auch im Wissensmanagement gesteigerten Interesses in Wirtschaft, Politik und Wissenschaft.[246] Während soziale Netzwerke den primären Fokus auf die Vernetzung von Individuen auf familiärer, freundschaftlicher oder kollegialer Basis legen, finden sich Individuen in Online-Communities interessen- und leidenschaftsgeleitet zusammen und stellen daher einen primären Ansatzpunkt für die Bearbeitung von AFGs dar. Ursprünglich lassen sich diese Formen der Online-Institutionalisierung auf den Begriff der Virtual Community (Virtuelle Gemeinschaft), zurückführen, der erstmals 1993 durch Rheingold geprägt wurde: "Virtual Communities are social aggregations that emerge from

---

[246] Vgl. Weiber/Meyer 2000, S. 292ff.

the Net when enough people carry on those public discussions long enough, with sufficient human feeling, to form webs of personal relationships in cyberspace."[247] Virtual Communities können damit als traditionelle, soziale Gemeinschaften bezeichnet werden, die sich aufgrund von dauerhaften, emotional aufgeladenen Kommunikationsprozessen in neuen Interaktionsmedien herausbilden.[248]

Virtuelle Gemeinschaften sind nicht lokal beschränkt, sondern prinzipiell global. Die gemeinsame Örtlichkeit der Mitglieder im physischen Sinn kann, muss aber nicht gegeben sein. Entscheidend ist, dass sich virtuelle Gemeinschaften auf virtuell existierenden Plattformen (Portalen) zusammenfinden und damit gemeinsame Orte der Interaktion im Internet manifestieren. Die Kommunikation erfolgt dabei mittelbar durch die Verwendung moderner IuK-Technologien.

In virtuellen Gemeinschaften entscheiden die Individuen auf Basis ihres subjektiven Relevanzsystems darüber, welche Art von Beziehung sie zu welchem Zweck eingehen wollen.[249] Zudem beschränken sich die multioptionalen und amorphen Individuen nicht auf die Zugehörigkeit zu einer einzigen Gemeinschaft bzw. AFG. Dabei kommt ihnen der Umstand zugute, dass sich Virtual Communities durch besonders weiche Inklusionsbedingungen und problemlose Exit-Optionen auszeichnen.[250] Das beliebige Eintreten in die bzw. Austreten aus der Gemeinschaft ist in Virtual Communities i. d. R. ohne ernsthafte soziale und finanzielle Konsequenzen möglich.

Im Gegensatz zu traditionellen, physisch verorteten Gemeinschaften zeichnen sich virtuelle Gemeinschaften nicht durch eine dauerhafte Bindung aller Mitglieder aus. Zwar können durchaus dauerhafte Bindungen entstehen, jedoch trifft dies nur auf eine Kerngruppe, die so genannten „Regulars" zu, die durch ihre langfristigen und regelmäßigen Interaktionen zur Bildung und Weiterentwicklung des Netzwerkes beitragen. Ein weitaus größerer Teil der Teilnehmer an Virtual Communities zählt entweder zur Gruppe der mittelhäufigen Nutzer oder partizipiert in der Rolle des Zufallsgastes oder „Free Riders" nur kurzfristig an den Gemeinschaftsaktivitäten, um ein akutes Problem zu lösen oder momentane Bedürfnisse zu befriedigen.[251] Das Spektrum virtueller Interaktion reicht damit von starken Bindungen bis hin zu zufälligen, einmaligen Begegnungen. Je nach Typus und Vernetzungsgrad kann folglich das virtuelle Beziehungsnetzwerk mehr oder weniger Gemeinschaftscharakter haben.

Anstelle einer Vielfalt gemeinsamer Interessen und Aktivitäten findet in Virtual Communities eine Spezialisierung auf ein bestimmtes Thema statt.

Virtual Communities können demnach als fokussierte, virtuelle Beziehungsnetzwerke

---

[247] Rheingold 1993, S. 5.
[248] Rheingold spricht sogar in idealistischer, sozialutopischer Weise von einer „virtuellen Vergemeinschaftung"; vgl. Rheingold 1993, S. 63ff.
[249] Vgl. Pawlowitz 2001, S. 24.
[250] Vgl. Heintz/Müller 2000, S. 4.
[251] Vgl. Herstatt/Sander 2004, S. 4.

verstanden werden. Virtualität definiert Scholz als „die Eigenschaft einer Sache […], die zwar nicht real ist, aber doch in der Möglichkeit existiert; Virtualität spezifiziert also ein konkretes Objekt über Eigenschaften, die nicht physisch, aber doch der Möglichkeit nach vorhanden sind"[252]. Demnach impliziert Virtualität den Bezug auf ein konkretes Objekt (Virtualität per se existiert nicht), dem bestimmte physikalische Eigenschaften fehlen und dessen zu virtualisierende Eigenschaften folglich mittels moderner IuK-Technologien realisiert werden können.

Vergleicht man die in den vorangegangenen Kapiteln erfolgte Definition einer AFG mit dem Verständnis der Virtual Community, so fällt auf, dass in beiden Konzepten der Charakter des Beziehungsnetzwerks, welches sich auf Basis des gemeinsamen Interessenfokus bildet, zentral ist. Die Unterscheidung der Akteurstypen einer AFG und ihre Positionierung in einem Kontinuum von temporär Interessierten bis hin zum hochinvolvierten Szenekern, die wesentliche Bedeutung von Kommunikation und Interaktion der AFG-Mitglieder und die daraus resultierende Netzstruktur finden sich in der Auseinandersetzung mit der Gemeinschaftskomponente der Virtual Communities wieder. Virtual Communities können somit als virtuelle Ausprägungen von realen AFGs bezeichnet werden.

7.2.2 Internet-Channels – zentral für die Kommunikation einer AFG

AFGs funktionieren auch als Regionen und Länder übergreifende Netzwerke von Konsumenten und Anbietern in leidenschaftsgetriebenen Märkten. Ein wesentlicher Teil der Kommunikation und Interaktion innerhalb dieser Netzwerke läuft daher über das Internet. Auf spezifischen Online-Portalen tauschen sich AFG-Mitglieder über ihre Affinität aus und informieren sich über AFG-spezifische Neuigkeiten. Diese virtuellen Plattformen bzw. Channels sind essenzieller Bestandteil der sozialen Beziehungsnetzwerke, stellen einen optimalen Ansatzpunkt zur Integration mit der AFG dar und sollten daher eine entsprechende Berücksichtigung im AFG-Management eines Unternehmens finden. Besonders für wertbasiertes AFG-Kunden-Management und AFG-Wissensmanagement spielen AFG-Portale eine Schlüsselrolle.

AFG-Channels – Online-Portale als Knotenpunkte von Virtual Communities
Onlineportale sind virtuelle Plattformen der AFG-Organisation. Sie stellen die Knotenpunkte im virtuellen Kommunikationsnetzwerk dieser Gruppen dar und verdienen daher besondere Beachtung bei der Integration eines Unternehmens mit den Teilnehmern von AFG-Märkten.

Portale (Channels) sind Integrationsplattformen für Informationen, Anwendungen und Prozesse, die Benutzern über eine einheitliche Benutzeroberfläche einen zentralen, personalisierten, bedarfsgerechten Zugriff auf Informationen, Inhalte, Dienste und Prozesse auf Basis eines koordinierten Berechtigungsmanagements bieten. Diese sehr allgemeine Defini-

---

[252] Scholz 1994, S. 5.

tion lässt sich je nach Anwendergruppe und Anwendungsspektrum um spezifische Merkmale erweitern.

Vertikale Online-Portale wie z.B. Golf.de oder MTB-News.de sind konsumentenorientierte Plattformen, die als zentrale Anlaufstellen für AFG-Mitglieder und -Interessierte fungieren. Diese Portale dienen jedoch fast ausschließlich der Kommunikation und Interaktion von Konsumenten. Zwar werden Informationen zu bestimmten AFG-Unternehmen zur Verfügung gestellt, jedoch werden diese Unternehmen nicht direkt in diese Beziehungsnetzwerke eingebunden. Unternehmen haben auf solchen Portalen nur indirekt die Möglichkeit, mit den AFG-Mitgliedern in Kontakt zu treten, beispielsweise über die Schaltung von Werbebannern, Sponsoring oder eine Webseitenverlinkung. Vertikale Unternehmensportale, wie z.B. Kooperationsportale oder Prozessportale, hingegen vernetzen diverse Unternehmen, meist mit dem Ziel, bestimmte Produktionsschritte effizienter zu gestalten oder Skaleneffekte zu generieren. Ein Beispiel für Prozessportale sind z.B. Lieferantenportale in der Automobilindustrie, über die der Hersteller seinen Lieferanten Lagerbestandsinformationen sowie Produktspezifikationen verfügbar machen kann. Die Einbindung des Konsumenten wiederum findet hier meist nicht statt.

Da AFGs aus Konsumenten und Anbietern bestehen und diese gemeinsam die Entwicklung der AFG-Netzwerkstruktur vorantreiben, sind weder Konsumenten- noch Unternehmensportale ausreichend, um AFGs virtuell abzubilden. AFG-Channels sollten daher eine integrierte Onlineplattform für Unternehmen und Konsumenten darstellen (siehe **Abbildung 7.6**).

Abbildung 7.6   AFG-Channels

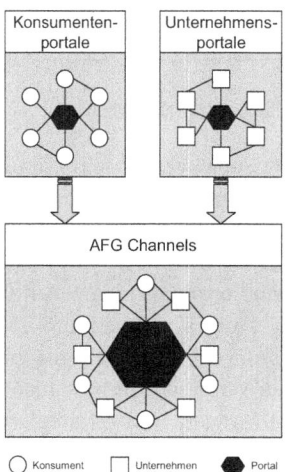

Channels als Basis der Integration von AFG-Märkten

Online-Channels sind das Herzstück weltweit vernetzter AFGs und damit die Basis der Integration eines Unternehmens in diese Netzwerkstrukturen. Unabhängig davon, ob man als Unternehmen bestimmte AFG-Channels anbietet bzw. initiiert oder diese nur als Interaktionsplattform mit seiner Zielgruppe nutzen möchte, müssen AFG-Channels einigen Anforderungen gerecht werden, damit sie eine weitreichende und stabile Integration ermöglichen.

Um als Knotenpunkt im Beziehungsnetzwerk einer AFG zu fungieren, müssen AFG-Channels über alle drei Wertschöpfungsstufen eines Online-Portals hinweg (Information, Kommunikation, Transaktion), sowohl für Unternehmen als auch für Konsumenten, Community-bildende Aufgaben erfüllen. AFG-Channels sind mehr als reine Informationsplattformen. Sie dienen der Interaktion sowie der Entwicklung des AFG-Netzwerkes und erfordern daher spezifische Funktionalitäten und technische Voraussetzungen. Auf allen drei Wertschöpfungsstufen müssen die Interaktionen personalisiert werden, um den Individuen den Freiraum zur persönlichen Entfaltung ihrer Affinität zu ermöglichen.

Abbildung 7.7 Wertschöpfungsstufen von AFG-Channels

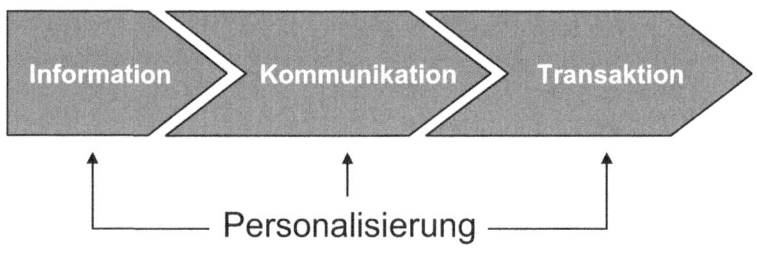

Channels für Information der AFG-Netzwerkpartner

Abhängig vom jeweiligen Affinitätsobjekt und dem darauf bezogenen Involvement, sind alle Akteure des AFG-Channels mit einem mehr oder weniger ausgeprägten Spektrum von Informationsbedarfen und bestehenden Informationsdefiziten konfrontiert. Standardisierte Alltagsprodukte erzeugen dabei i. d. R. weniger Informationsbedarf als komplexere Produkte. So gestaltet sich der Informationsbedarf beim Autokauf oder beim Abschluss einer Altersvorsorge-Versicherung um einiges aufwändiger als beim Kauf alltäglicher Gebrauchsgegenstände wie etwa einfacher Haushaltsgegenstände. Eine Suche im World-Wide-Web (WWW) ist aus diesen Gründen oftmals nicht befriedigend, da deren Erfolg stark von individuellen Sucherfahrungen und -strategien abhängig ist, und zudem die Benutzerschnittstellen der Suchmaschinen nicht die Ausdrucksmächtigkeit natürlicher Sprache unterstützen, was schnell zu kognitiver Überlastung bei Informationssuchenden führt.

AFG-Channels sind auf ein bestimmtes Affinitätsobjekt fokussierte Portale und eignen sich in diesem Sinne hervorragend, um den tatsächlichen Informationsbedarf innerhalb eines iterativen, Community-gestützten Kommunikationsprozesses herauszuarbeiten und zu befriedigen. Je mehr Informationen den AFG-Mitgliedern auf einem Channel geboten werden und je spezifischer, qualitativer und umfangreicher diese Informationen sind, umso zentraler wird die Position des Channels im Kommunikationsnetzwerk der AFG sein. Informationen können dabei in einer Art Review-Prozess von den Nutzern solcher AFG-Channels bestätigt, kritisiert und ergänzt werden. Die Informationsversorgung stellt eine wesentliche Motivation zur Teilnahme an einem AFG-Channel dar und zieht im besten Fall, bei entsprechend realisierten Anreizsystemen, auch die Informationsproduktion durch die AFG-Mitglieder nach sich. Ein Beispiel für eine solche Informationsproduktion ist die Rezensionsfunktion von Amazon (www.amazon.de). Hier können sich Interessierte nicht nur über ein bestimmtes Buch informieren, sondern zudem in einer Rezension anderen ihre Erfahrungen und Bewertungen zu diesem Buch mitteilen. Dies hat für den Betreiber den Vorteil, dass nur ein geringer unmittelbarer Produktionsaufwand für Inhalte anfällt und sich die Kostensituation mit zunehmender Anzahl der Mitglieder verbessert. Zusätzlich können durch Content-Syndication[253] Inhalte von Drittanbietern in den AFG-Channel integriert werden, sodass die Inhaltsgenerierung durch den Betreiber und damit auch die Kostenintensität auf ein Minimum reduziert werden kann.

Ein Tool zur Generierung von Informationen durch die Nutzer sind so genannte Weblogs (kurz Blogs genannt). Bei Blogs handelt es sich um periodisch aktualisierte, chronologisch absteigend angeordnete Online-Publikationen, die persönliche Gedanken und Meinungen zu diversen Themen enthalten, ausdrücklich über Kommentarfunktionen zur Diskussion anregen sowie einen hohen Verlinkungsgrad (innerhalb der Blogger-Community über so genannte Trackbacks[254] sowie zu externen Seiten) aufweisen. Weblogs bieten nicht nur Informationen, sondern führen zu anderen Informationen und vernetzen diese. Durch das zentrale Element der Verlinkung und den Einsatz kollaborativer Filter (z.B. Blogrolls) entstehen Meinungs- und Informationsnetzwerke innerhalb der AFG.

Für Unternehmen, die über solche Channels mit der AFG vernetzt sind, bietet sich hier die Möglichkeit, detaillierte Nutzerprofile zu gewinnen, diese Zielgruppeninformationen effektiv zu managen und in der Folge spezifische Marktbearbeitungskonzepte zu erstellen. Neben den Attraktivitätsvorteilen der Wissensgenerierung und dem damit in Zusammenhang stehenden Innovationspotenzial ist noch ein weiteres Charakteristikum der innerhalb des AFG-Channels produzierten Informationen zu identifizieren. Diese zeichnen sich i. d. R durch eine relativ hohe Objektivität aus, da sie von einer Vielzahl von Mitgliedern erstellt und bearbeitet werden. Diese inhärente Objektivität und die oftmals damit assoziierte

---

[253] Mit Online-Content-Syndication wird die zeitgleiche Verwertung von Informationsprodukten in verschiedenen Online-Angeboten und -Medien bezeichnet, die durch die Etablierung von Standards wie dem Resource-Description-Framework (RDF) und der Rea-Simple-Syndication (RSS) auf einfache Weise und in großem Umfang ermöglicht wird. Vgl. Hess/Anding 2002, S. 165 ff.; Vgl. Christ 2003, S. 31f., S. 43f., S. 115ff.

[254] Als Trackback wird die Funktion innerhalb von Weblogs bezeichnet, mit der Informationen über Kommentare durch einen automatischen Benachrichtigungsdienst unter verschiedenen Weblogs ausgetauscht werden können.

Neutralität des Mediums stellen wesentliche Attraktivitäts- und Glaubwürdigkeitsfaktoren dar, die zum Aufbau des für erfolgreiche Transaktionen notwendigen Vertrauenskapitals führen.

Channels sichern Kommunikation mit der AFG
Die Bereitstellung von Informationen allein ist nicht ausreichend, um AFG-Channels als essenzielle Bestandteile in einer AFG zu positionieren. Die Kommunikation ist die Grundlage aller Interaktionen der AFG-Mitglieder untereinander und stellt daher einen der wesentlichsten Erfolgsfaktoren von AFG-Channels dar. Aufgrund der Bedeutung der Kommunikation als strukturbildende Netzwerkfunktion ist es für AFG-Channels erforderlich, Eins-zu-Eins-, Eins-zu-Vielen- wie auch die Viele-zu-Vielen-Kommunikation über synchrone wie asynchrone Kommunikationskanäle mit Hilfe verschiedenster Tools zu unterstützen. Unerlässlich sind dabei z.B. Chat- und Diskussionsforen, E-Mail-Funktion und Newsletter. Die kontinuierliche Weiterentwicklung der IuK-Systeme und die weite Verbreitung von Breitband-Internetzugängen ermöglichen mittlerweile, zumindest technologisch gesehen, die Realisierung von aufwändigeren und effektiveren Applikationen wie webbasierten Live-Netmeetings und webbasierter Voice over IP-Kommunikation (VoIP), die ebenfalls einen hohen Beitrag zur Entwicklung des AFG-Netzwerkes leisten können. Als primäres Problem mittelbarer Kommunikation über virtuelle Kanäle kann allgemein die unzureichende Abbildung der Beziehungsebene identifiziert werden. Hier geben die Media-Richness- und Media-Choice-Theorie Gestaltungsempfehlungen in Abhängigkeit von der Komplexität der Aufgabe.[255]

Grundsätzlich wächst das Potenzial des AFG-Channels, je stärker das Zusammengehörigkeitsgefühl gefördert wird, was Voraussetzung für die Entstehung und Entwicklung einer sozialen Norm der Kooperation ist. Die AFG-Mitglieder müssen auf dem Channel die Möglichkeit haben und dazu animiert werden, durch eigene Beiträge die Community aktiv mitzugestalten. Durch die Förderung der AFG-Kommunikation im virtuellen Raum werden zudem Kapazitäts- und Flexibilitätsgrenzen überwunden, d.h. mit dem Ausmaß und der Intensität der Interaktionen innerhalb des AFG-Channels steigt die kollektive Expertise dieses Kommunikationsnetzwerkes. „Durch den offenen Austausch in Communities können und sollen Synergieeffekte und innovative Impulse insbesondere durch Interaktionen zwischen verschiedenen Experten hervorgerufen werden; durch den informellen und strukturell unabhängigen Charakter von Communities lassen sich bereichs- und fachübergreifendes Denken und Problemlösen fördern."[256] Aufgrund des enormen Wissens, welches durch die grenzüberschreitende Kommunikation generiert wird, können AFG-Channels daher auch als Innovationstreiber der AFGs bezeichnet werden. Für Unternehmen, die sich einem solchen AFG-Channel anschließen wollen, um damit die Integration mit der AFG zu erreichen, bedeutet dies, dass sie über synchrone Kommunikationskanäle möglichst viel zur kollektiven Expertise beitragen sollten. Der Community-Charakter der AFG-Channels verspricht dabei, sowohl Informationsasymmetrien abzubauen und in der Folge Transaktionskosten zu verringern als auch Probleme des Konsumentenvertrauens, die im Internet

---
[255] Vgl. Picot/Reichwald/Wigand 2001, S. 88ff.; vgl. Reichwald 1999, S. 230ff.
[256] Reinmann-Rothmeier 2000, S. 13.

wie in keinem anderen Distributionskanal zutage treten, zu mindern und somit Transaktionen zu erleichtern.[257]

Channels ermöglichen Transaktion zwischen AFG-Anbietern und –Nachfragern
AFG-Channels müssen nicht nur die Information und Kommunikation innerhalb der AFG unterstützen, sondern darüber hinaus auch Transaktionen zwischen den Teilnehmern dieses Netzwerkes ermöglichen.

Ob Reservierung eines Hotelzimmers oder Bestellung einer Ware, der Konsument kann auf einem AFG-Channel direkt mit den Unternehmen in Beziehung treten und einen Leistungsaustausch vollziehen. Dabei kommt beiden Partnern im Gegensatz zu konventionellen Online-Shops oder virtuellen Marktplätzen der Umstand zugute, dass sie derselben AFG angehören und somit Vertrauenskapital aufgebaut und Transaktionskosten gesenkt werden.

Mit zunehmender Etablierung der AFG in der gesellschaftlichen Wahrnehmung kommt es zu einer Ausdifferenzierung des Leistungsangebotes auf diesen Channeln. AFG-nahe Produkte und Dienstleistungen werden nicht nur von Unternehmensseite an die AFG herangetragen, sondern werden mit steigender Heterogenität der AFG von den Mitgliedern auch gefordert.

Richtig erkannt, kann auf diese Weise der Umsatz mit dem einzelnen Mitglied ausgeweitet werden, indem ihm auch ursprünglich affinitätsfremde Leistungen angeboten werden. Auf diese Weise kann der Customer-Lifetime-Value (CLV)[258] – oder treffender ausgedrückt, der Member-Lifetime-Value (MLV) – maximiert werden, welches sich aufgrund der i. d. R. hohen Kosten bei der Akquisition von Neu-Mitgliedern ebenfalls positiv für die Betreiber der AFG-Channels auswirkt.

Channels mit Push- & Pull-Personalisierung ausstatten
Die AFG insgesamt wie auch AFG-Channels im Speziellen müssen den gesellschaftlichen Trend der Gruppenindividualisierung berücksichtigen und den Individuen die Möglichkeit zur freien Entfaltung und individuellen Ausgestaltung ihres affinitätsgetriebenen Lebensstils innerhalb einer Gruppe Gleichgesinnter geben.

AFG-Channels ermöglichen diese Individualisierung durch eine Push- und eine Pull-Personalisierung. Im Rahmen der Pull-Personalisierung wird es dem Mitglied ermöglicht, den AFG-Channel den eigenen Präferenzen gemäß, d.h. filternd im Sinne des Interesses des Mitglieds anzupassen.

Im Rahmen der Push-Personalisierung werden dem Mitglied auf Basis von Web-Usage-

---

[257] Vertrauensprobleme treten immer dann auf, wenn der Vertrauensgeber (der Prinzipal bzw. Kunde) freiwillig eine riskante Vorleistung (Kauf einer Leistung) gegenüber dem Vertrauensnehmer (Agent bzw. Anbieter der Leistung) erbringt. Sie resultiert aus der Annahme begrenzter Rationalität und Opportunismus menschlichen Informationsverhaltens. Vgl. Picot/Reichwald/Wigand 2001, S. 124ff.
[258] Vgl. Hofmann/Mertiens 2000; vgl. Kumar 2008.

Mining (insbesondere kollaborativen Filtern und Assoziationsregeln) bestimmte Empfehlungen ausgesprochen. Das Web-Usage-Mining befasst sich allgemein mit der Nutzung von Webinhalten mit dem Ziel, deren Relevanz für andere Mitglieder anhand von Nutzungsmustern zu prognostizieren. In diesem Sinne erfüllt die Push-Personalisierung die Funktion eines Recommender-Systems. Der Einsatz derartiger Recommender-Systeme in AFG-Channels erscheint insbesondere vor dem Hintergrund des oftmals nur diffus bekannten Informationsbedarfs des Suchenden von Vorteil. Das klassische Beispiel für Recommender-Systeme findet sich bei Amazon. Während des Stöberns in den virtuellen Bücherregalen werden bei jedem Produkt weitere Empfehlungen der Art „Kunden, die dieses Buch gekauft haben, haben auch diese Bücher gekauft" eingeblendet und somit dem Kunden relevante Angebote auf Basis historischer Auswertungen unterbreitet.

AFG-Mitgliedern muss zudem über die Nutzung eines bestimmten AFG-Channels die Möglichkeit geboten werden, ihre Zugehörigkeit zu einer bestimmten AFG zum Ausdruck zu bringen und sich von anderen Individuen und AFGs abzugrenzen. Zur Förderung dieses Community-Gedankens sind bestimmte technische Voraussetzungen nötig. Zum einen muss es den Mitgliedern möglich sein, über die Registrierung im AFG-Channel ihrer Mitgliedschaft einen Anstrich von Exklusivität zu geben. Auch wenn der Registrierungsprozess rein formaler Natur ist und i. d. R. keine ernsthafte Hürde darstellt, dient er als Signal des Eintritts in die AFG nach innen und nach außen. Zum anderen können bestimmte Mehrwertdienste, wie z.B. die kostenlose Zurverfügungstellung einer eigenen E-Mail-Adresse oder eines eigenen Weblogs innerhalb des AFG-Channels, die Identifikation und Integration mit der AFG weiter erhöhen.

7.2.3 Aktivitätsdimensionen im E-Business für AFG-Management nutzen

Um sich ein Gesamtbild machen zu können, welche wichtige Bedeutung das Management von Virtual Communities im Rahmen des AFG-Managements hat, ist es notwendig, die grundlegenden Aktivitätsdimensionen des E-Business näher zu betrachten. AFG-Channels, die sich als eine ideale Plattform zur Kommunikation mit der Community auszeichnen, sind geeignete Instrumente zur Verbindung der Informationen auf der Markt- und der Unternehmensebene.

Im Rahmen eines wettbewerbsorientierten Informationsmanagements des Electronic Business spricht Weiber von einem Informationsdreisprung.[259] Dieser bezeichnet den Informationsprozess, der die Integration von Markt- und Unternehmensprozessen zum Ziel hat. Er ist die Voraussetzung dafür, dass die in der Informationstechnik vorliegenden Vorteilspotenziale auch in Wettbewerbsvorteile verwandelt werden können. Hier sollen Markt- und Unternehmensinformationen integriert und im Leistungserstellungsprozess aufeinander abgestimmt umgesetzt werden. Er basiert daher auf einer Vielzahl „klassischer" Informationsprozesse, die auf Unternehmens- und auf Marktebene angesiedelt sind.

---

[259] Vgl. Weiber 2002a, S. 19ff.

Im E-Business ergeben sich drei grundlegende Aktivitätsfelder, die gleichzeitig Basis des wettbewerbsorientierten Informationsmanagements sind: Marktprozess-Management, Geschäftsprozess-Management und Supply-Chain-Management (siehe **Abbildung 7.8**).[260] Diese Managementaufgaben sind im Rahmen des AFG-Managements genau zu analysieren, damit entsprechende Abstimmungen im Unternehmen vorgenommen werden können. So befasst sich das Marktprozess-Management mit der Marktkommunikation und der Präsentation von Leistungsangeboten sowie der Abwicklung von Transaktionen. Hierbei ist es besonders wichtig, individuelle Kundeninformationen zu gewinnen, um somit ein größeres und besseres Wissen über die Nachfrager und Konsumenten zu besitzen. Im Rahmen des Geschäftsprozess-Managements werden die am Markt gewonnenen Informationen in Prozessinformationen transformiert. So wird eine Steuerung der Geschäftsprozesse möglich, die zur effizienten und effektiven Leistungsgestaltung notwendig sind. Wissensmanagementsysteme, meistens umgesetzt durch so genannte „Enterprise Resource Planning"-Systeme (ERP-Systeme), unterstützen diesen Vorgang. Das Supply-Chain-Management dient vorwiegend zur Koordinationsplattform mit anderen Wertschöpfungspartnern.

Abbildung 7.8   Aktivitätsdimensionen des wettbewerbsorientierten Informationsmanagements

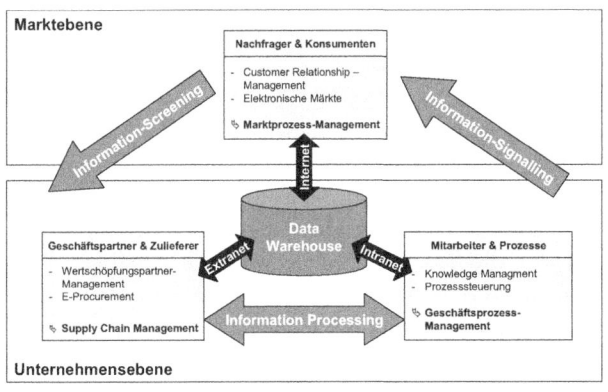

Quelle: Weiber 2002b, S. 167.

Darauf aufbauend gelingt es einem Unternehmen mit Hilfe von AFG-Channels, nicht nur umfassende und umfangreiche Informationen über eine einzelne AFG zu generieren (Information-Screening), sondern auch die gewonnenen Informationen in bestehenden Prozessen zu nutzen (Information-Processing). Hiermit wird der Versuch unternommen, eine im Vergleich zu den Wettbewerbern attraktivere Leistung anzubieten. Die Integration der AFGs in den Leistungserstellungsprozess kann in diesem Zusammenhang eine bedeutende Rolle spielen. Mittels Information-Signalling soll den Nachfragern höherwertige Informati-

---

[260] Vgl. Weiber 2002b, S. 166ff.

onen angeboten werden, um sie durch passende Vermarktungsaktivitäten von der Vorteilhaftigkeit und somit der Effektivität des Leistungsangebots des Unternehmens zu überzeugen.[261] Gerade durch den AFG-Channel wird gleichfalls eine hohe Beziehung zu den Kunden aufgebaut, die es zu nutzen gilt.

7.2.4 E-Business-Fähigkeiten entwickeln

Für die strategische Planung, Entwicklung und Nutzung von E-Business-Aktivitäten werden von einem Unternehmen neue Kenntnisse und Fähigkeiten gefordert. So ist nicht nur ein allgemeines Verständnis von Gesetzmäßigkeiten und Funktionsweisen des E-Business notwendig, sondern auch eine Strategie zur optimalen Implementierung von E-Business in alle Unternehmensfunktionen.

Oftmals vernachlässigen viele Unternehmen das wirkliche Potenzial einer durchdachten E-Business-Strategie. Unter dem Einsatz von E-Technologien sind daher Koordination sowie Integration von Geschäfts-, Kommunikations- und Transaktionsprozessen vorzunehmen. Die neuen IuK-Technologien bieten auf allen Ebenen (via Intranet, Internet und Extranet) eine effiziente Plattform zur Erhebung und Verarbeitung individueller Wünsche der Transaktionspartner. Im Marktprozess müssen die Kommunikationsaktivitäten des Unternehmens sowie Transaktionsabwicklungen mit den Kunden koordiniert werden. CRM-Systeme auf Grundlage von Database-Marketing spielen hier eine wichtige Rolle und helfen bei der Beurteilung und Auswahl interessanter Kunden. Im Geschäftsprozess kommt es vor allem auf die Organisation und Koordination der internen Prozesse an. Modularisierung und Knowledge-Management dienen dabei als wichtige Voraussetzungen. Die Koordination der Wertschöpfungspartner über das Supply-Chain-Management ermöglicht die Optimierung der unternehmensübergreifenden logistischen Wertschöpfungskette. Gerade die elektronische Beschaffung über das Internet (mittels E-Procurement-Lösungen) steht hier im Mittelpunkt des Interesses.[262] Eine umfassende integrierte E-Business-Plattform stellt den Geschäftseinheiten ein effizientes Instrumentarium zur Verfügung. Dieses ermöglicht ihnen auf der Ebene der Vertriebskanäle, bei der Überbrückung der Schnittstellen der Kerngeschäfte sowie bei der Lösungsorientierung noch besser auf die Bedürfnisse und die Anliegen der Kunden, Geschäftspartner und Mitarbeiter eingehen zu können.

---

[261] Vgl. Weiber 2002a, S. 16ff.
[262] Vgl. Weiber 2002b, S. 166ff.

7.3 AFG und Wissensmanagement

7.3.1 Der Ansatz der wissensbasierten Organisation ("Knowledge-Management")

Vernetzte Kommunikationsstrukturen führen zu neuen Anforderungen an Unternehmen, um auf Märkten der Zukunft bestehen zu können. Die Akzeptanz multimedialer Innovationen ist von entscheidender Bedeutung, da nur durch die Nutzung der multimedialen Informationssysteme sowohl auf Unternehmens- als auch auf Kundenseite etablierte Kommunikationskanäle entstehen. Ziel der Nutzung für Unternehmen ist es, Informationen über Marktteilnehmer zu sammeln, besonders über potenzielle Kunden. Nur so ist es möglich, kundenorientierte Produkte und Dienstleistungen anbieten zu können. Informationssysteme stellen ein strategisches Instrument dar, weil sie Kundenwünsche individueller, wirkungsvoller, schneller und kostengünstig erfassen, wodurch die Reaktionsfähigkeit effektiver und effizienter gestaltet werden kann. Database-Marketing gewinnt daher zunehmend an Bedeutung.

Vernetzte Informationssysteme führen nach Weiber zu einer Zweiteilung der relevanten Marktsysteme:

1. Physische Welt → Marketplace → traditionelle Probleme der realen Wertkette
2. Virtuelle Welt → Marketspace → digitalisierte Informations- und Kommunikationswege. Es handelt sich um Marktplätze, auf denen Informationen gehandelt, weiterverarbeitet und eingesetzt werden, wodurch virtuelle Wertschöpfungsketten entstehen.

Die über den Marketspace gewonnene Information bildet eine autonome Quelle für Wettbewerbsvorteile. Durch Umsetzung der Information in Produkte und Services können Wettbewerbsvorteile sowohl an Marketspace als auch im Marketplace erzielt werden, d.h., durch Informationsleistungen unterstützt der Marketspace nicht nur Produkte am Marketplace, sondern es können auch neue Produkte geschaffen werden, die am Marketspace vermarktet werden.[263]

Informationssysteme bewerkstelligen nicht nur die Erfassung der Informationen von Marktteilnehmern, sondern erreichen vielmehr den Aufbau von umfangreichem Marktwissen. Auch ohne direkt Wissensmanagement systematisch zu betreiben, wird in einem Unternehmen täglich Wissen gesammelt, umgewandelt und weitergeleitet. Wissen als eine sehr wichtige strategische Ressource muss für einen anhaltenden Wettbewerbsvorsprung Kompetenzen aufbauen und Fähigkeiten bzw. Fertigkeiten nutzen, damit sich ein Unternehmen gegenüber der Konkurrenz behaupten kann.[264]

Im Kontext einer wissensintensiven Wertschöpfung ist es zunehmend wichtig, Informatio-

---

[263] Vgl. Weiber 2002b, S. 163ff.
[264] Vgl. Bach/Österle 1999, S.24f.

nen und Wissen als strategische Ressource zu nutzen.

Unter Wissensmanagement werden alle organisatorischen, personellen und technischen Maßnahmen mit dem Ziel der effizienteren Nutzung von Wissen verstanden.[265] Wissen kann durch seinen Einsatz als einzige Ressource die Positionierung eines Unternehmens bzw. die Nichtimitierbarkeit eines Produktes begründen, während andere Ressourcen nur noch begrenzt das Erfolgspotenzial eines Unternehmens steigern können. Das vorhandene Wissen ist von entscheidender Bedeutung, um eine schnelle, gezielte und verständliche Bereitstellung der gesuchten Information zu gewährleisten. Dabei ist das Wissen in einer Organisation häufig sehr stark verteilt und unstrukturiert. Nicht nur das elektronische, sondern auch das Wissen in den Köpfen der Mitarbeiter muss daher aufbereitet und so kommunizierbar werden. So befinden sich laut einer Studie der Delphi Group 42 % des Wissens in einem Unternehmen in den Köpfen der Mitarbeiter.[266] Mitarbeiter sichern durch ihre gesammelten Erfahrungen, angefertigten Berichte, entworfenen Konzepte und anderen Arbeiten den Erfolg des Unternehmens. Durch ein Wissensmanagementsystem kann eine einfache Veröffentlichung von Dokumenten bezüglich relevanter Themen ermöglicht werden. Außerdem kann Wissen allen Mitarbeitern zur Verfügung gestellt werden; somit wird bisher unbekanntes Wissen verteilt und kann auf breiter Basis genutzt werden. Dadurch werden Doppelarbeiten reduziert und Erfahrungen, die bereits gemacht wurden, helfen anderen Mitarbeitern, ihre Aufgabe schneller und effizienter zu bearbeiten.[267]

Wissen kann also, wenn es durch ein konzeptives Wissensmanagement-("Knowledge-Management-")System erschlossen und nutzbar gemacht wird, als zentraler strategischer Erfolgsfaktor gelten. In einem Umfeld, in dem die Informationsflut weiter steigt, die Reichhaltigkeit und Vielfalt der Informationen zunehmen und dadurch Wissen schneller veraltet, ist Wissensmanagement immer stärker gefragt. Die Bedeutung der Informationstechnologie ist dabei entscheidend für Erfolg und Misserfolg.

In diesem Zusammenhang fungiert die Informationstechnologie als Kompetenzbasis („Enabler"). Vor allem mit Hilfe von Databased-Management (DBM)-Systemen entstehen für Unternehmen immer attraktivere Lösungsmöglichkeiten einer systematischen Nutzung von anfangs unstrukturierten Daten.

Nach Probst et al. sind Wissensidentifikation, Wissenserwerb, Wissensentwicklung, Wissens(ver)teilung, Wissensnutzung und Wissensbewahrung die sechs Kernprozesse des Wissensmanagements.[268]

Durch die Bestimmung von Wissenszielen und die Durchführung einer Wissensbewertung lässt sich das Konzept zu einem Managementregelkreis ausbauen. Alle acht Elemente werden als Bausteine des Wissensmanagements verstanden und bieten mögliche Interventions-

---

[265] Vgl. Wilke 1998, S. 6f.
[266] Vgl. E-Facts 2006.
[267] Vgl. Schönherr 2006.
[268] Vgl. Probst et al. 2006, S. 25ff.

felder für Wissensmanagementmaßnahmen in einem Unternehmen.[269] Alle Bausteine haben eine mehr oder weniger enge Verbindung zueinander. Falls Eingriffe in den einzelnen Kernprozessen erfolgen, werden diese zwangsläufig Auswirkungen auf andere Prozesse haben. Dieses Konzept stellt kein direktes Implementierungsmodell dar, sondern dient als Bezugsrahmen für Wissensmanagement. Mit Hilfe der Bausteine des Wissensmanagements können Wissensprobleme in den Organisationen besser eingeordnet und in ihrem Zusammenhang besser verstanden werden. So kann die Auswahl geeigneter Instrumente leichter fallen und der umfangreiche Themenkomplex des Wissensmanagements kann durch die differenzierten Bereiche in der Komplexität verringert werden.[270]

7.3.2 Zur Bedeutung von Wissensmanagement-Systemen

Eine Segmentierung *nach* und Integration *mit* sozialen Beziehungsnetzwerken wie AFGs bedingt ein ausgereiftes und umfassendes Wissensmanagement. Im Rahmen des AFG-Managements ist die Erfassung, Verwaltung und Speicherung von AFG-Wissen systematisch durchzuführen. Eine ausgereifte Systematik sichert den Zugang zu und die Nutzung von notwendigem AFG-Wissen und fördert die Schaffung neuen Wissens sowie die Lernfähigkeit der wissensbasierten Organisation. AFG-Channels sind aufgrund ihrer Funktion innerhalb des AFG-Interaktionsnetzwerks idealer Ansatzpunkt zur Wissensgenerierung über AFGs. Zur optimalen Nutzung dieses Wissens müssen einige Schritte beachtet werden, damit explizites Wissen der AFG zu implizitem Wissen des Unternehmens werden kann.

Mit Hilfe der Bausteine nach Probst et al. können die einzelnen Interventionsebenen für ein erfolgreiches AFG-Wissensmanagement näher beschrieben werden (vgl. **Abbildung 7.9**).

---

[269] Vgl. Kuppinger/Woywode 2000, S. 78.
[270] Vgl. Bullinger et al. 1998, S. 24f.

Abbildung 7.9 Bausteine des AFG-Wissensmanagements

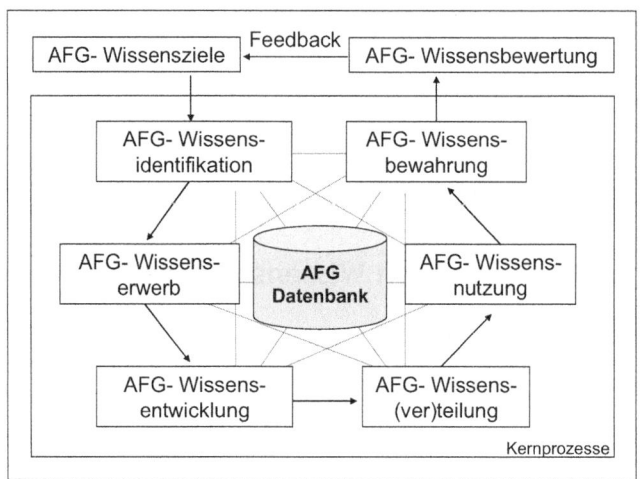

Quelle: In Anlehnung an Probst et al. 2006, S. 28.

Neben den operativen Bausteinen sind zuerst die strategischen Bausteine AFG-Wissensziele und AFG-Wissensbewertung zu betrachten und für die Unternehmensstrategie zu nutzen.

AFG-Wissensziele

Die AFG-Wissensziele legen die Richtung der Aktivitäten des Wissensmanagements für AFGs fest und machen den Erfolg überprüfbar. Sie können auf normativer, strategischer und operativer Ebene betrachtet werden. Normative Wissensziele bilden die Voraussetzungen für ein effektives Wissensmanagement im strategischen und operativen Bereich. Die Unterstützung des Topmanagements muss erreicht und eine wissensbewusste Unternehmenskultur geschaffen werden. Strategische Wissensziele dienen zur Bestimmung des organisatorischen Kernwissens und legen die Richtung des Kompetenzaufbaus fest. Operative Wissensziele streben die Umsetzung und Konkretisierung von normativen und strategischen Wissenszielen an.[271]

AFG-Wissensbewertung

Die formulierten AFG-Wissensziele auf normativer, strategischer und operativer Ebene müssen mit entsprechenden Methoden gemessen werden, damit die Qualität der Zielvorstellungen bewertet werden kann. Aufgrund des Fehlens eines erprobten Instrumentariums von Indikatoren und Messverfahren müssen neue Wege beschritten werden. Als mögliche Maßnahme wird eine mehrdimensionale Wissensbewertung vorgeschlagen, anhand derer

---

[271] Vgl. Probst et al. 2006, S. 35ff.

die beanspruchten Ressourcen auf ihre Wirksamkeit untersucht werden.[272]

Innerhalb der Kernprozesse ist darauf zu achten, dass sich Einflüsse auf einen einzelnen Baustein aber auch auf andere Prozesse auswirken können.

AFG-Wissensidentifikation
Ziel der AFG-Wissensidentifikation ist die Schaffung von Transparenz über internes und externes AFG-Wissen, denn nur dann kann dieses genutzt und weiterentwickelt werden. Die Transparenz bezieht sich dabei auf die Analyse und Beschreibung von AFG-Wissen im Unternehmen und im Wissensumfeld des Unternehmens. Wissenstransparenz führt zu einer besseren Orientierung und einer effizienteren Nutzung von internen Ressourcen. Außerdem kann das Wissen durch Wissenslandkarten oder Kompetenzdatenbanken systematisiert werden.[273] Oftmals ist bereits spezifisches AFG-Wissen in den Köpfen der Mitarbeiter, das jedoch für die tägliche Arbeit verteilt und nicht direkt greifbar ist. Falls unter den Mitarbeitern Mountainbike-Fahrer sind und diese ihrer Leidenschaft in ihrer Freizeit intensiv nachgehen, so sollte deren Wissen für das Unternehmen nutzbar gemacht werden. Zugleich kann AFG-Wissen auch in verschiedenen Dateien, Ordnern oder handschriftlichen Notizen dokumentiert sein. Wichtige Adressen von Ansprechpartnern (z.B. Testimonials oder Multiplikatoren einer Szene), die oftmals nur als Visitenkarte ohne nähere Informationen vorhanden sind, sind entscheidende Assets. Durch die Identifizierung von AFG-Wissen wird die Grundlage für den strategischen Einsatz von Wissen geschaffen, damit potenzielle Wettbewerbsvorteile realisiert werden können. Neue Technologien ermöglichen den Aufbau einer AFG-Datenbank, mit der interne und externe Transparenz über vorhandenes AFG-Wissen erreicht werden kann.

AFG-Wissenserwerb
Häufig ist es zwingend notwendig, AFG-Wissen (Kundeninformationen, Marktinformationen etc.) aus externen Quellen zu importieren. Mehrere Aktivitäten können für einen Wissenserwerb sinnvoll sein. So können externe Wissensträger (Experten, Testimonials, externe Berater) hinzugezogen, fremde Wissensbasen und Stakeholder-Wissen genutzt oder Wissensprodukte erworben werden.[274] Neben der Generierung von speziellem AFG-Wissen durch eine eigene Marktforschungsabteilung kann auch eine Vielzahl unterschiedlicher Quellen und Programme herangezogen werden, angefangen von intensiver Internetrecherche über Expertenbefragungen und Medienanalysen bis hin zur Abfrage ausgewählter Datenbanken und Auswertung von relevanten Studien. Wie bereits zu Beginn des Kapitels erwähnt, bieten besonders AFG-Channels die Möglichkeit, umfassendes Wissen über eine AFG zu erlangen. Über einen Mountainbike-Channel (z.B. www.mtb-channel.net) können individuelle Bedürfnisse und Kundenwünsche erfasst oder wichtige Events und relevante Medien ersichtlich werden.

---

[272] Vgl. Probst et al. 2006, S. 211ff.
[273] Vgl. Probst et al. 2006, S. 61ff.
[274] Vgl. Probst et al. 2006, S. 91ff.

AFG-Wissensentwicklung
Das Unternehmen hat eventuell die Fähigkeit, neues AFG-Wissen in Form von neuen Produkten, besseren Ideen oder leistungsfähigeren Prozessen selbst zu entwickeln. Ebenso kann neues AFG-Wissen entstehen, wenn Mitarbeiter ihr Expertenwissen, aufgrund der Ausübung der Affinität oder der intensiven Beschäftigung mit der Materie, in expliziter oder impliziter Form einbringen. Innovationsbarrieren, unzureichende Planbarkeit und Doppelarbeit können dabei die Entstehung und Förderung von neuem AFG-Wissen behindern. Transparenz, Kommunikation und Integration tragen zur Förderung der individuellen und kollektiven Wissensentwicklung bei und sind zum Aufbau von Kernkompetenzen wichtig.[275] Entschließt sich beispielsweise ein Unternehmen zur Marktbearbeitung der Snowboarder, so muss in den Aufbau einer Wissenskompetenz über diese AFG massiv investiert werden. So entstehen durch die konkrete Anwendung des AFG-Wissens im täglichen Arbeitsablauf reale Wettbewerbsvorteile für das Unternehmen.

AFG-Wissens(ver)teilung
Das Ziel der AFG-Wissens(ver)teilung ist, isoliert vorhandenes Wissen der gesamten Organisation zur Verfügung zu stellen. Dies soll den Mitarbeitern Zugang zu dem AFG-Wissen ermöglichen, welches für ihr spezielles Aufgabengebiet notwendig ist, um einen reibungslosen Ablauf der organisatorischen Prozesse zu gewährleisten. Neben der Multiplikation des AFG-Wissens und der Sicherung und Teilung vergangener Erfahrungen ist in diesem Zusammenhang auch der simultane Wissensaustausch gemeint. Für die AFG-Wissens(ver)teilung muss die technische Infrastruktur bereitgestellt werden, damit der Transfer des AFG-Wissens zur rechten Zeit am rechten Ort gewährleistet ist.[276] Hierzu ist ein Knowledge-Management-Tool zu verwenden, eine Plattform („Workspace"), auf der das spezifische Wissen über eine AFG ausgetauscht werden kann. Falls ein Mitarbeiter für seine Tätigkeit bestimmtes AFG-Wissen benötigt, muss er direkten Zugriff auf strukturiertes Wissen in Form von Websites, Dokumenten, Erfahrungsberichten etc. haben.

AFG-Wissensnutzung
Die AFG-Wissensnutzung beschreibt den produktiven Einsatz von organisationalem Wissen zum Nutzen des Unternehmens. Persönliche, kulturelle und organisatorische Barrieren müssen abgebaut werden, damit AFG-Wissen genutzt und in konkrete Problemlösungen umgesetzt werden kann. Um zu verhindern, dass Aufgaben zur Routine werden, müssen den Mitarbeitern Anreize geboten werden. Gleichzeitig sollten die Bedürfnisse der Nutzer berücksichtigt werden. Anforderungen an das System sind daher Einfachheit, Zeitgerechtigkeit und Anschlussfähigkeit. Es muss sichergestellt sein, dass die Anwendung von internem oder externem AFG-Wissen möglich ist.[277] Zusätzlich muss das erworbene bzw. vorhandene AFG-Wissen in den operativen Geschäftsabläufen genutzt werden. Mittels des aufgearbeiteten AFG-Wissens ist es einem Unternehmen möglich, selbst auf Marktpartner und Kunden zuzugehen und eine umfassende strategische Beratungstätigkeit zur Entwicklung marktgerechter und individuell adaptierter Problemlösungen anzubieten. Hand-

---

[275] Vgl. Probst et al. 2006, S. 111ff.
[276] Vgl. Probst et al. 2006, S. 139ff.
[277] Vgl. Probst et al. 2006, S. 173ff.

lungsoptionen können mit konkretem Zahlenmaterial sowie Trendanalysen fundiert und nachvollziehbar begründet werden. Auf Grundlage des AFG-Wissens können z.B. Vorschläge unterbreitet werden, welche Kommunikationswege (Newsletter, Direct Mailings etc.) am besten zur zielgerichteten Ansprache geeignet sind.

AFG-Wissensbewahrung
Das AFG-Wissen in einer Organisation muss vor Verlust geschützt werden, da dieses intellektuelle Kapital einen großen Wert darstellt. Das Ausscheiden von Mitarbeitern, ein unsystematisches Speichern von Informationen oder einfach das Vergessen von AFG-Wissen können einen Wissensverlust auslösen. Das Dokumentieren und Protokollieren von Prozessen und Projekten, die systematische Übergabe von Erfahrungen und das Verhindern des Austritts von Wissensträgern stellen wichtige Schritte dar, AFG-Wissen in der Organisation zu speichern.[278] Aus diesem Grund sollten die Mitarbeiter ein geeignetes Wissensmanagement-Tool verwenden, das die systematische und strukturierte Erfassung von AFG-Wissen erlaubt.[279] Ein System, das diesen Anforderungen gerecht wird, ist z.B. das Market INTelligence Toolset (MINT): „[it] integrates knowledge management with concepts from affinity group marketing as the semantic structure of knowledge entities".[280] Damit wird es einer Destination-Marketing-Organisation ermöglicht, den Wandel vom einfachen Datenlieferanten zum professionellen Wissens-Dienstleister zu vollziehen.

---

[278] Vgl. Probst et al. 2006, S. 189ff.
[279] Vgl. Rausch 2010, S. 93 und 130ff.
[280] Mendling/Rausch/Sommer 2005, S. 5.

7.3.3 Datenbankgestütztes Wissensmanagement als Voraussetzung

Um AFG-Management erfolgreich in einem Unternehmen umzusetzen, sind verschiedene Maßnahmen vorzunehmen. So ist die Implementierung einer entsprechenden IuK-Infrastruktur notwendige Voraussetzung, damit die relevanten AFG-Daten systematisch in einer Datenbank erfasst und verwaltet werden können. Dabei ist darauf zu achten, dass nicht nur der AFG-Markt mit seinen Nachfragern, sondern auch die AFG-Anbieter (z.B. Hersteller, Medien, Produkte, Events) abgebildet werden. Die Sammlung, Aufbereitung und Analyse von AFG-Daten bildet die Grundlage für ein erfolgreiches AFG-Management, welches einem Unternehmen die Chance bietet, kundenorientiert statt produktorientiert zu arbeiten und sich in die Zielgruppe zu integrieren.[281] Weiterhin muss sich die Unternehmensführung eindeutig für Wissensmanagement aussprechen. Denn die Einführung eines Wissensmanagementsystems als Voraussetzung für eine hohe Flexibilität und Anpassungsfähigkeit, ist zum Erfolgsfaktor für die Wettbewerbsfähigkeit des AFG-Managements geworden. Zielsetzung ist daher eine grundlegende Verankerung eines Wissensmanagementsystems innerhalb des Unternehmens. Gerade im Rahmen von AFG-Management ist die Einführung von Wissensmanagement die Basis für eine umfangreiche Verwaltung und effektive Marktbearbeitung von AFGs.

Der erste wichtige Schritt ist die Informationsgewinnung von AFG-Daten, um diese einheitlich aufbereiten und im zweiten Schritt einer Analyse unterziehen zu können. Je umfangreicher und qualitativer die erfassten Daten sind, desto exakter kann ein AFG-Marktprofil nachfrage- und angebotsseitig erstellt werden. Eine gut gepflegte AFG-Datenbank liefert mehr Informationen als meist angenommen und kann kostenintensive, sekundäre Marktforschungsstudien sogar ersetzen.[282] Dafür ist es nicht nur notwendig, eine umfangreiche Recherche vorzunehmen, sondern auch, dass alle Abteilungen, die in direktem Kundenkontakt stehen, sowohl während als auch nach erfolgtem Kundenkontakt stetig neue Informationen in die Datenbank einstellen.[283] Dazu zählen z.B. Aufzeichnungen von Telefonaten im Callcenter mit Hilfe von Computer-Aided-Selling, Auswertung von Beschwerde-Mails, Zuordnung von Schriftwechseln, Reklamationen sowie Beobachtungen von Mitarbeitern.

Über die Grunddaten einer AFG hinaus sollte die Datenbank weitere Potenzial-, Aktions- und Reaktionsdaten enthalten.[284] Zu den Grunddaten zählen neben den Kontaktdaten einer AFG auch die soziodemographischen und sozioökonomischen Daten. Potenzialdaten ergeben sich aus einer Kombination von Vergangenheitsdaten, Befragungen und Beobachtungen. Sie geben Auskunft über die voraussichtliche zeit- und mengenbezogene Kundennachfrage, aufgrund derer sich die Nachfrage besser kalkulieren lässt. Auch externe Daten von Marktforschungsinstituten oder anderen Datenbanken können hinzugezogen werden.

---

[281] Vgl. Robledo 1999, S. 39.
[282] Vgl. Robledo 1999, S. 36.
[283] Vgl. Kahle/Hasler 2001, S. 216.
[284] Vgl. Holland 2004, S. 103.

Aktionsdaten stellen alle Kundenkontakte dar. Alle Daten zur Dokumentation der Kommunikation zwischen Unternehmen und Kunde bilden eine Kontakthistorie. Insbesondere die Art des Kundenkontaktes kann Aufschluss über den vom Kunden bevorzugten Kommunikationskanal geben. Reaktionsdaten können als Pendant zu Aktionsdaten gesehen werden, da sie Aufschluss über die Wirksamkeit vorangegangener Aktionen des Unternehmens geben. Daten zu Kundenreaktionen, auch Response genannt, dienen als Erfolgskontrolle für die Planung effektiver Maßnahmen.[285] Weiterhin ist es wichtig, sämtliche AFG-Foren zu erfassen. Hierzu zählen Magazine, Websites, Veranstaltungen etc., die von Mitgliedern einer spezifischen AFG genutzt werden.[286] Solche Informationen sind wertvoll, da bedeutende Quellen von AFG-Wissen bzw. relevante Kommunikationskanäle für AFG-Marketingaktivitäten identifiziert werden. Ebenso sind die Bedürfnisse und Verhaltensweisen einer AFG entscheidend, denn werden bei der Ausgestaltung eines Produktes oder einer Leistung die individuellen Bedürfnisse einer AFG nicht berücksichtigt, entsteht der Eindruck eines Massenproduktes. Die **Abbildung 7.10** zeigt Verfahrensweisen zur AFG-Wissensgenerierung, mit denen relevantes AFG-Wissen recherchiert werden kann. Für den Aufbau und der Speicherung von umfangreichem AFG-Wissen ist eine geeignete AFG-Datenbank notwendig.

---

[285] Vgl. Rudolph/Rudolph 2000, S. 89f.
[286] Vgl. Mendling/Rausch/Sommer 2005, S. 4f.

Abbildung 7.10 AFG-Datenbank als Ergebnis der Wissensaufbereitung

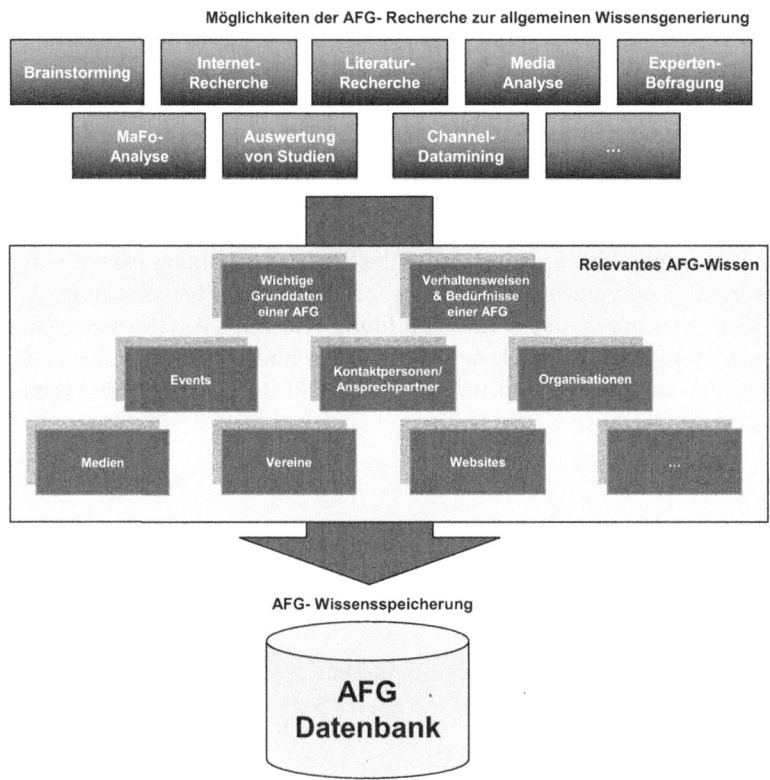

In den meisten größeren Unternehmen werden heute parallel mehrere Datenbanken betrieben. Der Aufbau eines Datawarehouses scheint hier sehr sinnvoll, um bestehende Datenbanken zusammenzuführen, zu vereinheitlichen, nach spezifischen Kriterien zu strukturieren und allen Abteilungen unternehmensweit jederzeit einsehbar zu machen.

In einem weiteren Schritt ist anschließend die Untersuchung und Analyse der gesammelten und bereinigten Daten im Datawarehouse notwendig. Diese als Datamining bezeichnete Methode beschreibt den Datenselektionsprozess, die Transformation und Analyse, um entweder Annahmen statistisch belegen oder neue Informationen über Verhalten, Präferenzen und Bedürfnisse von Kunden gewinnen zu können.

7.3.4 Gestaltungsdimensionen des AFG-Wissensmanagements

„Wer seine Kunden wirklich kennen lernen und aus diesem Wissen den größtmöglichen Gewinn ziehen will, muss sein gesamtes Unternehmen neu ausrichten."[287]

Im Zuge von AFG-Management ist das Wissensmanagement als ganzheitlicher Ansatz zu sehen, der nicht nur einen verstärkten Einsatz von Technologie erfordert, sondern auch auf die Gestaltung von Humanressourcen und die Organisationsstruktur Einfluss nimmt.[288] Im Rahmen der humanorientierten Perspektive wird der Mitarbeiter als zentraler Wissensträger im Unternehmen in den Mittelpunkt gestellt, denn für eine effiziente Anwendung von Wissensmanagement sind qualifizierte und motivierte Mitarbeiter erforderlich.[289] Es sollte zudem die Stelle eines AFG-Wissensmanagers, der als zentraler Koordinator oder Coach für die anderen Mitarbeiter fungiert, eingerichtet werden. Diese Person muss nicht nur den Wissenstransfer oder den Erfahrungsaustausch vorleben, sondern auch Hilfestellung im Umgang mit dem AFG-Wissen für das operative Geschäft geben. Ferner wird die Organisationsstruktur durch Wissensmanagement dahingehend beeinflusst, dass das Generieren und Teilen von Wissen begünstigt wird. Der hierfür notwendige Wissensaufbau und -transfer im Unternehmen sollte mit Hilfe von Anreizsystemen und aktiver Managementunterstützung gefördert werden.[290]

In erster Linie ist für Wissensmanagement die Unternehmenskultur der Schlüssel zum Erfolg, d.h. die erfolgreiche Einbindung des Systems in die Unternehmensphilosophie muss gewährleistet sein. Es ist zu überlegen, wie die Organisation sich zu verhalten hat und welche Änderungen vorgenommen werden müssen. Darüber hinaus müssen die Wissensprozesse, sowohl zur Schaffung von Akzeptanz als auch aus wirtschaftlichen Gründen in die Geschäftsprozesse einer Organisation integriert werden. Wenn die kulturellen und organisationalen Rahmenbedingungen für Wissensmanagement vorhanden sind, können die neuen Kommunikations- und Informationstechnologien ihre Potenziale entfalten. Das implizite Wissen der Mitarbeiter muss zu explizitem Wissen des Unternehmens über AFG-Märkte werden und mit Hilfe moderner Technologien jedem Mitarbeiter wieder zur Verfügung gestellt werden. Entscheidend ist somit, dass es keine Schranken für die Wissensverteilung im Unternehmen gibt und der Wissensaustausch gefördert wird.

---

[287] Gulati/Oldroyd 2005, S. 87.
[288] Vgl. Schertler 2008, S. 153ff.
[289] Vgl. Vorbeck/Finke 2001, S. 40ff.
[290] Vgl. North 2011, S. 267ff.

7.3.5 AFGs für CRM hervorragend geeignet

Ein geeignetes CRM-Tool kann im Unternehmen, neben einem strukturierten Management von Kundenbeziehungen, auch in der Nutzung und für das Management von AFG-Wissen zum Einsatz kommen. Auch wenn sich dadurch nicht alle wichtigen AFG-Beziehungen vollständig abbilden lassen, können erste Informationen erfasst und verwaltet werden. Der Schritt zur Verwirklichung des langfristigen Zieles von Datensammlung und Wissensspeicherung kann hiermit begonnen werden, denn ein optimal ausgerichtetes Kundenmanagement bestimmt den unternehmerischen Erfolg: Je besser ein Unternehmen seine Kunden kennt, desto gezielter kann eine individuelle Kundenansprache erreicht werden. Außerdem darf ein Unternehmen sich nicht nur mit dem einmaligen Kauf eines Produktes oder einer Dienstleistung zufrieden geben, sondern es sollte eine intensive und langfristige Beziehung zwischen AFG und Unternehmen angestrebt werden. Zugleich sollte ein Unternehmen seine Aktivitäten auf die attraktiven Kunden fokussieren. Der bereits in Kapitel 5.1.5 bzw. Kapitel 6.3 beschriebene Kundenwert ist hier maßgeblich für die Beurteilung der Kunden. Der Kundenwert wird in allen Varianten als strategisches Instrument zu einer gewinnoptimalen Ressourcenallokation im Kundenbindungsmanagement genutzt und ist eine bedeutende Größe zur Planung, Steuerung und Kontrolle von Marketingentscheidungen.[291] Ebenso sollten die angebotenen Leistungen und die hierzu notwendige Ansprache kundenspezifisch erfolgen. Mit Hilfe eines den Anforderungen gerechten CRM-Tools lassen sich alle Unternehmensbereiche, die in direktem Kundenkontakt stehen, integrieren. Jeder Mitarbeiter hat die Möglichkeit, auf die Kundendaten zuzugreifen, um sich ein umfassendes Kundenwissen zu verschaffen. Für die erfolgreiche Umsetzung von CRM wird die Fähigkeit verlangt, dem richtigen Kunden die richtige Leistung zum richtigen Zeitpunkt anbieten zu können; integrierte Informations- und Kommunikationstechnologien unterstützen dieses Vorhaben. Solche CRM-Software-Systeme bilden die Grundlage für eine dauerhafte Speicherung umfangreicher Datensätze und Informationen über AFGs, bieten jedoch auch die Möglichkeit zur Auswertung der gewonnenen Daten. Dazu muss das AFG-Wissen zentral vernetzt und in einer Datenbank gespeichert werden – der Aufbau eines Datawarehouses ist hierbei unabdingbar. Oftmals ist es schwierig, eine einheitliche Sicht auf die vorhandenen Kundendaten zu bekommen, da voneinander unabhängige Systeme in einem Unternehmen vorliegen. CRM-Systeme steuern gerade diesem Problem entgegen, da durch die Integration in bestehende Systemlandschaften eine Zusammenführung der einzelnen Insellösungen angestrebt wird.

---

[291] Vgl. Bruhn et al. 2000, S. 169.

8 Unternehmenskultur und Affinity-Group-Management

8.1 AFG als Wertegemeinschaft

Der Bezugsrahmen für ein strategisches Management in einem Unternehmen besteht – wie oben dargelegt – aus den Elementen Vision, Strategie, Struktur und Kultur. Entsprechend der Angleichung der Organisation an die AFG-Strategie, muss auch die Kultur des Unternehmens an die Erfordernisse des AFG-Ansatzes angepasst werden. Der Prämisse „Culture follows Strategy" folgend ist das Management gefordert, die strategischen Besonderheiten im Umgang mit sozialen Beziehungsnetzwerken auch in der Kultur des Unternehmens zu verankern.

8.1.1 Gruppenkohäsion durch Vereinbarung von Verhaltensnormen

„Aus der zunehmenden Vernetzung der Unternehmensinnenwelt und -außenwelt resultiert die Forderung, auf der obersten Zielebene nicht mehr nur eine Inside-out-orientierte Business-Mission zu formulieren. Vielmehr ist den operativen Marketingzielen und -strategien eine Value-Mission voranzustellen, in der die Rolle und der zu erwartende Beitrag des Unternehmens für die verschiedenen internen und externen Anspruchsgruppen der Gesellschaft definiert werden (Outside-in-Perspektive)."[292] Im Rahmen von Zielgruppen-Management ist diese Value-Mission jedoch nicht als Teil einer *wert*orientierten, sondern vielmehr einer *werte*orientierten Unternehmensführung zu verstehen.[293] Neben den ökonomischen Grundwerten eines jeden Unternehmens im Sinne einer finanziellen Wertschöpfung, sind zudem immaterielle, soziokulturelle Werte und die Ideologie einer Unternehmenskultur von entscheidender Bedeutung, um soziale Neigungsgruppen als Kunden zu gewinnen und zu halten. AFG-Management als Unternehmensleitbild erfordert somit, besonders im Hinblick auf die Veränderungen der gesellschaftlichen Rahmenbedingungen, eine Kultur, die sowohl für den Kunden als auch für den Mitarbeiter eine eindeutige Orientierungs- und Identifizierungsgröße darstellt.

Jede Organisation bzw. jedes Unternehmen ist als eigenständiges kulturelles System zu begreifen, welches im Wesentlichen aus gemeinsam geteilten Überzeugungen der Mitarbeiter besteht, „[…] die das Selbstverständnis und die Eigendefinition des Unternehmens prägen"[294]. Die Unternehmenskultur ist Ausdruck unternehmensintern geteilter Werte- und

---

[292] Meffert 1999a, S. 21.
[293] Vgl. Thierfelder 2001, S. 116f.
[294] Schreyögg 2008, S. 365.

Normenvorstellungen sowie Denk- und Überzeugungsmuster, die den sozialen und normativen Rahmen für das Verhalten der Mitarbeiter aufspannen.[295] „Dadurch entstehen verlässliche Orientierungsmaxime, die als Ideologie eine unsichtbare, wenngleich sehr wirksame Steuerungsgröße der „Miniaturgesellschaft" Unternehmen darstellen."[296] Von zentraler Bedeutung sind die Werte der Unternehmenskultur, welche in Ritualen, Symbolen, Verhalten, Kommunikation, Führungssystemen, Handlungsmaximen, Weltanschauungen etc. zum Ausdruck kommen und Mitarbeitern sowie externen Anspruchsgruppen ein Referenzsystem für Prozesse der Sinnstiftung und Orientierung bieten. Soziokulturelle Werte sind „[...] allgemeine, grundlegende, zentrale Ziele, Orientierungsstandards und -leitlinien für das Handeln von Individuen, Gruppen-, Organisations- und Gesellschaftsangehörigen und damit auch für die Aktivitäten sozialer Gebilde"[297]. Jedes Unternehmen zeichnet sich durch eine spezielle Wertestruktur aus, durch eine eigenständige, typische und charakteristische Kultur, welche für alle Anspruchsgruppen erfahrbar gemacht werden muss.

Die Unternehmenskultur mit ihren zugrunde liegenden Werten prägt die Corporate Identity, d.h. das Eigenbild, welches das Unternehmen von sich hat. Diese subjektive Selbsteinschätzung strahlt kontinuierlich nach innen (auf die Mitarbeiter), aber auch nach außen ab und produziert in der Öffentlichkeit ein spezifisches Corporate Image (Fremdbild). Dabei entspricht das Unternehmensbild aus der Sicht relevanter Dritter (Kunden, Lieferanten, Konkurrenten etc.) selten dem Selbstbild des Unternehmens. Diese Diskrepanz gilt es durch AFG-Management abzubauen.

Bei dem Abgleich zwischen Selbst- und Fremdbild geht es jedoch nicht darum, die Zielgruppe von der bereits unternehmensintern definierten Corporate Identity zu überzeugen. Die Integration von Unternehmen und AFG erfordert ein gemeinsam definiertes Unternehmensbild, welches auf einer einheitlichen Wertebasis aufbaut und sowohl für Mitarbeiter als auch AFG-Mitglieder als Orientierungs- und Identifizierungsmaßstab dient. Es muss somit vielmehr versucht werden, in Abstimmung mit dem bereits in der AFG existierenden Corporate Image und dem in der AFG vorherrschenden Wertesystem, eine gemeinsame Identität zu gestalten.

Da jede AFG für sich betrachtet ein unterschiedliches Image des Unternehmens sowie unterschiedliche Wertemuster haben kann, ist dieser Prozess der gemeinsamen Identitätsfindung zwischen dem Unternehmen und jeder einzelnen AFG zu vollziehen. Dabei darf jedoch nicht aus den Augen verloren werden, dass das Unternehmen einen unverwechselbaren Charakter ausbilden sollte, der durch Authentizität und Individualität geprägt sein muss. In den unterschiedlichen Beziehungen zu verschiedenen AFGs sollten sich nur verschiedene Facetten derselben Unternehmenskultur bzw. -identität widerspiegeln.

---

[295] Vgl. Pepels 1995, S. 37.
[296] Pepels 1995, S. 52.
[297] Hillmann 2001, S. 15.

8.1.2 Identifikation der Netzwerkpartner mit AFG-Werten als Erfolgsgrundlage

Neben der Identifikation *der* Szene bzw. AFG kommt es auch auf eine Identifikation *mit der* Szene bzw. AFG an. Eine AFG lässt sich nur dann erfolgreich bearbeiten, wenn das Unternehmen mit seinem Engagement in der Szene als authentisch gilt. Authentizität wiederum setzt Offenheit und Ehrlichkeit voraus, und zwar nicht nur der Zielgruppe, sondern auch sich selbst gegenüber. Ein Unternehmer, der sich aus wirtschaftlichen Aspekten z.B. für die AFG der Auto-Tuner als Zielgruppe entschieden hat, aber privat selbst gar kein Auto fährt, sondern aus ökologischen Gründen nur mit dem Fahrrad unterwegs ist, wird in dieser Szene und damit in der AFG wohl nicht „Fuß fassen" können, es sei denn, er adaptiert für sich persönlich das Wertesystem der anvisierten Zielgruppe. Der Fit zwischen den Werten und Affinitäten der Szene und den Werten und Affinitäten der Mitarbeiter eines Unternehmens (besonders der Führungskräfte) ist von entscheidender Bedeutung für einen langfristigen Aufbau von Kundenbindung. „Man bleibt nur dem treu, der sich selber treu bleibt."[298]

In der Identifikation mit den Werten der Zielgruppe spiegelt sich das Verständnis der Zielgruppe wider, d.h. das Bewusstsein für die Codierung, die Interaktion und Kommunikation, allgemeiner: die Stilisierung, in der AFG. Die Codierung, also die konkreten Erscheinungsformen AFG-bezogener Handlungen, Ausdrucksformen des Verhaltens, Kommunikation etc. muss auch unternehmensseitig verstanden werden, um den Bezug auf AFGs als Zielgruppen strategieadäquat umzusetzen. Denn es ist völlig klar, dass erst das Verständnis für die Ausdrucksformen der Zielgruppe zu einem Verständnis der (Produkt-/Service-)Wünsche der Zielgruppe führen kann.

Der erste Schritt der Integration findet daher in den Köpfen der Mitarbeiter statt. Die Unternehmensführung übernimmt dabei eine Vorreiterrolle und Vorbildfunktion. Bestes Beispiel für ein Szeneunternehmen, bei dem der Chef die Szenephilosophie nicht nur vorgibt, sondern auch vorlebt, ist „Burton Snowboards". Der bereits in Kapitel 7 erwähnte Firmengründer und „Kopf" des Weltmarktführers im Snowboardsektor, Jack Burton, ist selbst aktiver Snowboarder und verbringt fast mehr Zeit auf dem Snowboard als im Büro. „Sein Ziel ist: Jedes Jahr 100 Tage auf seinen Brettern zu fahren. Am liebsten inkognito, um unverfälschten Kontakt zur Zielgruppe zu bekommen."[299] „Führung sollte weniger das Verhalten unmittelbar und direkt lenken, als vielmehr mittelbar durch ein Organisieren des Dialogs über strategische Diskussions- und Definitionsprozesse."[300]

„Rufe nach einer Abkehr von traditioneller Markthörigkeit werden immer lauter. [Es] [...] wird zunehmend gefordert, den Markt aggressiv zu formen und aktiv zu gestalten."[301]

---

[298] Deichsel 2004, S. 120.
[299] Siering 2005, o.S.
[300] Bleicher 2011, S. 78.
[301] Becker/Schnee 2005, S. 34.

Die Integration des Unternehmens in das Werte- und Verhaltenssystem der AFG ist der Kern jeder AFG-Strategie. Damit löst sich der AFG-Ansatz von einer Orientierung an den Bedürfnissen einer Zielgruppe „von außen".

„Autonomie entsteht nicht durch Unabhängigkeit von der Umwelt, sondern im Gegenteil durch eine immer tiefere Abhängigkeit von ihr; wer in seinem Handeln und Entscheiden autonom sein will, muss die Feedbackschleifen, die ihn mit seinen Kunden und der Konkurrenz verknüpfen, immer dichter flechten."[302]

Scheitert ein Unternehmen an dieser Integration, so wird eine erfolgreiche und langfristige Bearbeitung dieser Zielgruppe nicht möglich sein. Das Unternehmen muss die Werte und Verhaltensweisen einer AFG nicht nur kennen, es muss sie auch leben. Für die Mitarbeiter bedeutet das z.B., sich regelmäßig in Internetforen (AFG-Channels) mit Szenemitgliedern auszutauschen, auf szenespezifischen Events und Messen in direkten Kontakt mit der Zielgruppe zu kommen und sich durch den Aufbau persönlicher Beziehungen in die Szene bzw. AFG zu integrieren. Jeder einzelne Mitarbeiter muss sich mit der Szene auseinander setzen und diese verstehen, und zwar nicht nur theoretisch, statistisch, sondern auch praktisch, emotional. Nachdem kulturelle und ideologische Grenzen in den Köpfen überwunden sind, können auch personelle und strukturelle Anpassungen in Richtung AFG vorgenommen werden.

Ganz entscheidend für eine erfolgreiche Integration in eine AFG ist das einheitliche Auftreten des Unternehmens nach innen und nach außen. Ist die Corporate Communication unklar, missverständlich oder widersprüchlich, so wird es dem Unternehmen nicht gelingen, als gleichwertiges AFG-Mitglied akzeptiert zu werden.

Die Einbettung des Unternehmens in die formellen und informellen Organisationsstrukturen der Zielgruppe ermöglicht ein Beziehungsmarketing auf relationaler Ebene, d.h., dass Anbieter und Nachfrager äquivalente Teile ein und derselben Gruppe sind und damit auf gleicher Augenhöhe miteinander kommunizieren können. Die Einbettung in die existierenden Organisationsstrukturen der Zielgruppe bzw. die Partizipation an der Fortentwicklung der Organisationsstrukturen kann nur erfolgreich sein, wenn sich die Kultur der Zielgruppe in der Kultur des Unternehmens widerspiegelt. Ein „Misfit" in der kulturellen Orientierung bewirkt Dissonanzen in Kommunikation und Interaktion und schlimmstenfalls werden so Kommunikation und Interaktion von Unternehmen (als Bestandteil der Zielgruppe) und Zielgruppe dysfunktional.

---

[302] Bolz/Bosshart 1995, S. 61.

8.2 Leidenschaften der AFG in Unternehmenskultur integrieren

Wie bereits im Rahmen der AFG-Vision erläutert, ist die Leidenschaft der Zielgruppe der zentrale Bezugspunkt. Es genügt allerdings nicht, Leidenschaften bloß als solche zu identifizieren, sondern die Leidenschaften (Affinitäten) müssen kulturell im Unternehmen verankert werden. Leidenschaften müssen transportiert werden. Dieser Transport geschieht in zwei Richtungen: in einer Außen-innen-Perspektive muss die Leidenschaft als Extrakt der Zielgruppe in das Unternehmen hereingeholt werden. Die zunächst außerhalb des Unternehmens bestehende Leidenschaft muss kulturell innerhalb des Unternehmens verankert werden. Demgegenüber gilt es in der Innen-außen-Perspektive, die Leidenschaft aus dem Unternehmen heraus in die Zielgruppe zu transportieren, um sich innerhalb der Zielgruppe als Netzwerkpartner zu etablieren. **Abbildung 8.1** illustriert diesen Prozess.

Abbildung 8.1 Etablierung des Unternehmens als Netzwerkpartner der AFG

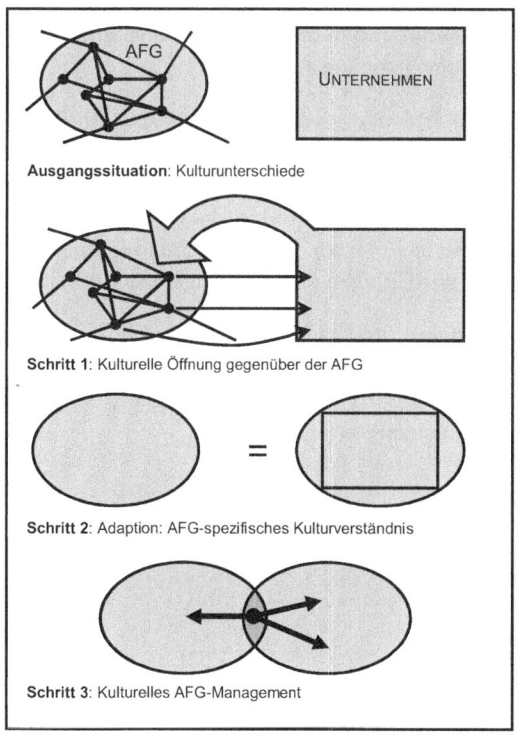

In der Ausgangssituation gilt es, die Innenwahrnehmung einer AFG zu erfassen. **Abbildung 8.2** zeigt deutlich, dass aus Sicht der AFG das Unternehmen eine abweichende äußere

Form aufweist. Der Intergruppenvergleich hebt in diesem Fall die Unterschiedlichkeit der beiden Gruppen hervor, in der sich phänotypisch die divergierende kulturelle Orientierung der beiden Gruppen (bzw. des Unternehmens als System) widerspiegelt.

Im ersten Schritt wird durch Bezugnahme auf die Leidenschaft als kulturelles Bestimmungsmoment, das Unternehmen für die kulturelle Orientierung der AFG geöffnet. Dies bedeutet, dass das Selbstverständnis des Unternehmens auf die Leidenschaft der AFG-Community ausgerichtet und bezogen wird. Dieser Prozess muss seitens des Unternehmens initiiert werden. Ziel dieses Wandels muss es sein, sich in der Außenwahrnehmung der Innenwahrnehmung der AFG (Selbstbild der AFG) anzunähern.

Daraufhin muss, in einem zweiten Schritt, der Fokus auf die AFG-spezifischen Besonderheiten gerichtet werden. Voraussetzung für die Akzeptanz des Unternehmens als Community-Mitglied ist, dass es bereit ist, die kulturelle Orientierung der AFG zu adaptieren. Erst wenn dies vollzogen ist, wird die Außenwahrnehmung des Unternehmens den Ansprüchen der AFG an einen Netzwerkpartner genügen. Beispielhaft für diesen Prozess lassen sich Sprachgebrauch und gruppenspezifische Gepflogenheiten als kulturelle Ausdrucksformen in der direkten Interaktion anführen. Diese, in der AFG bereits existenten, rituellen Basisprozesse gilt es zu analysieren und in die Unternehmenskultur zu integrieren bzw. die Unternehmenskultur dementsprechend auszurichten.

Im letzten Schritt ist darauf zu achten, dass dieser Prozess kontrollierbar bleibt. Es gilt, eine klar abgegrenzte Nahtstelle zu definieren. Damit diese kulturelle Verschmelzung zum Wettbewerbsvorteil wird, muss sie aus strategischer Sicht handhab- und beeinflussbar bleiben. Trotz aller kulturellen Bezugnahmen, darf die eigentliche Identität des Unternehmens nicht verloren gehen. Sie stellt sicher, dass das Unternehmen, als Netzwerkpartner, innerhalb der AFG akzeptiert wird, gleichwohl seine Eigenständigkeit bewahrt.

Aus strategischer Sicht wird damit die Überlagerung zwischen außen und innen zum entscheidenden Ansatzpunkt, um die Leidenschaft der Zielgruppe zur Leidenschaft des Unternehmens werden zu lassen. Es wird zur Führungsaufgabe, ein zieladäquates Management dieser Nahtstelle zu implementieren.

Leidenschaften der AFG in Unternehmenskultur integrieren

Abbildung 8.2 Leidenschaft als kulturelle Nahtstelle im AFG-Management

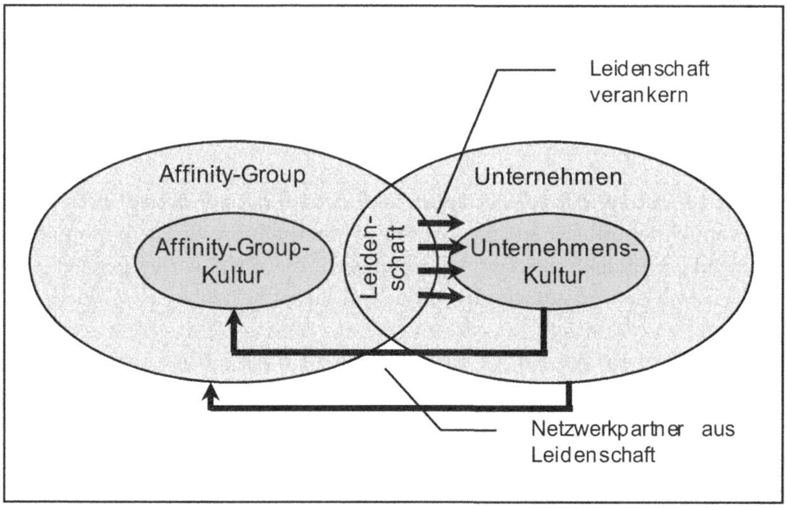

Um die Leidenschaft der Zielgruppe im Unternehmen zu verankern, müssen Menschen mit der entsprechenden Leidenschaft in das Unternehmen hereingeholt werden. Leidenschaft tragende Mitarbeiter sind die „Brücken" zwischen Unternehmen und Zielgruppe. Durch affine Mitarbeiter (Zielgruppenexperten aus Leidenschaft) wird die Leidenschaft kulturell im Unternehmen verankert. Durch personengebundene individuelle Leidenschaft wird in einem Interaktions- und Kommunikationsprozess Leidenschaft zum Element der Unternehmenskultur.

Sobald dies geschehen ist, kann auf der anderen Seite der Transport der unternehmensseitig kulturell verankerten Leidenschaft nach außen geschehen. Dann wird das Unternehmen als glaubwürdiger Netzwerkpartner wahrgenommen. Dies geht nur, wenn die Leidenschaft der Zielgruppe tatsächlich im Unternehmen internalisiert wurde.

Dadurch, dass der Faktor Leidenschaft individuell verankert und in Form von Umweltelementen (Menschen) systemisch integriert wird, wird Leidenschaft zum kulturellen Element der Unternehmen.

Dieser Aspekt ist entscheidend: durch personengebundenes, implizites Wissen lässt sich Leidenschaft in das Unternehmen einbeziehen und über die Unternehmenskultur zur entscheidenden Ressource der Zielgruppenkommunikation und -interaktion machen.

Begeisterungsfähigkeit für die AFG-Werte und –Verhaltensweisen wird damit zur Kernkompetenz im AFG-Management.

8.3 Kultur der Wissensarbeit in AFG-Unternehmen aufbauen

AFG-Management erfordert die Einsicht, dass die aktive Gestaltbarkeit komplexer, dynamischer Systeme begrenzt ist. Für die Führung bedeutet das, die Rahmenbedingungen für eine evolutionäre Selbstorganisation des Unternehmens zu schaffen und Impulse zu setzen, um der drohenden Trägheit des Systems entgegenzuwirken.[303]

Szenen und AFGs sind, wie bereits erläutert, keine starren, fixen Konstrukte, sondern sich ständig im Wandel befindliche soziale Gruppen. Innerhalb dieser Gruppen entstehen laufend neue Trends, Entwicklungen und Strömungen, die nicht vorherzusehen sind. Auch wenn man die Szene in- und auswendig kennt, mit dieser verwoben und ein Teil davon ist, so kann man deren zukünftige Entwicklungen nur erahnen. Für Unternehmen, die sich solche Neigungsgruppen als Zielgruppen ausgesucht haben, bedeutet das, dass sie sich parallel zur Zielgruppe weiterentwickeln müssen. Unternehmen müssen in jeglicher Hinsicht flexibel bleiben und bereit sein für eine gemeinsame Entwicklung (Co-Evolution) mit und in ihrer Zielgruppe. Es geht damit um ein kollektives, selbstregulierendes Lernen in und von Netzwerken.

Ein Instrument, mit Hilfe dessen sich Anbieter und Nachfrager in einer gemeinsamen Lebenswelt entwickeln können, sind Kommunikationsplattformen, wie z.B. Internetforen (AFG-Channels) oder Events. Unternehmen können entweder bestehende Plattformen nutzen oder eigene schaffen und diese zu einem Element des Kommunikationsnetzwerkes der AFG machen. Ein Paradebeispiel für die Co-Evolution von Unternehmen und Szene ist Red Bull. Der Hersteller des weltweit bekanntesten Energiedrinks veranstaltet zahlreiche eigene Events, die meist zu einem festen Bestandteil der jeweiligen Szene geworden sind (www.redbull.com). Red Bull hat es geschafft, über die Ausrichtung dieser Events nicht nur eine Marke aufzubauen und diese in den Szenen zu verankern. Red-Bull-Events sind aus vielen Szenen nicht mehr wegzudenken. Diese Events stellen einen essenziellen Teil der Kommunikationsinfrastruktur dar, ohne den Szenen wie z.B. Freeskier in ihrer heutigen Form nicht existieren würden.[304] Damit kann Red Bull nicht nur Trends aufspüren und Bedürfnisse erkennen, sondern diese selbst initiieren und lenken. Anbieter und Nachfrager werden zu untrennbaren, sich gegenseitig bedingenden Teilen ein und derselben Gruppe.

Eine andere Möglichkeit der gemeinsamen Kommunikationsplattform von Anbieter und Nachfrager sind Showrooms. Immer mehr, vorwiegend große Markenunternehmen, eröffnen Geschäfte, in denen es weniger um den Verkauf als vielmehr um das Erleben der Markenprodukte geht. Der Elektronikhersteller Samsung beispielsweise eröffnete 2004 seinen

---

[303] Vgl. Bea/Göbel 2010, S. 169ff.
[304] Beispielhaft ist hier der Red Bull-Hike&Ride-Event zu nennen, bei dem Red Bull Freeridern aus der ganzen Welt (egal ob Profis oder Amateure) die Möglichkeit bietet, ihren eigenen Szenefilm zu drehen (www.redbullhikeandride.com). Damit bietet Red Bull der Szene eine Plattform, sich zu treffen und die gemeinsame Affinität auszuleben. Gleichzeitig entstehen so Szenefilme, die zur Verbreitung und Entwicklung der Szene beitragen.

"Experience Showroom" in New York, in dem alle Neuheiten von Samsung getestet und bewundert werden können. Experten stehen zur Seite und beantworten jede nur erdenkliche Frage zu den Produkten. Der Kunde trifft hier auf Gleichgesinnte in Sachen Unterhaltungselektronik, kann sich austauschen und informieren; kaufen kann er die Produkte hier jedoch nicht.[305] Auch Apple setzt mit seinen „Apple Mini Retail Stores" weniger auf den direkten Verkauf der Produkte. Ziel ist es, einen Ort zu schaffen, an dem Kunden sowie potenzielle Kunden zusammen kommen und in direktem Kontakt mit dem Unternehmen ihrer Leidenschaft frönen können. Um den Kundenkontakt möglichst intensiv zu gestalten, hat Apple in jedem Mini Retail Store eine „Genius Bar" eingerichtet, an der Experten von Apple den Kunden mit Rat und Tat zur Seite stehen.[306] Egal ob es um Produktfragen zu dem neuesten „iPod" geht oder ob man ein Problem mit seinem eigenen Apple-Notebook hat, die Experten helfen gerne. Showrooms lassen somit nicht nur die Produkte und die Marke greifbar und erlebbar werden, sondern fördern auch die Interaktion zwischen Produzent und Zielgruppe, was der Co-Evolution sehr förderlich ist.

Die permanente Weiterentwicklung mit der AFG stellt besondere Anforderungen an das Markenmanagement eines Unternehmens. Die Marke dient dem Verbraucher als Surrogat für das Unternehmen und seine Produkte. Aufgrund der Gruppenindividualisierung orientieren sich insbesondere Individuen in Szenen an Marken, die in ihr Selbstkonzept passen und bei der Identifizierung mit einer Gruppe Gleichgesinnter hilfreich sind. Neben den generellen Anforderungen an Marken, wie Exklusivität und Authentizität, sollten AFG-Marken besonders das Kriterium der Selbstähnlichkeit erfüllen. Selbstähnlichkeit meint die Kombination von Wiederholung und Erstmaligkeit.[307] AFG-Marken müssen zum einen durch die Wiederholung des Bekannten, der sinnlich wahrnehmbaren Erfolgsmuster, den Wiedererkennungswert erhöhen. Dadurch wird die Orientierung der Zielgruppe erleichtert sowie Vertrautheit erzeugt, wodurch stabile Vertrauensverhältnisse konstruiert werden können. Zum anderen muss eine gewisse Variation des Bekannten möglich sein, um von den Kunden immer als interessant und lebendig wahrgenommen zu werden.[308] „Marke braucht Spannung. [...] Wenn eine Marke nicht regelmäßig erneuert wird, verliert sie an Aktualität und Attraktivität – sie wird langweilig."[309] Zudem ist eine gewisse Elastizität der Marke notwendig, d.h. eine den jeweiligen kulturellen Umfeld-Bedingungen eines Landes sowie der gesellschaftlichen Entwicklungen im Zeitverlauf angepasste Variation der Marke, um sich in einem internationalen und sich laufend verändernden Markt wie dem einer AFG behaupten zu können. Die Herausforderung in der Markenpolitik für AFGs besteht demnach in einem ausgewogenen Verhältnis zwischen Neuem und Altem, zwischen Erstmaligkeit und Wiederholung, womit die Co-Evolution von Marke und AFG unumgänglich ist.

Neben der Weiterentwicklung des Unternehmens ist eine Veränderung zur Kultur der

---

[305] Vgl. Parry 2004, o.S.
[306] Vgl. Apple 2006, o.S.
[307] Vgl. Deichsel 2004, S. 116ff.
[308] Vgl. Brandmeyer 2002, S. 35ff.
[309] Schölnhammer/Webhofer 2005, S. 16.

Wissensarbeit notwendig. Die Mitarbeiter werden zu „Wissensarbeitern", d.h. Wissen ist für sämtliche Arbeitsschritte grundlegend. Dieses Wissen, sei es implizit oder explizit, schafft Voraussetzungen für einen langfristigen Unternehmenserfolg. Das Wissen ist eine wichtige Ressource für die Zukunft und muss auch so verstanden bzw. gelebt werden. Durch Wissensmanagement bietet sich die Chance, den Erfolgsfaktor Wissen strategisch zu nutzen, um Wettbewerbsvorteile zu schaffen. Die verschiedenen Arbeitsweisen sollten auf eine Wissensmanagement-Philosophie abgestimmt sein. Oftmals ist dieser Schritt nicht einfach, denn bestehende Prozesse müssen teilweise neu konzeptualisiert werden oder sind gar völlig neu zu erlernen. Die Mitarbeiter müssen erkennen, dass der Umgang mit Wissen (angefangen von Kunden- und Firmenadressen bis hin zu umfangreichen Kunden- und Marktinformationen) gerade bei wissensintensiven Produkten entscheidend für den Vorsprung gegenüber der Konkurrenz ist. Der Aufbau einer neuen Wissenskultur ist seitens der Unternehmen voranzutreiben und die Organisation muss so ausgerichtet werden, dass das notwendige AFG-Wissen in den Kernprozessen genutzt werden kann.

8.4 Unternehmenswandel durch AFG-Management

Wie in den vorangegangenen Kapiteln ersichtlich wurde, hat die Einführung von AFG-Management Auswirkungen auf das komplette Managementsystem eines Unternehmens. Jedes Unternehmen muss daher für sich prüfen, ob eine Ausrichtung auf AFGs sinnvoll und realisierbar ist.

Thesenartig dargestellt, zeichnen sich folgende Lernpotenziale ab:

- Das AFG-Management-Konzept ist besonders für Unternehmen in produkthomogenen und gesättigten Märkten geeignet, deren Zielgruppen unter der Informationsüberlastung und der angebotenen Produktvielfalt leiden. Die Frage ist hier, inwieweit sich die Produkte des entsprechenden Marktes auf AFGs ausrichten lassen. In der Branche der Finanzdienstleister, wie z.B. der Versicherungsunternehmen, die sich in einem eindeutig produkthomogenen und gesättigten Markt bewegen, macht eine angebotsseitige Ausrichtung auf AFGs durchaus Sinn. So lassen sich z.B. für Golfer oder Snowboarder unterschiedliche, auf die entsprechenden Eigenschaften der AFGs angepasste Versicherungspakete schnüren. Ein Beispiel hierfür ist der Versicherungskonzern „Gerling", der bereits spezifische Angebote für diverse AFGs, wie Golfen, Reiten oder Tennis, anbietet. In anderen Branchen, wie z.B. der Kosmetik- oder Hygieneartikelbranche, ist es jedoch nicht immer praktikabel, die Produkte auf unterschiedliche AFGs anzupassen und entsprechend zu bewerben. So wird es Procter & Gamble schwer fallen, seine Zahnpasta-Marke „blend-a-med" auf bestimmte AFGs auszurichten. Einerseits fehlen AFG-spezifische Produktanforderungen (egal ob Liebhaber klassischer Musik, Briefmarkensammler oder Skater, jeder hat dieselben Anforderungen an eine Zahnpasta) und andererseits ist die Zahnpasta ein Massenprodukt, bei dem sich nur schwer ein Bezug zu einer bestimmten Affinität herstellen lässt. Ein weiterer Aspekt, der hierbei beachtet werden muss, ist die Stellung des Unternehmens im Wertschöpfungsprozess.

- Bedingung für ein erfolgreiches AFG-Management ist die Integration mit dem AFG-Netzwerk und damit der intensive Kontakt zum Endkonsumenten. Unternehmen, die keinen Endkonsumentenkontakt haben (z.B. Zulieferer) fehlt daher die Möglichkeit, sich auf die jeweilige Affinität zu beziehen und sich im Kommunikations- und Interaktionsgefüge der Zielgruppe entsprechend zu positionieren.

- Das öffentliche Bekenntnis gilt auch für Unternehmen. Nur wer aktiv und öffentlich in der AFG agiert, kann die Vorteile des AFG-Managements nutzen.

- Die Größe eines Unternehmens spielt ebenfalls eine Rolle beim Abgleich mit dem AFG-Konzept. Mit zunehmender Größe von Unternehmen steigen zumeist auch deren Strukturierungsgrad und die damit in Verbindung stehende Komplexität von Aufgabenverteilung und Kompetenzzuweisungen. Je starrer und verflochtener diese Unternehmensstrukturen sind, desto schwerer lassen sie sich in einem Change-Management-Prozess an die neuen Anforderungen des AFG-Konzeptes adaptieren.

Vorausgesetzt, ein Unternehmen sieht in der Bearbeitung von Affinitätsmärkten eine interessante strategische Option, dann sind die im vorliegenden Werk angeführten Ausführungen zum AFG-Management geeignet, eine systematische Entscheidungshilfe zu geben.

Teil III:
Affinity-Group-Management:
Neue Geschäftsmodelle entstehen

9 Grundlagen zu Geschäftsmodellen für Dienstleistungen

Der Unternehmenswettbewerb ist durch eine zunehmende Intensität marktdynamischer, (reaktions-)zeitlicher und meist auf Basis technologischer Veränderungen charakterisiert, die sich in verkürzten Innovations-, Entwicklungs- und Marktzyklen und einer verstärkten Konzentration auf Differenzierungsstrategien äußern. Wettbewerbsvorteile sind schwerer zu verteidigen weil kurzlebiger und Unterschiede zu den Mitbewerbern können nur mit hohem Aufwand aufrechterhalten werden. Wie bisher gezeigt wurde, bietet das strategische AFG-Management Chancen, durch sein neues Zielgruppenverständnis neue Wettbewerbsvorteile zu generieren und Anlässe für die Entwicklung neuer Geschäftsmodelle zu schaffen.

Ziel des vorliegenden Kapitels ist es nun, Handlungsmöglichkeiten aufzuzeigen, um neue, innovative Produkte mithilfe der AFG-Systematik vor dem Hintergrund geänderter Wettbewerbssituationen zu entwickeln. Zollenkopp nennt in diesem Zusammenhang vier Merkmale dieser „neuen Wettbewerbslandschaft": „Unsicherheit und Risiken nehmen auf Grund [sic!] reduzierter Vorhersehbarkeit bevorstehender Änderungen zu. Branchengrenzen lösen sich auf. Das Augenmerk des Managements verlagert sich auf Flexibilität, permanentes Lernen sowie temporäre Kooperation mit Konkurrenten. Organisationen wandeln sich zu flexiblen Netzwerken."[310] Unternehmen müssen sich diesen veränderten Rahmenbedingungen des Wettbewerbs kontinuierlich anpassen, was sich auch in der fundamentalen Geschäftsgrundlage und in einer „Erosion" der Branchengrenzen niederschlägt. So ergänzen traditionelle Industriegüterhersteller (bspw. Automobilbranche) ihre Produkte mit Dienstleistungen (bspw. Finanzierungsleistungen), stationäre Dienstleister (z.B. Buchhandel) erweitern ihre Vertriebskanäle (durch Online-Versand) oder bisherige Zusatzleistungen werden zu Kernleistungen eines Unternehmens (z.B. Tankstellen, die mehr Ertrag durch den Verkauf von Gütern des täglichen Bedarfs als mit Kraftstoffen generieren). Dies sind massive Änderungen des bisherigen Geschäftsverständnisses. Die damit beobachtbaren Leistungsveränderungen führen zu teils dramatischen Änderungen der strategischen Erfolgsgrundlagen, wie das Beispiel der Online-Reisebüros zeigt, deren Marktführer „expedia.com" nicht von einem Offline-Reisebüro, sondern im Microsoft-Konzern, also in einem branchenfremden Unternehmen entwickelt wurde. All diese genannten Aspekte werden durch das strategische AFG-Management insbesondere im Rahmen des vorgestellten Trierer Modells (Vision, Strategie, Organisation und Kultur) integriert und sollen nun den Anforderungen dieser veränderten Branchenbedingungen gerecht werden. Zusätzlich muss berücksichtigt werden, dass im Wettbewerb die strategische Differenzierung vom Konkurrenten bei Gütern des klassischen Industrie- und Konsumgüterindustriesektors nicht mehr über die Herstellqualität an sich, sondern immer häufiger durch das Anbieten von Zusatznutzen durch Dienstleistungen wie Informations-, Beratungs- und Instandhal-

---

[310] Zollenkopp 2006, S. 1.

tungsleistungen erfolgt. Immaterielle Güter werden nun zunehmend auch für produzierende Unternehmen relevanter, was sich durch das verstärkte Aufkommen von hybriden Produkten (Kombination aus Sach- und Dienstleistungen) beobachten lässt.[311] Hier liegen die Gründe, warum auch in der jüngeren Management-Lehre das Thema „Revision des Geschäftsmodells" in den Mittelpunkt wissenschaftlicher Diskussion getreten ist.

Um diesen Entwicklungen Rechnung zu tragen, werden im vorliegenden Kapitel zunächst Geschäftsmodelle in der Management-Lehre betrachtet. Das Aufzeigen der Entwicklungsphasen und Theorieströmungen sowie definitorische Abgrenzungen bilden dabei das Fundament. Auf dieser Basis werden die strategische Komponente bei Geschäftsmodellen und die Erkenntnisse des AFG-Managements in die Überlegungen integriert und dienen so als Brücke zwischen der allgemeinen Geschäftsmodelltheorie und der Theorie zu (serviceorientierten) AFG-Geschäftsmodellen.

Zudem verdeutlicht der steigende Innovationsdruck bei Unternehmen auch die Notwendigkeit, Dienstleistungen zielgerichtet und systematisch zu entwickeln – ja regelrecht zu gestalten (zu designen). Um diesen Ansprüchen gerecht zu werden, entstanden Teildisziplinen des Dienstleistungsmanagements wie Service Design und Service Engineering, die ebenfalls für das AFG-Management zu beachten und im Folgenden vorgestellt werden.

AFG-Geschäftsmodelle – verknüpft mit Service Design und Service Engineering – führen zum AFG-Servicekonzept, das Gegenstand des anschließenden Kapitels ist und einen 7-Stufen-Prozess vorstellt.

Die folgende Abbildung spiegelt den Aufbau und die Vorgehensweise des vorliegenden Kapitels wider, stellt den Bezug zum folgenden Kapitel her (linke Spalte) und fasst die zentralen Inhalte zusammen (rechte Spalte).

---

[311] Vgl. Böhmann/Krcmar 2007, S. 241f.

Abbildung 9.1 Aufbau des Kapitels

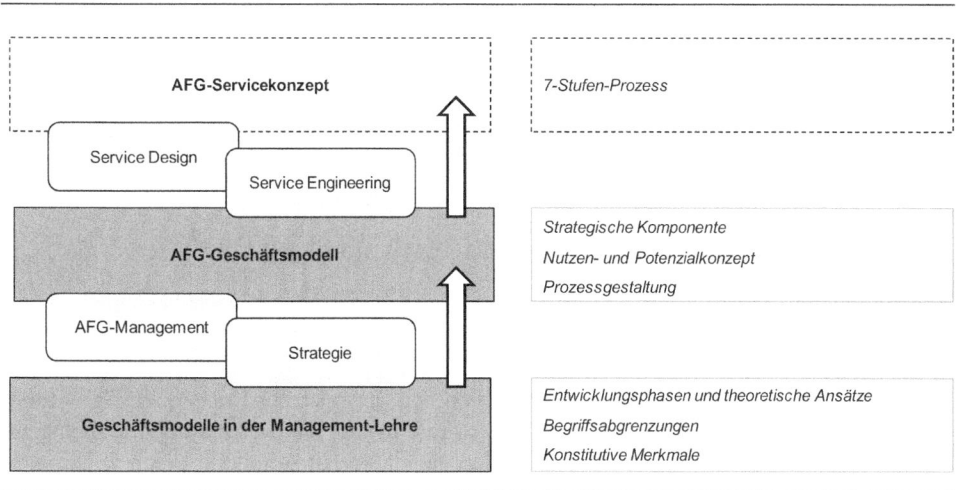

9.1 Geschäftsmodelle in der Management-Lehre

Die Ursprünge der zunehmenden Relevanz des Begriffs „Geschäftsmodell" („business model") finden sich in der Net Economy Boom-Phase seit 1990. Net Economy bezeichnet dabei „den wirtschaftlich genutzten Bereich von elektronischen Datennetzen, welche über elektronische Plattformen die Abwicklung von Informations-, Kommunikations- und Transaktionsprozessen erlaubt"[312] und steht für den Aufstieg des Electronic Commerce (E-Commerce). Trotz dieser Tatsache ist der Terminus nur sehr unpräzise bestimmt und wird nicht einheitlich betrachtet: häufig wird „Geschäftsmodell" synonym zu „Geschäftsidee", „Geschäftskonzept" oder „Geschäftsstrategie" verwendet.[313]

Allgemein dienen Geschäftsmodelle als Darstellungsmöglichkeit der Geschäftstätigkeit eines Unternehmens und schildern eine Art „Erzählung" (Geschichte) über die Idee seiner Gründung und der Geschäftsgrundlagen: „[Business models] are, at heart, stories – stories that explain how enterprises work."[314] Ein „gutes" Geschäftsmodell vermag es, die schon von Peter Drucker gestellten Fragen wie „Wer ist der Kunde?", „Was ist der Wert für den Kunden?", „Wie sieht unser Geschäft aus?" und „Wie sollte unser Geschäft aussehen?"[315] vor dem Hintergrund des einzigen Unternehmensziels, „to create a customer"[316] zu beantworten. So betont Drucker bereits in den 1950er Jahren einen der wesentlichen Bestandteile

---

[312] Kollmann 2008, S. 6.
[313] Vgl. Rentmeister/Klein 2003, S. 18.
[314] Magretta 2002, S. 86.
[315] Vgl. Drucker 1969, S. 49ff.
[316] Drucker 1969, S. 35.

heutiger Geschäftsmodelle: der Kundennutzen, der zentral für den Unternehmenserfolg ist. Darüber hinaus schuf Drucker mit dem Beitrag „Theory of the Business" einen ersten konzeptionellen Rahmen, der bis heute als Grundlage der strategisch orientierten Geschäftsmodelle dient, da er bereits damals die Logik von Geschäften in die zentrale Betrachtung stellte. Folgende Bestandteile nennt er als wesentlich für die Beschreibung der Unternehmensorganisation und des -verhaltens sowie für eine fundierte Entscheidungsfindung (Theorie des Geschäfts):[317]

- Wert und Verhalten (their values and behavior)
- Technologie und deren Dynamik (technology and its dynamics)
- Unternehmensstärken und -Schwächen (company's strengths and weaknesses)
- Ertragsquellen (what a company gets paid for)

Der Zweck und Nutzen von Geschäftsmodellen liegt in einer beschreibenden Abbildung der Organisationseinheiten eines Unternehmens und dessen Geschäftstätigkeit. Dabei stellt das Geschäftsmodell die Schnittstelle zwischen einer Geschäftsidee und deren konzeptionell strategischer und organisatorischer Umsetzung dar und versucht, Aussagen über Produkt- und Marktkombinationen, kritische Erfolgsfaktoren, Prozesse und Finanzströme vor dem Hintergrund der Kundenbedürfnisse zu treffen.[318] Hierbei kann das Erstellen eines Geschäftsmodells der Konzeptfindung und -prüfung sowie der Strategieumsetzung sowohl eines neuen Unternehmens (Start-up) als auch eines etablierten Unternehmens dienen, denn jedes Unternehmen hat ein Geschäftsmodell; die Frage ist nur, ob es nach einem erfolgreichen arbeitet. Aufgrund dynamischer Umweltveränderungen und rasanter technologischer Entwicklungen stehen auch Unternehmen mit bestehenden Geschäftsmodellen stets vor der Herausforderung, neue Entwicklungstendenzen zu antizipieren und ihr eigenes Geschäftsmodell den neuen Voraussetzungen in Markt und Wettbewerb anzupassen.

Die wohl verbreiteteste Definition, die den zuvor genannten Merkmalen von Geschäftsmodellen entspricht, stammt von Timmers: „An architecture for product, service and information flows, including a description of the various business actors and their roles; and a description of the potential benefits for the various business actors; and a description of the resources of revenue."[319]

Zusammenfassend dienen somit Geschäftsmodelle der Beschreibung grundsätzlicher unternehmerischer Tätigkeiten und bilden vor dem Hintergrund sich stetig wandelnder Wettbewerbslandschaften Zusammenhänge insbesondere zwischen Leistungserstellungsprozess, Nutzenstiftung der Leistung auf Seiten der Konsumenten und Erlösquellen ab. Diese Marktdynamiken und die sich ändernden Unternehmensanforderungen schlugen sich auch in den verschiedenen Stadien von Geschäftsmodelldefinitionen nieder, die genauer dargelegt werden sollen.

---

[317] Vgl. Drucker 1994, S. 95.
[318] Vgl. Scheer/Deelmann/Loos 2003, S. 7.
[319] Timmers 2000, S. 32.

Wie die Untersuchung der Entwicklungsphasen des Geschäftsmodell-Konzeptes zeigen wird, gibt es keine einheitliche, allgemein gültige Definition; weder in der wissenschaftlichen noch in der praxisnahen Diskussion. Aus diesem Grund werden zunächst die wichtigsten Entwicklungsströme und die zugrunde liegenden theoretischen Basisansätze vorgestellt und um verschiedene Begriffsdefinitionen ergänzt. Der erste Abschnitt beschäftigt sich daher mit der Herkunft sowie der Entwicklung des Begriffs und des Geschäftsmodellkonzeptes und bezieht die sich stetig ändernden Anforderungen der Marktdynamik mit in die Betrachtungen ein, um so die strategische Komponente bei Geschäftsmodellen hervorzuheben. Im zweiten Abschnitt wird der Terminus Geschäftsmodell in der Management-Lehre vom Begriff „Geschäftsidee" unter Bezugnahme auf das normative Management abgegrenzt. Im Anschluss werden verschiedene Geschäftsmodell-Ansätze und deren unterschiedliche Elemente miteinander verglichen. Ziel dieses Beitrages ist es, zunächst eine Synopse zwischen Geschäftsidee, Geschäftsmodell und Management zu schaffen, um eine Ausgangsbasis für die Ableitung eines AFG-Geschäftsmodells beschreiben zu können. Der anschließende Abschnitt befasst sich mit dieser konzeptionellen Entwicklung eines AFG-Geschäftsmodells im Rahmen des strategischen Managements und betrachtet die konstitutiven Komponenten „Wettbewerbliche Rahmenbedingungen", „Markt- und Produktmodell", „Prozess- und Leistungsmodell" sowie „Finanzmodell" vor dem Hintergrund ausgewählter Merkmale des AFG-Managements. Abgeschlossen wird das Kapitel mit Implikationen für die praktische Umsetzung des AFG-Geschäftsmodells und Ansatzpunkten für weitere Forschungsvorhaben.

9.1.1 Historische Entwicklung und theoretische Ansätze zum Geschäftsmodell

Osterwalder, Pigneur und Tucci untersuchten die Häufigkeit des Begriffes „business model" in wissenschaftlichen Texten. Das Ergebnis zeigte einerseits, dass der Begriff zwar bereits vereinzelt in den 1950er Jahren verwendet wurde, aber andererseits erst ab dem Jahr 1998 ein sprunghafter Anstieg beim Gebrauch zu verzeichnen war: Der Terminus „business model" wurde im Rahmen einer Volltextsuche 128-mal identifiziert, wohingegen er im Jahr 2000 bereits 491-mal verwendet wurde.[320] Ein weiteres Ergebnis der Untersuchung ist, dass trotz des steigenden Gebrauchs eine unspezifische Anwendung des Begriffs zu erkennen war. „Die verschiedenen Autoren verwenden ihn sowohl mit unterschiedlicher Bedeutung, als auch in unterschiedlichem Kontext. Ein gemeinsames Verständnis und einheitliche Forschungsschwerpunkte existierten zu diesem Zeitpunkt nicht."[321]

Der Begriff business model und dessen vermehrte Verwendung gehen auf die Anfänge der Wirtschaftsinformatik in den 1970er Jahren, insbesondere in den Bereichen der Gestaltung von Informationssystemen und des Business Process Reengineering zurück. Hierbei wird unter „business modelling" der Einsatz von Methoden verstanden, die das Beschreiben,

---

[320] Vgl. für das Untersuchungsdesign, eine Ergebnisübersicht sowie weiterführende Erklärungen Osterwalder/Pigneur/Tucci 2005, S. 6f.
[321] Wirtz 2010, S. 7.

Verstehen und Gestalten von Geschäftsprozessen und -abläufen zum Gegenstand haben.[322] Mit der Etablierung des Internets als Informations-, Kommunikations- und Transaktionsmedium sowie mit dem Aufstieg des E-Commerce gewann das Geschäftsmodell-Konzept nicht nur in der (Wirtschafts-)Informatik, sondern auch in anderen Fachdisziplinen an Bedeutung. In der Betriebswirtschaftslehre und in der unternehmerischen Praxis war das Geschäftsmodell der zentrale Begriff und meist die Entscheidungsgrundlage für potenzielle Investoren sowie weitere Stakeholder von Unternehmen der New Economy[323]. Der Begriff avancierte rasch zum Schlagwort („buzzword"[324]) einer ganzen Unternehmensgeneration, die für schnellen Erfolg und hohe Renditechancen stand. Dadurch wurde die Bedeutung des Geschäftsmodells über die Grenzen eines reinen Modellierungsinstruments um betriebswirtschaftliche Aspekte und eine strategisch-orientierte Komponente erweitert und stand erstmals für eine „ganzheitliche Beschreibung unternehmerischer Tätigkeit in aggregierter Form"[325]. Diese Bedeutungsentwicklung wurde durch die nachlassende Euphorie bezüglich der New Economy weiter vorangetrieben und bewirkte eine grundlegende Veränderung des Begriffsverständnisses, was sich auf zwei Arten äußerte: Zum einen war der Begriff des Geschäftsmodells durch das „Platzen der Dotcom-Blase" negativ behaftet und stand stellvertretend für die nicht erfüllten Gewinnerwartungen von Investoren in hoch- oder häufig auch überbewerteten New Economy-Unternehmen. Zum anderen wurden für den Misserfolg und die Krise jener „Branche" ungenau ausgearbeitete, inkonsistente Geschäftsmodelle als Ursache herangezogen und für das Scheitern der Internetunternehmen verantwortlich gemacht.[326]

Trotz dieser negativen Konnotation von Geschäftsmodell wurde der Begriff für etablierte und weniger internetaffine Unternehmen relevant, die ihre bestehenden Geschäftsmodelle kritisch reflektierten und um E-Business-Komponenten erweiterten.[327] Diese Integration des Begriffs in die unternehmerische Praxis der sog. Old Economy, war der Auslöser für eine Neuaufnahme des Konzeptes in die wissenschaftliche Diskussion. Insbesondere die Forderung nach einer allgemein gültigen Begriffsbestimmung hält bis heute an und stellt die Grundlage jeder (interdisziplinären) Auseinandersetzung mit der Thematik dar. Die Vielzahl von Definitionen, die sich in den meisten Fällen nur auf eine bestimmte Branche beschränken (können), spiegelt dabei die Komplexität des Geschäftsmodell-Konzeptes wider; diese Komplexität wird ihrerseits durch die Miteinbeziehung verschiedener theoretischer Ansätze begründet.

Um das Geschäftsmodell ganzheitlich darzustellen, identifiziert Wirtz drei Basisansätze,

---

[322] Beispiele für Geschäftsmodelle nach diesem Verständnis sind Prozessmodelle, Organigramme oder Funktionsdekompositionsdiagramme. Vgl. hierzu weiterführend Rentmeister/Klein 2003, S. 17f.
[323] Hierbei galt es, durch das Geschäftsmodell die Geschäftsidee in ein Konzept zu übersetzen und darauf aufbauend einen Geschäftsplan (business plan) zu entwerfen, um Investoren (insbesondere Venture Capital-Gesellschaften) von der unternehmerischen Fähigkeit und Finanzierungswürdigkeit zu überzeugen.
[324] Vgl. Magretta 2002, S. 86.
[325] Zollenkop 2006, S. 29.
[326] Vgl. Wirtz 2010, S. 7ff.
[327] Vgl. Zollenkop 2006, S. 31.

welche im Folgenden kurz dargestellt werden: (Informations-)technologischer, organisationstheoretischer und strategischer Ansatz.[328]

Technologischer Ansatz

Die wissenschaftlichen Diskussionen um den Begriff des Geschäftsmodells finden ihren Ursprung in peer-reviewed Journals aus dem Bereich Management Information Systems und konzentrieren sich auf Methoden und Werkzeuge der Geschäftsmodellierung.[329] Mit dem Begriff Geschäftsmodell wird im Rahmen der informationstechnologischen Disziplinen die eigentliche, operative Tätigkeit zur Systemmodellierung verstanden, „die sich zumeist auf Ebene einzelner Funktionalbereiche abspielt [...] und als Gestaltungsobjekte die Unternehmensprozesse modelliert."[330] Diese sehr informationssystemtechnische Abbildung von Prozessen und Strukturen wurde allerdings auch im informationstechnologischen Begriffsverständnis um weitere Aspekte erweitert. Durch die zunehmende Popularität des Internets und des E-Commerce in den sich ständig verändernden Markt- und Wettbewerbsbedingungen, konnten bestehende Geschäftsmodelle nicht ohne Weiteres „in die virtuelle Welt" übertragen werden. Aus diesem Grund kam dem Geschäftsmodell-Begriff zunehmend die Bedeutung als erstem konzeptionellem Schritt in Richtung einer integrierten Darstellung der Unternehmensorganisation zu. Diese Tendenz stellt auch den Übergang zum zweiten Basisansatz dar, der die Unternehmen im Rahmen der Organisationstheorie betrachtet und ein Geschäftsmodell als Instrument zur Managementunterstützung versteht.[331]

Organisationstheoretischer Ansatz

Das informationstechnologische Verständnis eines Geschäftsmodells als eine rein systemtechnische Abbildung von Prozessen oder bestenfalls als Hilfsmittel zur Umsetzung von Entscheidungen, wurde in den 1990er Jahren als zu eng abgegrenzt aufgefasst und erfuhr eine Erweiterung um eine betriebswirtschaftliche Komponente. Hierbei dient das Geschäftsmodell erstmals dem Verständnis von unternehmerischen Mechanismen in einer Organisation und der Abbildung von Unternehmensstruktur oder -architektur. Al-Debei, El-Haddadeh und Avison konstatieren: „The business model is an abstract representation of an organization, be it conceptual, textual, and/or graphical, of all interrelated architectural, co-operational, and financial arrangements designed and developed by an organization [...]."[332]

Die damit in Verbindung stehenden Zielsetzungen sind Gegenstand eines Strategieformulierungsprozesses, der eng in Zusammenhang mit der Organisationsstruktur eines Unternehmens steht. Damit schuf der organisationstheoretische Ansatz einen strukturell-kulturellen Bezugsrahmen für die weitere wissenschaftliche Geschäftsmodell Diskussion.

---

[328] Vgl. Wirtz 2010, S. 11ff.
[329] Stellvertretend wird hier auf die bekannte und standardisierte Modellierungssprache Unified Modelling Language (UML) verwiesen.
[330] Zollenkop 2006, S. 2009.
[331] Vgl. insbesondere zu Geschäftsmodelltypologien in der Internetökonomie Wirtz/Becker 2002, S. 85f.
[332] Al-Debei/El-Haddadeh/Avison 2008, S. 8f.

Strategischer Ansatz

„Structure follows strategy"[333] - mit dieser griffigen Formel zeigte der Wirtschaftshistoriker Alfred D. Chandler bereits 1962 die Zusammenhänge zwischen Unternehmensstrategie und Organisationsstruktur auf. Basierend auf seinen empirischen Forschungsergebnissen, identifizierte er die Unternehmensstrategie als zentrale Ursache für eine Reorganisation des Unternehmens. Die fortwährende Weiterentwicklung des Geschäftsmodells von einem Hilfsmittel hin zu einem Managementinstrument, dass die verschiedensten Dimensionen der Unternehmensumwelt und des Unternehmens selbst beinhaltet, führte dazu, dass die strategische Komponente in den wissenschaftlichen Diskurs von Geschäftsmodellen mit einbezogen wurde.

Krüger und Bach weisen darauf hin, dass ein Geschäftsmodell nicht Teil einer (Wettbewerbs-)Strategie oder vice versa ist, sondern vielmehr besteht eine Ziel-Mittel-Beziehung zwischen den beiden Konzepten: „Das gewählte Geschäftsmodell dient der Umsetzung der angestrebten Strategie. [...] innovative Geschäftsmodelle [können] sehr wohl dazu führen, bestehende Wettbewerbsstrategien zu verstärken bzw. abzusichern oder neue zu eröffnen."[334]

Folgende Abbildung stellt die drei vorgestellten theoretischen Basisansätze im Rahmen der Konzeptentwicklungsphasen gegenüber und nennt die wichtigsten Vertreter der jeweiligen Sicht.

---

[333] Chandler 1962, S. 314.
[334] Krüger/Bach 2001, S. 34.

Abbildung 9.2 Übersicht der theoretischen Basisansätze für das Geschäftsmodell-Konzept[335]

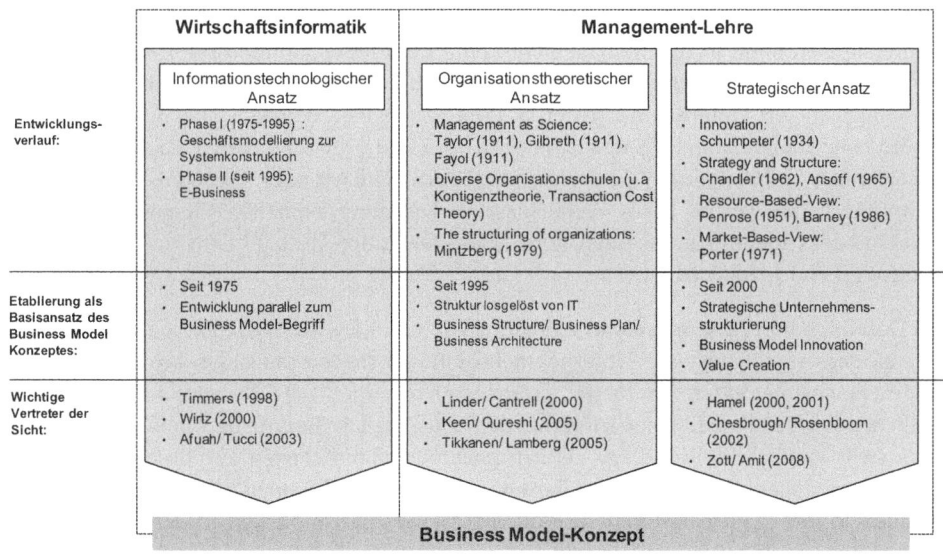

Quelle: In Anlehnung an Wirtz 2010, S. 17.

Da die strategische Komponente im Rahmen des vorliegenden Beitrags als Bezugsrahmen zum AFG-Management dient, wird auf die Unternehmensstrategie und ihre wechselseitige Beziehung mit dem Geschäftsmodell-Konzept in den folgenden Abschnitten eingegangen.

9.1.2 Abgrenzungen des Begriffs „Geschäftsmodell"

Wie der vorangegangene Abschnitt und die Darlegung der zentralen Entwicklungsphasen des Geschäftsmodell-Konzepts zeigten, ist die Literatur zum Thema „Geschäftsmodell" und „business model" umfangreich und bereits sehr ausführlich aufgearbeitet. Der Begriff wird jedoch sehr uneinheitlich verwendet und rückblickend hat sich bisher keine allseits verwendete Begriffsdefinition herauskristallisiert; nicht zuletzt aufgrund der drei theoretischen Basisansätze und der damit verbundenen Konzentration auf die jeweilige Fachdisziplin. Ein erster Schritt für das Verständnis ist, sich – wie von zu Knyphausen-Aufseß und Meinhardt versucht – dem Konzept durch eine inhaltliche Bestimmung der Einzelbegriffe „Geschäft" und „Modell" zu nähern: Ein Geschäft, d.h. „ein auf Gewinn abzielendes Unternehmen", kombiniert mit einem Modell, d.h. „eine vereinfachende Abbildung der Wirklichkeit, die aus Elementen und deren Verknüpfung besteht", ergibt den Begriff Geschäfts-

---

[335] Vgl. weiterführend Wirtz 2010, S. 15f.

modell.[336] Im vorliegenden Abschnitt soll jedoch zunächst ein zusammenfassender Überblick der verschiedensten Definitionsansätze in chronologischer Abfolge gegeben werden, um zum einen die Vielfalt zu verdeutlichen und zum anderen die Erweiterungen im Zeitverlauf darzulegen.[337]

Eine erste Definition in der Management-Lehre der 1990er Jahre schlug Österle vor und betonte dabei lediglich eine Chancen- und Gefahrenanalyse, wodurch das Augenmerk ausschließlich auf unternehmensexterne Einflüsse gelegt wurde: „The business model should help in understanding new business forms, and providing early recognition of their opportunities and dangers."[338] Unternehmensinterne Größen oder Analysen, wie die Wertschöpfungskette werden indes vernachlässigt. Da keine expliziten Elemente eines Geschäftsmodells identifiziert werden, wird diese Definition deshalb dem universellen Anwendungsbereich zugeordnet.[339]

Die Definition von Timmers, die in Abschnitt vgl. vgl. 9.1 wiedergegeben wurde, stellt klar heraus, dass sowohl externe Unternehmenseinflüsse (bspw. „business actors") als auch unternehmensinterne Größen (bspw. „sources of revenues") als Bestandteile in ein ganzheitliches Geschäftsmodell integriert werden müssen. Die Begriffsbestimmung von Timmers stellt häufig die Grundlage zeitlich nachfolgender Arbeiten zur Beschreibung von Geschäftsmodellen dar. So beziehen Bartelt und Lamersdorf explizit die Grundaussage von Timmers in ihre Begriffsbestimmung mit ein: Das Geschäftsmodell wird definiert „als eine Architektur [...], die sich aus Produkten, Dienstleistungen, Informationsflüssen und einer Beschreibung der beteiligten Akteure und ihrer Rollen zusammensetzt. Dazu kommt eine Beschreibung der möglichen Vorteile der Akteure und die Benennung der Einkunftsquellen des Geschäftsmodells"[340]. Zimmermann hingegen vernachlässigt die von Timmers erwähnten Informationsflüsse und stellt stattdessen erstmals die Kundenbedürfnisse in die zentrale Betrachtung seiner Begriffsbestimmung: „A business model is defined as follows: An architecture for the product or service addressing certain customer needs [...]"[341] Klueber baut zwar ebenfalls auf der Definition von Timmers auf, allerdings ist bei der Begriffsbestimmung des Autors bemerkenswert, dass neben der Betrachtung einer einzelnen Organisation auch mögliche Unternehmensnetzwerke mit einbezogen werden: „Business models are defined as summary of value creation logic of an organization or a business network including assumptions about its partners [...]"[342] Wie an späterer Stelle gezeigt wird, ist die Integration von anderen Unternehmen in das Geschäftsmodell im Sinne eines Unternehmensnetzwerks (Industriecluster) konstitutives Merkmal der AFG-Geschäftsmodelle.

---

[336] Vgl. zu Knyphausen-Aufseß/Meinhardt 2002, S. 64.
[337] Für eine ausführliche, annotierte Literaturübersicht vgl. Scheer/Deelmann/Loos 2003.
[338] Österle 1996, S.16.
[339] Zu den Dimensionen von Geschäftsmodellansätzen und der Strukturierungskriterien, vgl. Bieger/Reinhold 2011, S. 20: Anwendungsbereich (universell vs. partiell), Festlegung der Elemente (ex ante vs. ex post), Aktionstyp (statisch vs. dynamisch) und Darstellung (Text vs. Grafik).
[340] Bartelt/Lamersdorf 2000, S. 18f.
[341] Zimmermann 2002, S. 729.
[342] Klueber 2000, S. 798.

Die obige Auswahl an Definitionsansätzen, basierend auf Timmers, fokussieren auf die „architektonische", strukturelle Komponente von Geschäftsmodellen und stellen daher auf die Abbildung von unternehmensinternen Prozessen, insbesondere auf die Konfiguration der Wertschöpfung ab. Mahadevan greift ebendiese in die Umschreibung des Geschäftsmodellbegriffs auf und hebt drei Aspekte, die sich an der Wertschöpfung orientieren, besonders hervor:[343]

- „value stream" (die eigentliche Wertschöpfung für alle Akteure),
- „revenue stream" (Umsatzgenerierung durch den Wertschöpfungsprozess)
- „logistical stream" (das Design und die Konfiguration der Wertschöpfungskette i.S.v. Lieferkette)

Die Unternehmensfokussierung der bisher vorgestellten Definitionsansätze wird erstmals von Gordijn und Akkermans aufgehoben und stattdessen das Produkt (physisches Produkt oder Dienstleistung) als bestimmender Treiber wertschöpfender Aktivitäten genannt: „[...] a conceptual model that shows how a network of actors creates, exchanges and consumes objects of value by performing value adding activities."[344]

Eine sehr ausführliche Definition, die explizit das Geschäftsmodell als „[...] ein Modell auf hoher Abstraktionsstufe, das wesentliche, relevante Aspekte des Geschäfts in aggregierter, überschaubarer Form abbildet [...]"[345] erwähnt, wurde von Rentmeister und Klein vorgeschlagen. Zu erwähnen ist weiterhin, dass sich in der Begriffsbestimmung auch „[...] die Nutzen, die sich für die Akteure aus den genannten Flüssen [Leistungs- und Informationsflüsse] ergeben."[346], wiederfinden. Dies bedeutet, dass hier nicht nur die Generierung eines Mehrwertes für die Unternehmen als wichtige Komponente gesehen wird, sondern die durch das Geschäftsmodell beschriebene Leistung für den Konsumenten Nutzen stiften soll. Ähnliches verfolgen auch Johnson, Christensen und Kagermann mit ihrer Definition: „A business model, from our point of view, consists of four interlocking elements that, taken together, create and deliver value. [...] Customer value proposition. Profit formula. Key resources. Key processes."[347]

Bieger und Reinhold leiten davon sinngemäß ab: „Das Geschäftsmodell liefert auf profitable Weise Wert für Kunden durch die Kombination von Schlüsselressourcen und -prozessen."[348], was sich auch in den Elementen des Geschäftsmodellkonzeptes niederschlägt (Leistungs- und Ertragskonzept, Kernressourcen- und Prozesse). Die Begriffe Schlüsselressourcen und -prozesse zielen auf die Einzigartigkeit und Nachhaltigkeit von Kernkompetenzen und somit auch auf die Verteidigbarkeit von Wettbewerbsvorteilen ab. Hierdurch gelingt es den Autoren zusätzlich zu dem „Wert"-Element, eine strategische

---

[343] Mahadevan 2000, S. 64.
[344] Grodijn/Akkermans 2001, S. 60.
[345] Rentmeister/Klein 2001, S. 356.
[346] Rentmeister/Klein 2001, S. 356.
[347] Johnson/Christensen/Kagermann 2008, S. 52f.
[348] Bieger/Reinhold 2011, S. 18.

Komponente mit einfließen zu lassen.

Die Autoren zu Knyphausen-Aufseß und Meinhardt identifizieren drei Elemente von Geschäftsmodellen:[349]

- Produkt-/Marktkombination,
- Durchführung und Konfiguration der Wertschöpfungsaktivitäten,
- Ertragsmechanik, die zwei zentralen Zielsetzungen folgen:
- Kundennutzen und
- Verteidigbarkeit von Wettbewerbsvorteilen.

Das erste beschreibende Element eines Geschäftsmodells ist die Produkt- und Marktkombination, die vielfach auch als strategische Geschäftseinheit[350] bezeichnet wird. Dieses Element steht darüber hinaus in engem Zusammenhang mit der Produkt-Markt-Matrix nach Ansoff, mittels derer grundlegende Strategien abgeleitet werden können. In Abhängigkeit davon, ob auf bereits existierenden oder neuen Märkten agiert wird und mit welchen Produkten (bestehende und neue) Märkte bearbeitet werden, lassen sich die vier generischen Strategien „Marktdurchdringung", „Marktentwicklung", „Produktentwicklung" und „Diversifikation" identifizieren.[351]

Im Beitrag der beiden Autoren wird ausdrücklich unter dem Begriff „Produkt" sowohl das physische Gut („Harte Produkte"[352]), als auch die Dienstleistungen verstanden. Der „Markt" beschreibt demgegenüber nicht zwingendermaßen einen geographischen Markt, sondern ein durch den Marketer künstlich abgegrenztes Segment (Marktsegment). Hier sehen zu Knyphausen-Aufseß und Meinhardt insbesondere eine Chance zur Erschließung von Wachstumspotenzialen sowie eine Quelle von Differenzierungsvorteilen durch innovative Marktabgrenzung. Neben der Produktbeschreibung und der Marktbestimmung ist als drittes Kriterium die Ausgestaltung der Transaktionsbeziehung[353] zwischen Unternehmen und Kunden erfolgsbestimmend für das Geschäftsmodell. Besonders durch die technologischen Möglichkeiten des Internets und der Informations- und Kommunikationstechnik im Allgemeinen, lassen sich neue Transaktionsbeziehungen eingehen und neue Märkte schaffen.

Nach dieser Außenorientierung (Unternehmensumwelt), die wesentlich auf der market-based-view im strategischen Management basiert, wird mittels der zweiten beschreibenden Komponente des Geschäftsmodells das Augenmerk auf die unternehmensinternen Prozesse gelegt. Hier ist der resource-based-view Ansatz als grundlegender strategischer Bezugsrahmen zu nennen. Denn der unternehmerische Umgang mit Ressourcen lässt sich durch

---

[349] Vgl. zu Knyphausen-Aufseß/Meinhardt 2002, S. 66.
[350] Vgl. Hinterhuber 2004, S. 111.
[351] Vgl. Ansoff 1965, S. 109f.
[352] Vgl. zu Knyphausen-Aufseß/Meinhardt 2002, S. 66.
[353] Vgl. weiterführend für idealtypische Ausprägungen von Transaktionsbeziehungen insbesondere im E-Commerce Herrmanns/Sauter 2001.

das Konzept der Wertschöpfungskette als Aktivitäten in einer sequentiellen Reihenfolge abbilden und hierdurch in primäre und sekundäre Aktivitäten unterteilen. Wie der vorherige Abschnitt bereits zeigte, beinhalten nahezu alle Definitionsansätze und Versuche von Begriffsbestimmungen die Komponente der Wertschöpfung. Durch die strukturierte Anordnung von Aktivitäten, so die Autoren, können Kernkompetenzen und komparative Differenzierungsvorteile erlangt werden sowie der Fortbestand der Unternehmen gesichert werden. Mittels einer Analyse der unternehmensspezifischen Wertschöpfung kann das Management Entscheidungen zu In- oder Outsourcing-Strategien treffen und sich so auf Kernkompetenzen des eigenen Unternehmens konzentrieren: Vor diesem Hintergrund der Betrachtung der Geschäftsmodelle (neben der Durchführung) spielt die Konfiguration der Wertschöpfungskette eine zentrale Rolle. Hierbei werden ebenfalls drei generische Typen von Konfigurationen auf Basis des Integrationsgrades unterschieden:[354]

- Vertikal integriertes Unternehmen („Integratoren")
- Spezialisiertes Unternehmen („Spezialisten)
- Unternehmensnetzwerke („Koordinatoren")

Integratoren sind dadurch gekennzeichnet, dass einerseits der Anteil der ausgelagerten an den selbst durchgeführten Aktivitäten gering ist und andererseits, dass diese Aktivitäten an andere Unternehmen der gleichen Branche übertragen werden. Aus diesem Grund wird im Rahmen der vertikalen Integration zwischen der Rückwärts- (vorgelagerte Wertschöpfungsaktivitäten, bspw. Inputfaktoren) und Vorwärtsintegration (nachgelagerte Wertschöpfungsaktivitäten, bspw. Produktions- und Handelsstufen) unterschieden. „Spezialisierte Unternehmen konzentrieren sich im Gegensatz dazu auf eine Stufe der Wertkette und weisen folglich einen geringen Integrationsgrad auf."[355] Die dritte Gruppe, die Koordinatoren, nehmen eine besondere Stellung im Rahmen des vorliegenden Lehrbuches ein, da die Integration von Unternehmen und Unternehmensnetzwerken eines der konstitutiven Merkmale des AFG-Managements darstellt. Hier ist die Entscheidung eines Unternehmens mit einem anderen zu kollaborieren davon abhängig, ob sich durch das Eingehen einer Kooperation die Stellung im Wettbewerb zugunsten der Unternehmen verändern lässt. Hierbei ist die Bestimmung des potenziellen Einflusses einer spezifischen Kooperationsaktivität auf den Differenzierungsvorteil gegenüber dem Wettbewerb eindeutig dem strategischen Management zuzuordnen. Denn neu gebildete Kooperationen können die Entwicklung von neuen Wertschöpfungsstufen forcieren und daher nicht nur Synergieeffekte (Economies of Scope, Economies of Scale) realisieren; vielmehr bietet sich hierbei die Möglichkeit, in Verbindung mit einer innovativen Marktabgrenzung (Segmentierung) neue Märkte zu definieren und als Innovator zu bedienen. Als Beispiel ist hier die 2006 gegründete Kooperation zwischen Nike Inc. und Apple Inc. zu nennen, die durch das Einführen der Produktlinie Nike+ nicht nur ein innovatives Produkt kreierten, sondern einen neuen, zuvor nicht vor-

---

[354] Vgl. zu Knyphausen-Aufseß/Meinhardt 2002, S. 72f.
[355] Vgl. zu Knyphausen-Aufseß/Meinhardt 2002, S. 73.

handenen Markt erschlossen.[356]

Das dritte Element des Geschäftsmodells ist die Ertragsmechanik, welche die Systematik und das Ausmaß der Ertragsgenerierung eines Unternehmens auf Basis der bisher vorgestellten Bereiche Produkt-/Marktkombination und Wertschöpfungskette beschreibt. Die für den wirtschaftlichen Erfolg des Unternehmens entscheidende Frage „Ist der Kunde bereit, für die angebotenen Leistungen, in die das Unternehmen investiert hat, auch etwas zu bezahlen?" steht hier im Mittelpunkt der sogenannten Ertragsmechanik. Hierbei folgen die Autoren der Definition von Coenenberg und heben hervor, dass Erträge „direkte Zuflüsse von Geldmitteln aus der gewöhnlichen Geschäftstätigkeit, vor allem Umsatzerlöse, Gebühren, Zinserträge [...]"[357] umfassen. Grundsätzlich werden zwei Formen der Ertragsmechaniken vorgestellt: nutzungsunabhängige und nutzungsabhängige Erträge. Erstgenannte zeichnen sich dadurch aus, dass der Kunde zu kontinuierlichen Zahlungen verpflichtet ist, unabhängig davon, ob die Leistung tatsächlich vom Kunden in Anspruch genommen wurde (Beispiel: Internet-Flatrate). Im Gegensatz dazu berücksichtigen die nutzungsabhängigen Erträge explizit den Umfang der abgesetzten Leistungen in Mengeneinheiten (Beispiel: Telefongebühren mit Zeittaktung).

Die nachstehende Abbildung verdeutlicht den Zusammenhang der drei genannten Elemente.

Abbildung 9.3 Elemente von Geschäftsmodellen

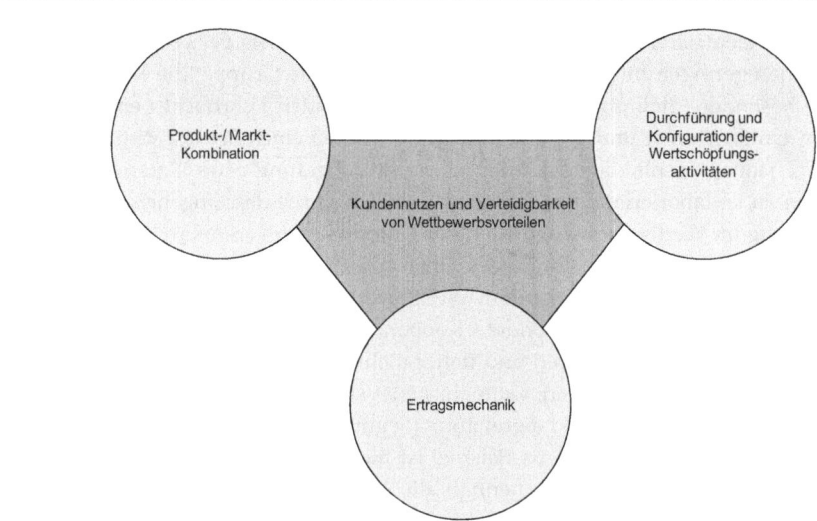

Quelle: In Anlehnung an zu Knyphausen-Aufseß/Meinhardt 2002, S. 66.

---

[356] Vgl. Apple 2006a, o.S.
[357] Coenenberg 1997, S. 365, zitiert nach Knyphausen-Aufseß/Meinhardt 2002, S. 76.

Als zentrale Zielsetzung nennen die Autoren zum einen den Kundennutzen[358] und zum anderen die Verteidigbarkeit von Wettbewerbsvorteilen (vgl. die Abbildung oben).

Bei der Bestimmung des Kundennutzens bietet sich eine Unterteilung in quantitative und qualitative Methoden an, um so eine ganzheitliche Bewertung des Geschäftsmodells durch den Kunden zu ermöglichen. Der quantitativ bestimmte Kundennutzen kann als Summe der Eigenschaften des Produktes mit seinen Teilnutzen bezeichnet werden. Ein klassisches Instrument aus der Konsumenten- und Marktforschung zur Eruierung von Teilnutzen ist die Conjoint-Analyse. Hierbei wird durch den Kunden zwar eine Leistung ganzheitlich bewertet (daher: CONsidered JOINTly), allerdings wird im Rahmen des experimentellen Design die Leistung in ihre „Einzelleistungen" (Merkmale und Eigenschaften) unterteilt und voneinander getrennt statistisch überprüft (dekompositioneller Ansatz). Durch dieses statistische Verfahren können Teilleistungen (mit ihren spezifischen Teilnutzenwerten und Gewichtungen) zu verschiedenen neuen Produkten zusammengesetzt werden (Assembling, Prototyping)[359] Für die Bestimmung des Nutzens auf qualitativer Basis kann das später vorgestellte Modell nach Kano herangezogen werden. Hier steht insbesondere die individuelle Bewertung des Nutzens durch einen einzelnen Kunden im Vordergrund.[360]

Die zweite zentrale Zielsetzung ist die Verteidigbarkeit von Wettbewerbsvorteilen, die erneut die relative Stellung eines Unternehmens im kompetitiven Umfeld in die Betrachtung mit einbezieht. Hierbei besteht für das strategische Management die Aufgabe darin, ressourcenbasiert Markteintrittsbarrieren für potenzielle Mitbewerber nachhaltig aufzubauen und so die (durch das Geschäftsmodell mit seinen drei Elementen geschaffenen) Wettbewerbsvorteile zu halten und zu verteidigen. Besonders in der Dienstleistungserstellung können Vorteile aus einem „Lock in" von Kunden durch eine ganzheitlich-unternehmerische Kundenorientierung gezogen werden, die sich über alle Teilbereiche des strategischen Managements (Vision, Kultur, Strategie und Struktur als Bestandteile des Trierer Modells des strategischen Managements) erstreckt.[361]

Wie im Kapitel „Strategie und AFG-Management – Neue Märkte entstehen" gezeigt wird, nimmt die Marktsegmentierung im Rahmen des AFG-Managements eine zentrale Stellung ein. Als innovative Segmentierungsmethode legt die AFG-orientierte Marktsegmentierung das Hauptaugenmerk auf die Leidenschaften von Individuen, um in sich homogene soziale Netzwerke von Konsumentengruppen zu bilden. Da diese neue Segmentierungslogik tiefgreifende Auswirkungen auf ein Unternehmen hat, sind auch der Handlungsbedarf für die verschiedenen Managementebenen und die Folgen für die einzelnen Managementformen von großem Interesse und untrennbar mit der Einordnung eines Geschäftsmodells verbunden.

---

[358] Vgl. Knyphausen-Aufseß/Meinhardt 2002, S. 78f.
[359] Vgl. Backhaus et al. 2008, S. 451ff. für weiterführende Erläuterungen.
[360] Häufig entwickelt sich der Nutzen einer Dienstleistung, die bei Erstkonsumation durch den Kunden als Begeisterungsnutzen bewertet wurde, im Zeitverlauf zu einem Leistungsnutzen oder gar Basisnutzen. Dies erklärt sich dadurch, dass der Kunde durch seine Erfahrung gewisse Leistungen als Standard antizipiert und demnach erwartet.
[361] Vgl. von Knyphausen-Aufseß/Meinhardt 2002, S. 80.

9.1.3 Konstitutive Merkmale des vorliegenden Geschäftsmodellverständnisses

Wie die Kurzreflexion und der Vergleich der einschlägigen Literatur zu Geschäftsmodellen zeigen, ist der Umfang dessen, was als Geschäftsmodell bezeichnet wird, sehr breit. Umso wichtiger sind eine Zusammenfassung dessen und die Wahl einer leitenden Definition für das vorliegende Buch zum AFG-Management.

Folgende konstitutiven Merkmale eines Geschäftsmodells können aus der heute vorliegenden Literatur abgeleitet werden:

- Mehrwertschaffung und Nutzenstiftung
- Konfiguration des Leistungsbündels
- Architektur des Leistungserstellungsprozesses
- Erlösquellen

Was in keinem Ansatz Erwähnung findet, aber ein wesentliches, wenn nicht das entscheidende Merkmal darstellt, ist die Vision der Gründung, die erst ein Geschäftsmodell entstehen lässt, also die zentrale Idee einer Strategie wie Hinterhuber[362] sie auch charakterisiert. Der Begriff der „Geschäftsidee" wird in der wirtschaftswissenschaftlichen Literatur vornehmlich mit der Teildisziplin des Gründungsmanagements (Entrepreneurship) in Verbindung gebracht, weshalb die Geschäftsidee häufig synonym mit „Gründungsidee" verwendet wird. Hier sollen die zugrunde liegenden Motive allerdings nicht vordergründig betrachtet werden, sondern der Fokus auf die Geschäftsidee als „einen Ansatz für ein sich vom Wettbewerb unterscheidendes, dem Wettbewerb überlegenes [...] Konzept"[363] verstanden werden.

Dabei muss es sich nicht zwingendermaßen um eine Geschäftsidee eines neu zu gründenden Unternehmens handeln, sondern kann auch von Relevanz für ein bereits im Wettbewerb agierendes Unternehmen sein. Hierbei ist es ebenfalls nicht von Interesse, ob es sich bei der Geschäftsidee um eine Variation einer bereits vorhandenen Leistung oder um eine grundlegende Innovation handelt. Dorland und van der Wal schlugen daher bereits 1978 eine ganzheitliche Definition vor: „An idea can be totally innovative, a slight variation from an existing product, or a different way of producing, packaging, or presenting it to the consumer."[364] Geschäftsideen, ausgehend von dieser Definition, beziehen sich auch nach Klandt nicht nur auf bestimmte Leistungen (Produkte oder Dienstleistungen), sondern auf die verschiedensten unternehmerischen Aktivitäten.[365] Somit kann auch ein neuer Distribu-

---

[362] Vgl. Hinterhuber 2004, S. 73ff.
[363] Klandt 1991, S. 61.
[364] Dorland/van der Wal 1978, S. 1.
[365] So nennt Klandt 2006, S. 109 als Kern eines solchen Geschäftsidee-Ansatzes die Generierung einer USP (unique selling proposition) und gibt u.a. folgende Beispiele: „andersartiger Distributionskanal", „effizienterer Leistungserstellungsprozess" und „Ausrichtung auf eine andere Zielgruppe".

tionskanal eine Geschäftsidee darstellen. Dies hat Apple, Inc. eindrucksvoll durch die Einführung des App-Stores gezeigt, der ausschließlich Software als Download zur Verfügung stellt. Auf einen Verkauf von Software mittels physischer Datenträger wird vollkommen verzichtet. Auslöser und auch Voraussetzung für diesen Vertriebskanal (Geschäftsidee) war hier allerdings die technologische Weiterentwicklung der Datenübertragungsnetze, die heute ohne Weiteres Übertragungsraten mehrerer Mbit[366] für die private Nutzung ermöglichen.

Timmons und Spinelli sprechen in diesem Zusammenhang von einer Geschäftsgelegenheit (Opportunity),[367] da mithilfe der Geschäftsidee ein tragfähiges Geschäft aufgebaut und ökonomischer Wert sowie Kundennutzen generiert werden kann. Der Wert einer Geschäftsidee wird daher insbesondere durch das Potenzial der Umsetzbarkeit deutlich.[368] Hier liegt auch die Schnittstelle zu den Überlegungen zum Geschäftsmodell. Auf Basis der voranstehenden begrifflichen Abgrenzungen wird ferner das Geschäftsmodell als eine Beschreibung der Problemlösungskompetenz[369] der Geschäftsidee sowie deren Umsetzung verstanden.

9.2 Dienstleistung und AFG-Management

Wie bereits aufgezeigt, stellt der Wandel von der Industrie- zur Dienstleistungsgesellschaft die marktorientierte Unternehmensführung aufgrund der steigenden einzel- und gesamtwirtschaftlichen Bedeutung von Dienstleistungen und im Besonderen von informations- und wissensbasierten Dienstleistungen vor große Herausforderung. Insbesondere die systematische Erstellung und Entwicklung von Dienstleistungen weisen im Vergleich zur Erstellung und Produktion von Sachleistungen erhebliche Forschungslücken auf.[370] Daher gewinnen die Begriffe Service Design und Service Engineering vor dem Hintergrund der Dienstleistung und des AFG-Managements immer mehr an Bedeutung und verlangen eine genauere Betrachtung.

9.2.1 Definition der Dienstleistung

Um die Besonderheiten von Dienstleistungen herauszuarbeiten, hat sich der konstitutive Definitionsansatz[371] mit seinen Hauptmerkmalen Immaterialität[372] und Integration des Kunden in den Leistungserstellungsprozess[373] als geeignet erwiesen. Aufgrund der Hetero-

---

[366] Megabit pro Sekunde.
[367] Vgl. Timmons/Spinelli 2003, S. 51.
[368] Vgl. Klandt 2006, S. 110.
[369] Vgl. Konrad 2005, S. 76.
[370] Vgl. Schreiner 2005, S. V.
[371] Vgl. hierzu ausführlich Meffert/Bruhn 2003, S. 20ff; vgl. Scheer/Grieble/Klein 2006, S. 24.
[372] Hierunter sind auch die Sekundäreigenschaften „Nicht-Lagerfähigkeit" und „kein Eigentumsübertrag" zu fassen.
[373] Die Kundenintegration lässt sich anhand des Uno-actu-Prinzips, also dem zeitlichen Zusammenfall

genität des Dienstleistungssektors, den spezifischen Merkmalen und den konstitutiven Phasen existiert bis heute keine eindeutige Definition des Begriffs Dienstleistung. Meffert/Bruhn arbeiten in ihrer Definition die Phasen der Dienstleistung heraus, berücksichtigen die Integration des externen Faktors sowie implizit die Immaterialität, indem das Ziel der Dienstleistungserbringung mit „nutzenstiftender Wirkung" beschrieben wird:[374]

„Dienstleistungen sind selbständige, marktfähige Leistungen, die mit der Bereitstellung [...] und/oder dem Einsatz von Leistungsfähigkeiten [...] verbunden sind (Potenzialorientierung). Interne [...] und externe Faktoren [...] werden im Rahmen des Erstellungsprozesses kombiniert (Prozessorientierung). Die Faktorenkombination des Dienstleistungsanbieters wird mit dem Ziel eingesetzt, an den externen Faktoren, an Menschen [...] und deren Objekten [...] nutzenstiftende Wirkungen [...] zu erzielen (Ergebnisorientierung)."[375]

Eine weitere Besonderheit der Dienstleistung ist, dass diese oft aus vielen Teilleistungen besteht, die von verschiedenen Leistungsträgern erstellt werden, wobei durch die Nachfrager meist nur die Gesamtleistung wahrgenommen wird (z.B. touristische Dienstleistungen). In Anbetracht der Komplexität von Dienstleistungsbündeln gewinnt die systematische und strukturierte Entwicklung von Dienstleistungen zunehmend an Bedeutung. Doch bis heute besteht ein Mangel an Methoden, Werkzeugen und standardisierten Vorgehensweisen. Das Service Design und Service Engineering sollen vor diesem Hintergrund einen Beitrag liefern, um den neuen, bedeutungsvollen Anforderungen an Dienstleistungen gerecht zu werden.[376]

Der Begriff Service Design wurde im anglo-amerikanischen Raum geprägt und beschreibt die kundenorientierte Gestaltung der Funktionalität und Form von Dienstleistungen. Definiert ist Service Design als eine:

„systematische analytische Methodik zur Entwicklung von Dienstleistungen [...] die ein erwartetes Ergebnis in zufriedenstellender Qualität und zu vertretbaren Kosten kontinuierlich reproduziert."[377]

Dementsprechend wird zum einen durch die Entwicklung einer strukturierten Vorgehensweise und zum anderen durch die Identifikation verschiedener Phasen und Werkzeuge ein Grundgerüst bereitgestellt, welches den Erfolg der konzipierten Services am Markt steigert.[378] Service Design stellt somit einen essenziellen Faktor für die Wettbewerbsfähigkeit und das Erreichen gesetzter Wachstumsziele dar.[379] Der Begriff Service Engineering hingegen wurde aus den Ingenieur- und Informatikwissenschaften heraus geprägt, welcher weitestgehend synonym zum Begriff Service Design als „Entwicklung und Gestaltung von

---

der Dienstleistungsproduktion und -konsumation, sowie des Individualisierungsgrades einer Dienstleistung beschreiben.
[374] Vgl. Haller 2010, S. 13.
[375] Meffert/Bruhn 2003, S. 30.
[376] Vgl. Haller 2005, S. 80.
[377] Vgl. Mager 2007, S. 362.
[378] Vgl. Haller 2005, S. 80.
[379] Vgl. Stickdorn 2010, S. 28ff. für eine Übersicht der Definitionsansätze zu Service Design.

Dienstleistungsprodukten unter Verwendung geeigneter Vorgehensmodelle, Methoden und Werkzeuge" definiert ist.[380]

Im deutschsprachigen Raum existiert derzeit noch keine einheitliche Verwendung der Begriffe Service Design und Service Engineering. Im Rahmen der Planung und Konzeption von AFG-basierten Dienstleistungen hat sich folgende Begrifflichkeit als argumentationsstabil herausgestellt und lautet:

> **Service Design** ist ein systematischer, kreativer Gestaltungsprozess mit dem Ziel, Dienstleistungen in ihrer Funktionalität und Qualität für die Kunden so zu gestalten, dass sie dem anbietenden Unternehmen ein nicht austauschbares Erkennungsprofil beim Kunden begründen.
>
> **Service Engineering** ist die am Service Design orientierte Standardisierung des Dienstleistungserstellungsprozesses mit dem Ziel, die Dienstleistungsversprechen durch Einhaltung der Qualitätsparameter im Wiederholfall zu garantieren.

Service Design beschreibt die „Architektur der Nutzenversprechen" eines Dienstleistungen produzierenden Unternehmens und dient zu seiner strategischen Differenzierung im Wettbewerb.

Von besonderer Bedeutung ist dabei der Zusammenhang zwischen Geschäftsidee und Service Design: Jede Geschäftsidee gründet sich auf einem Set aus verschiedenen Dienstleistungselementen, die zu einem Ganzen zusammengefügt werden müssen. Wie ein Architekt entwirft der Dienstleistungsunternehmer seine Geschäftsidee durch Zusammenfügen verschiedener Dienstleistungselemente. Dieses kreative Wechselspiel aus Komposition und Dekomposition einzelner Dienstleistungselemente (Nutzenversprechen) zu einem Ganzen beschreibt die Aufgabe des Service Designers: Bisher bekannte und eingeübte Service Elemente können durch eine neue Kombination zu einem neuen Ganzen werden; ebenso können neue Elemente mit neuen Funktionalitäten und Qualitäten zu einer neuen Dienstleistungskomposition (Service Architektur) entworfen werden.

Das Service Engineering baut darauf auf und sichert die Kontinuität der Serviceproduktion sowie die Nachhaltigkeit der Ergebnissituation (Qualitätssicherung) für das anbietende Unternehmen durch die Beschreibung von Qualitätsstandards. Sie beschreiben wie im Wiederholfall der Dienstleistungsprozess entsprechend der Zielsetzungen immer ablaufen muss, um das Dienstleistungsversprechen einhalten zu können. Durch richtiges Service Engineering wird unmittelbar die Zufriedenheit der Kunden positiv beeinflusst und damit die Grundlage für die Entwicklung von Loyalität geschaffen, die der wichtigste „Treiber" der Profitabilität von Dienstleistungsunternehmen ist.

Ausgehend von diesem Begriffsverständnis wird nun im folgenden Abschnitt das Dienstleistungskonzept für das AFG-Management entwickelt.

---

[380] Bullinger/Schreiner 2006, S. 72.

9.2.2 Service Design: Konzept der (De-)Komposition von Nutzenelementen

Das Dienstleistungskonzept für AFG-Management basiert auf einem kundenorientierten Verständnis des Dienstleistungsbegriffs. Vor diesem Hintergrund liegt die Hauptaufgabe der Entwicklung von Dienstleistungen darin, entsprechende Voraussetzungen zu schaffen, so dass der Kunde die in Anspruch genommene Dienstleistung als Mehrwert wahrnimmt. Die Integration des Kunden in den Dienstleistungserstellungsprozess spiegelt das dem Lehrbuch zugrunde liegende Service Design-Verständnis wider: Service Design als Angebotsgestaltung in Form einer kundenspezifischen Nutzenkonfiguration(-architektur), deren Elemente so zusammengesetzt werden, dass sie die Geschäftsidee abbilden kann. Beim Design handelt es sich um eine iterative Vorgehensweise: Kreatives „Auseinandernehmen" (Dekomposition) der bestehenden Dienstleistungen in einzelne Service Elemente und die Suche nach neuen Nutzenaspekten wechseln sich mit immer wieder neuen Versuchen des Zusammenfügens (Komposition) ab, solange bis ein Dienstleistungsbündel in einer Geschäftsidee konformen Zusammensetzung (Konfiguration, Architektur) der Nutzenelemente vorliegt.

Die Messung eines Kundennutzens bzw. eines Mehrwertes für den Kunden kann im Rahmen der Dienstleistung über die Kundenzufriedenheit erbracht werden. Die Erzeugung von Kundenzufriedenheit ist dabei kein unternehmerischer Selbstzweck, sondern dient vor allem der Steigerung des Unternehmenswertes. Die Kundenzufriedenheit steht dabei in Verbindung mit der Dienstleistungsqualität, welche es von Seiten des Anbieters zu sichern gilt. Zur Erstellung eines Nutzenkonzeptes für den Kunden im Sinne des Service Design, muss zunächst die Kundenzufriedenheit verstanden sein. Diese lässt sich anhand des Kano-Modells der Kundenzufriedenheit verdeutlichen, welches die Auswirkungen der Einführung neuer Leistungen oder der Steigerung ihrer Qualität hinsichtlich deren Wirkung auf die Gesamtzufriedenheit misst. Das von Kano et al. (1984) entwickelte Modell basiert auf dem von Herzberg entwickelten Zwei-Faktoren-Modell der Mitarbeiterzufriedenheit, erweitert dieses und überträgt es auf die Kundenzufriedenheit.[381] Kano unterscheidet dabei drei Arten von Dienstleistungsanforderungen: Basisanforderungen, Leistungsanforderungen und Begeisterungsanforderungen.[382]

Die nachstehende Abbildung verdeutlicht den Zusammenhang zwischen den drei verschiedenen Anforderungen.

---

[381] Vgl. Knop 2009, S. 62f.
[382] Vgl. Bieger 2007, S. 191f.

Abbildung 9.4 Das Kano-Modell der Kundenzufriedenheit

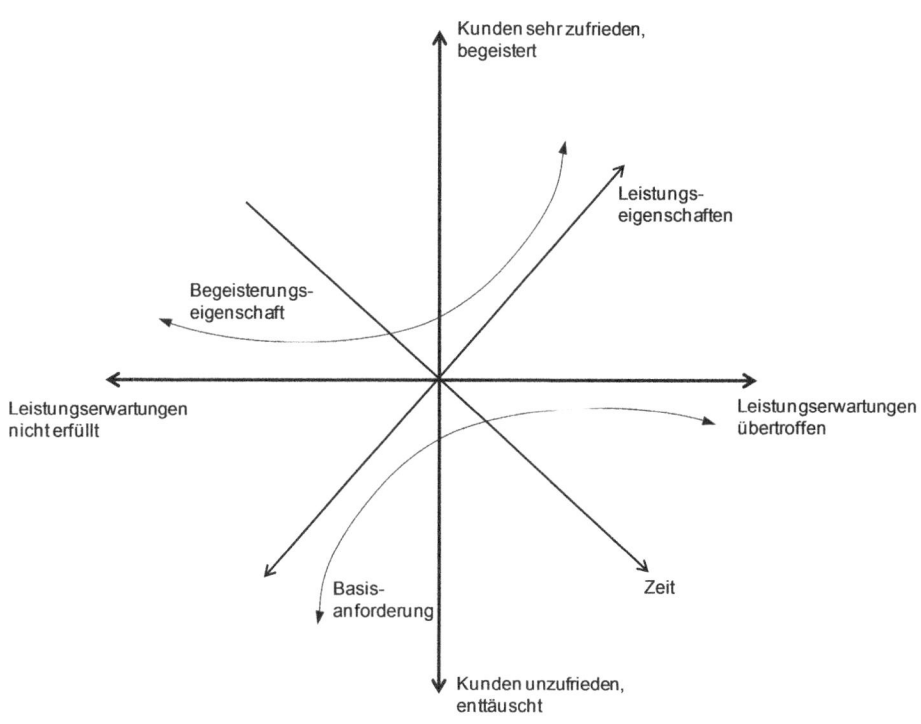

Quelle: Reinecke/Janz 2007, S. 103.

Basisanforderungen werden auch als „Muss-Faktoren" bezeichnet und deren Angebot und Erfüllung werden als selbstverständlich vorausgesetzt. Basisanforderungen werden somit vom Kunden nicht mehr explizit nachgefragt und tragen selbst bei einem sehr hohen Erfüllungsgrad nicht zu einer ausreichenden Steigerung der Kundenzufriedenheit bei, da diese als vorausgesetzt gelten und sich dadurch dem Bewusstsein des Kunden entziehen. Die Nicht-Erfüllung der Basisanforderungen führt folglich direkt zu Unzufriedenheit, da die als selbstverständlich geltenden Erwartungen nicht erfüllt wurden.[383] Bei einer Übernachtung in einem Hotel kann die Sauberkeit des Zimmers als Beispiel für eine Basisanforderung genannt werden: Wenn das Zimmer nicht der Erwartung des Gastes entspricht, so ist dieser unzufrieden mit der Leistung; ist das Zimmer hingegen gereinigt, stellt sich lediglich eine Nicht-Unzufriedenheit ein.

Leistungsanforderungen sind „Soll-Faktoren", die vom Kunden erwartet und ausdrücklich

---

[383] Vgl. Schwarze 2003, S. 129.

artikuliert werden können. Das Maß der Zufriedenheit hängt dabei proportional vom Grad der Erwartungserfüllung ab.[384] Werden die Leistungsanforderungen nicht oder nur in unzureichender Qualität erfüllt, führt dies unmittelbar zu Unzufriedenheit auf Seiten der Kunden. Bucht ein Gast eine Suite in einem Fünf-Sterne-Hotel, so können im Vorfeld explizit Leistungserwartungen formuliert werden, beispielsweise eine Mindestquadratmeterzahl des Zimmers. Liegt diese (signifikant) unter den Erwartungen des Gastes so stellt sich Unzufriedenheit ein. Ist das Zimmer hingegen unerwartet großzügig gestaltet, ist der Gast zufrieden.

Begeisterungsanforderungen sind „Kann-Faktoren" und besitzen den höchsten Einfluss auf die Kundenzufriedenheit. Da sie vom Kunden nicht erwartet werden, führt eine Erfüllung unmittelbar zu Zufriedenheit, eine Nicht-Erfüllung jedoch auch nicht zu Unzufriedenheit und erhöhen somit den wahrgenommenen Nutzen der Kernleistung. Somit eignen sich Begeisterungsanforderungen zur wettbewerblichen Profilierung, da sie Lösungen darstellen, die latente oder auch versteckte Probleme von Konsumenten aufdecken können.[385] Im Falle des Gastes eines Fünf-Sterne-Hotels kann beispielsweise der kostenfreie Transfer in einer Luxuslimousine eine Begeisterungsanforderung darstellen.

Es bleibt zu erwähnen, dass diese Einordnungen weder fix noch objektiv sind, sondern subjektiv wahrgenommen werden und sich im Zeitverlauf und interpersonell verändern können. So kann eine Leistungsanforderung zu einer Basisanforderung werden, genauso wie eine Begeisterungsanforderung zu einer Leistungsanforderung oder gar zu einer Basisanforderung werden kann, wenn sich diese Anforderung beispielsweise als Standard in einer Branche heraus entwickelt hat. So wird der kostenlose Limousinentransfer beim ersten Mal noch einen Überraschungseffekt haben (Begeisterung und somit hohe Zufriedenheit auslösen), bei erneuter Buchung der Unterkunft ist es allerdings wahrscheinlich, dass der Gast diese Leistung wieder erwartet. An diesem Beispiel wird die Herabstufung einer Begeisterungsanforderung auf eine Leistungsanforderung deutlich.

Es zeigt sich, dass durch Service Design eine wettbewerbliche Profilierung möglich ist und damit eine Steigerung des Unternehmenswertes des Dienstleistungsanbieters einhergeht. Service Design dient folglich als Potenzial einer strategischen Differenzierungsleistung. Doch wie kann sich der Dienstleister von seinen Wettbewerbern differenzieren und wie kann er Zufriedenheit bei den Kunden erstellen? Wie bereits kurz beschrieben steht die Kundenzufriedenheit in enger Verbindung mit der Qualität der angebotenen Dienstleistung. Folglich gilt es für den Anbieter, sich durch eine exzellente Dienstleistungsqualität von den Wettbewerbern zu differenzieren und die Dienstleistungsqualität sicherzustellen. Dies ist Gegenstand des Service Engineering und wird im nachstehenden Abschnitt erläutert.

---

[384] Vgl. Oguachuba 2009, S. 64.
[385] Vgl. Oguachuba 2009, S. 64.

9.2.3 Service Engineering: Qualitätssicherung für Dienstleistungsprozesse

Service Engineering ist die am Service Design orientierte Standardisierung des Dienstleistungserstellungsprozesses mit dem Ziel, die Dienstleistungsversprechen durch die Einhaltung von Qualitätsparametern im Wiederholfall zu garantieren. Nach dem Verständnis des Dienstleistungskonzepts für AFG-Management beinhaltet Service Engineering sowohl das Prototyping und das Testen des Dienstleistungsangebotes als auch die Dienstleistungs-Implementierung, die Produktion/Erstellung an sich und die Qualitätssicherung.

Service Engineering als Entwicklungsdisziplin, die sich methodisch mit der Transformation von Dienstleistungsideen in marktfähige Leistungen auseinandersetzt, unterstützt Unternehmen konkret dabei, Dienstleistungen so zu gestalten, dass diese mit der gewünschten Qualität und Effizienz wirtschaftlich am Markt angeboten werden können.[386] Die Dienstleistungsqualität stellt für die Unternehmen einen zentralen Erfolgsfaktor dar. Eine Wettbewerbsprofilierung ist nur durch eine konsequente Kundenorientierung möglich, welche die Dienstleister in die Lage versetzt, die Erwartungen der Kunden auch tatsächlich zu erfüllen. Dementsprechend haben die Qualität von Dienstleistungen und insbesondere die Sicherstellung einer kontinuierlichen Qualität auf einem vom Kunden erwarteten Niveau enorm an Bedeutung gewonnen.[387] Denn mangelnde Qualität führt zu Unzufriedenheit, Unzufriedenheit führt zur Abwanderung der Kunden und unzufriedene Kunden betreiben negative Mundpropaganda; dabei kostet die Gewinnung neuer Kunden das Vier- bis Sechsfache gegenüber der Bindung des Altkunden.[388] Die angebotene Dienstleistungsqualität ist also ein Schlüsselfaktor für die Kundenzufriedenheit.

Als eine Methode des Qualitätsmanagements dient das Gap-Modell von Zeithaml et al., das entwickelt wurde, um die Dienstleistungsqualität zu operationalisieren. Dieses stellt die Divergenz der Erwartungen und Wünsche der Kunden bezüglich der Dienstleistungsqualität der tatsächlich angebotenen Dienstleistung und deren Qualität dar. Somit liegt dem Modell ein zufriedenheitsorientiertes Qualitätskonstrukt zugrunde, was dem Service Design und Service Engineering Verständnis entspricht. An dieser Stelle können Verbindung zwischen einzelnen Lücken (Gaps) und dem zuvor vorgestellten Kano-Modell hergestellt werden (insbesondere Gap 5), wobei die primäre Größe des Gap-Modells die Qualitätssicherung, die des Kano-Modells die Kundenzufriedenheit ist. In dem Modell von Zeithaml et al. bestehen fünf Lücken, die durch ein konsequentes Qualitätsmanagementsystem geschlossen werden können. Die nachfolgende Abbildung zeigt das Gap-Modell von Zeithaml et al.

---

[386] Vgl. Bullinger/Scheer 2006, S. 4.
[387] Vgl. Bruhn 2004, S. V.
[388] Vgl. Bruhn 2004, S. 5.

Abbildung 9.5 Das Gap-Modell

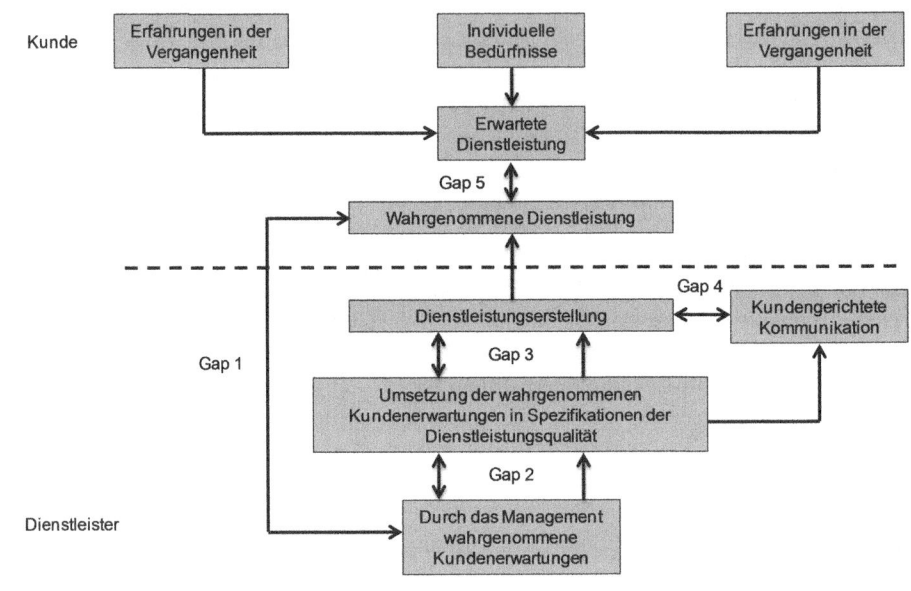

Quelle: Zeithaml/Berry/Parasuraman, 1988, S 44.

Ausgangspunkt des Gap-Modells bilden die Erwartungen des Nachfragers an das Leistungsvermögen eines Dienstleistungsanbieters. Diese Erwartungen sind geprägt durch die individuellen Bedürfnisse, die grundsätzliche Einstellung zur Leistung sowie die Erfahrung der nachfragenden Wirtschaftseinheit. Das Management hat nun die Aufgabe, die qualitativen und quantitativen Anforderungen an sein Leistungsvermögen zu erfassen, um diese bei dessen Aufbau zu berücksichtigen.[389]

Gap 1 berücksichtigt die Divergenz zwischen den Qualitätserwartungen des Nachfragers und der Wahrnehmung dieser Erwartungen durch das Unternehmensmanagement des Dienstleistungsanbieters.[390] Gap 2 betrachtet die Überführung der Kundenerwartungen in vom Dienstleistungsanbieter zu erfüllende Qualitätsstandards bzw. -spezifikationen.[391] Gap 3 entsteht, wenn der Dienstleistungsanbieter nicht fähig ist, die von ihm definierten Qualitätsstandards in der erstellten Dienstleistung zu erfüllen. Die Ursache solch einer Divergenz liegt darin, dass die Mitarbeiter nicht ausreichend qualifiziert sind oder die technische Ausstattung nicht geeignet ist, um die Normen und Standards einzuhalten.[392] Gap 4 zeigt Divergenzen auf, die ihre Ursache darin finden, dass dem Kunden eine Dienstleistungsqua-

---

[389] Vgl. Corsten/Stuhlmann 2001, S. 183f.
[390] Vgl. Benkenstein/Holtz 2001, S. 196f.
[391] Vgl. Benkenstein/Holtz 2001, S. 197.
[392] Vgl. Benkenstein/Holtz 2001, S. 197.

lität durch eine marktgerichtete Kommunikation (Werbung) versprochen wird, von dieser aber negativ abweicht. Jene Lücke entsteht immer dann, wenn Qualitätsspezifikationen zwischen Funktionsbereichen des Dienstleistungsanbieters nicht kommuniziert werden.[393] Gap 5 weist die Divergenz zwischen der erwarteten und der tatsächlich vom Nachfrager erlebten Dienstleistung auf, welche operationalisiert und gemessen wird. Diese Divergenz ist das Resultat der zuvor genannten vier Gaps, die nur durch ein konsequentes Qualitätsmanagementsystem geschlossen werden können.[394]

Insbesondere Gap 3 verdeutlicht, dass die Mitarbeiter die Standards und Normen verinnerlichen und auch anwenden müssen. Folglich muss zur Qualitätssicherung eine Standardisierung des Verhaltens der Leistungsträger erfolgen. Dies setzt häufige Wiederholungen dieser in Form von Training voraus. Training bzw. Coaching ist somit das Instrument und die Grundlage der Qualitätssicherung.

Um jedoch zu wissen, in welchen Bereichen der Dienstleistungserstellung noch Mängel bei der Leistungsqualität bestehen, muss der Erstellungsprozess aufgezeigt und analysiert werden. Dies ist Aufgabe des Service Blueprintings und stellt ein wichtiges Service Engineering Instrument zur Optimierung des Dienstleistungserstellungsprozesses dar. Blueprinting dient der Planung und Kontrolle des Dienstleistungsangebotes sowie der Visualisierung sämtlicher Aktivitäten im Rahmen der Dienstleistungserstellung. Somit kann es als Grundlage für ein prozessorientiertes Qualitätscontrolling sowie für ein differenziertes Produktivitätsmanagement herangezogen werden.[395]

Beim Service Blueprint werden die einzelnen Prozessschritte der Dienstleistungserstellung in chronologischer Reihenfolge dargestellt. Somit ist es ein grafisches Abbild eines Dienstleistungsprozesses, im Sinne einer differenzierten Ablaufanalyse seiner Teilaktivitäten. Ziel ist es, die Prozesse visuell darzustellen und transparent zu machen sowie mögliche Fehler und Entscheidungssituationen zu identifizieren. Folglich lassen sich mit diesem Instrument die einzelnen Aktivitäten und Interaktionen offenlegen und danach analysieren, ob diese erforderlich sind und wie die einzelnen Aktivitäten zweckmäßig zu erbringen sind.

Die Besonderheit des Blueprintings liegt in der Betrachtung der Dienstleistung aus Kundensicht bzw. der expliziten Berücksichtigung der Kundenintegration.[396] Alle Aktivitäten, die bei der Erbringung einer Dienstleistung ohne die Integration des externen Faktors vollzogen werden, sind dem kundenfernen Bereich zuzuordnen (Back Stage-Aktivitäten). Folglich sind alle Aktivitäten, die den externen Faktor bei der Dienstleistungserstellung integrieren dem kundennahen Bereich zuzuordnen.[397] Wobei hier eine Unterscheidung zwischen Prozessschritten getroffen wird, bei denen Kunden aktiv an der Dienstleistungserstellung beteiligt sind (Kundenaktivitäten) und solchen, die vom Kunden zwar wahrgenommen,

---

[393] Vgl. Benkenstein/Holtz 2001, S. 197.
[394] Vgl. Benkenstein/Holtz 2001, S. 196.
[395] Vgl. Corsten 2001, S. 159.
[396] Vgl. Benkenstein/von Strenglin 2005, S. 58.
[397] Vgl. Corsten 2001, S. 163.

jedoch vom Anbieter durchgeführt werden (On Stage-Aktivitäten).[398]

Das Service Blueprinting bezieht sich genau auf diese Überlegungen und unterscheidet zwischen fünf verschiedenen Ebenen bzw. Trennlinien: „line of interaction", „line of visibility", „line of internal interaction, „line of order penetration" und „line of implementation".[399]

Die „line of interaction", die „Kundeninteraktionslinie", trennt die vom Kunden selbst ausgeführten Prozesse von den Anbieterprozessen. Alle Aktivitäten oberhalb dieser Linie sind als Kundenaktivitäten zu verstehen. Hier werden also die Kundenkontaktpunkte betrachtet, um die Kundenvorteile durch höheren Nutzen, wie z.B. eine schnellere Abwicklung, bzw. die Anbietervorteile durch niedrigere Kosten, wie z.B. die Übernahme von Leistungen durch den Kunden, zu optimieren. Diese stellen Anknüpfungspunkte für Optimierungen im Erstellungsprozess dar.[400]

Die zweite Ebene, die „line of visibility", oder auch „Sichtbarkeitslinie", stellt die Trennlinie zwischen den für den Nachfrager sichtbaren und unsichtbaren Aktivitäten dar. Durch diese Linie werden die On Stage- und Back Stage-Aktivitäten getrennt. Zur Optimierung der Prozesse muss der Anbieter hier im Spannungsfeld der Abwägung zwischen Effizienz und Effektivität entscheiden. Beispielsweise könnte er bisher unsichtbare Aktivitäten, wie z.B. den Blick in die Küche in einem Restaurant, für den Kunden sichtbar machen und so den Erlebniswert des Kunden erhöhen. Eine andere Möglichkeit stellt das Ausschalten bisher für den Kunden sichtbarer Aktivitäten dar. Dies ist besonders für Aktivitäten empfehlenswert, die negative Assoziationen beim Kunden auslösen.

Die „line of internal interaction", die „interne Interaktionslinie" trennt die Prozesse mit Zusammenhang zur Kundenintegration von den Support-Aktivitäten, die zur Vorbereitung der primären Aktivitäten dienen.[401] Alle Aktivitäten oberhalb dieser Linie werden durch das Kundenkontaktpersonal durchgeführt. Alle Aktivitäten unterhalb der internen Interaktionslinie werden von anderen Personen durchgeführt. Hier stehen besonders Maßnahmen zur Steigerung der Prozesseffizienz und Produktivitätssteigerungen im Vordergrund. Ein Beispiel wäre die Reduzierung der Arbeitsteilung, sodass nicht für jeden Prozessschritt ein anderer Mitarbeiter zuständig ist.[402] Auch hier greift wieder das Instrument des Trainings um das Verhalten der Mitarbeiter auf einer ganzheitlichen Ebene zu standardisieren.

Die „line of order penetration", die „Vorplanungslinie", trennt die kundeninduzierte, dem Dienstleistungserstellungsprozess zuordenbaren Maßnahmen von denen, die dem Leistungspotenzial gelten. Sie bildet also die Trennlinie zwischen den integrativ disponierenden und den autonom disponierenden Prozessen des Dienstleistungsanbieters und bedeutet, dass letztere somit unabhängig von einem konkreten Kunden vorgefertigt werden kön-

---

[398] Vgl. Schmid 2005, S. 256f.
[399] Vgl. Benkenstein/von Strenglin 2005, S. 58f.
[400] Vgl. Schmid 2005, S. 259.
[401] Vgl. Benkenstein/von Strenglin 2005, S. 59.
[402] Vgl. Schmid 2005, S. 260.

nen. Dies entspricht einer höheren Standardisierung durch Internalisierung, woraus für den Anbieter Kostenvorteile resultieren, da Aktivitäten aus mehreren Prozessen gebündelt werden können.[403]

Die fünfte Ebene ist die „line of implementation", oder auch „Implementierungsebene" genannt, welche die Prozesse innerhalb des Leistungspotenzials in die Preparation-Aktivitäten und in die Facility-Aktivitäten teilt. Die Preparation-Aktivitäten sind die Prozesse, die autonom vom Anbieter disponiert werden und dazu dienen, den Leistungserstellungsprozess vorzubereiten. Die Facility-Aktivitäten umfassen die autonomen Dispositionen, die den Preparation-Aktivitäten logisch und meist auch zeitlich vorgelagert sind. Eine Möglichkeit zur Optimierung ist beispielsweise die Auslagerung von Teilen der Preparation-Aktivitäten auf Zulieferer.[404]

Die nachstehende Abbildung zeigt ein beispielhaftes Service Blueprint für ein gehobenes Hotel mit den zuvor beschriebenen Ebenen bzw. Linien.

Abbildung 9.6 Service Blueprint für einen Hotelbetrieb

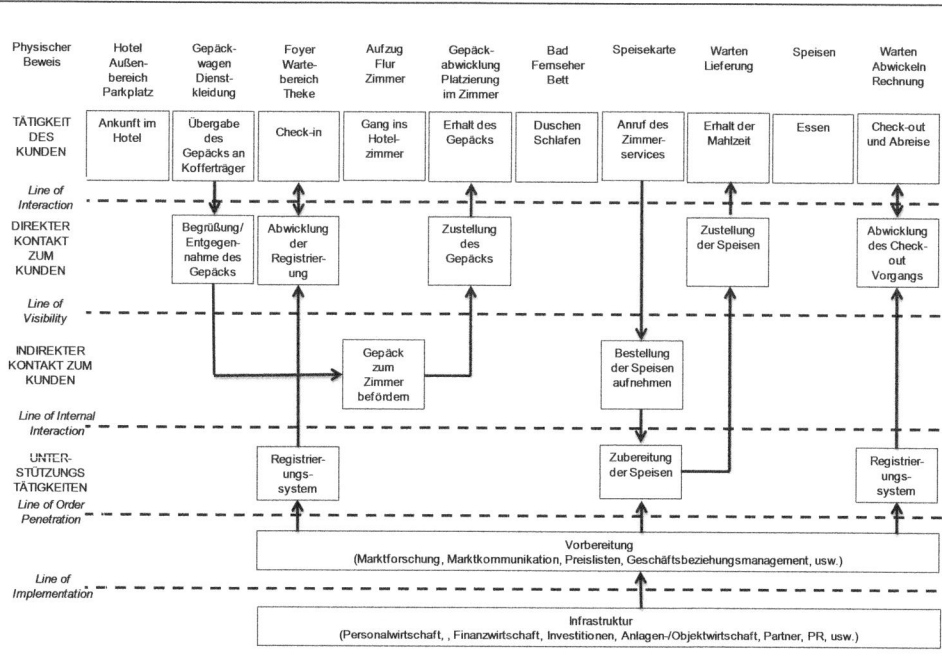

Quelle: In Anlehnung an Fitzsimmons 2006, S. 83.

---

[403] Vgl. Schmid 2005, S. 260.
[404] Vgl. Schmid 2005, S. 258ff.

Zusammenfassend zeigt sich, dass ein Service Blueprint auf mehrere Arten zur Analyse der Dienstleistungsprozessqualität herangezogen werden kann. Er dient der Identifikation potenzieller und tatsächlicher Qualitätsprobleme und zur Aufdeckung bzw. Lokalisierung der Ursachen genauso wie zur internen Schnittstellenidentifikation, die für die Dienstleistungsqualität nachhaltig relevant sind. Aus diesen Erlebnissen können dann wertvolle Rückschlüsse auf den Status quo des Dienstleistungsangebotes geschlossen werden und die Optimierung der Prozessqualität kann an genau der Stelle vorgenommen werden, die von den Kunden bemängelt und als wichtig empfunden werden.[405]

Gegenstand dieses Abschnittes war die Gedankenverbindung des Dienstleistungsmanagement mit dem AFG-Management vor dem Hintergrund sich ändernder Marktbedingungen. Die Reaktion der Marktteilnehmer ist, dass existierende Geschäftsmodelle angepasst oder gänzlich neu gestaltet werden müssen. Aber auch das Aufkommen neuer, innovativer Geschäftsideen ist eine weitere Folge, Chance oder Notwendigkeit. Der folgende Abschnitt wird die Thematik der Geschäftsmodelle erneut aufgreifen und die Erkenntnissen des AFG-Managements und der Dienstleistung daran reflektieren, mit dem Ziel eine Synopse der zentralen Themen dieses Beitrags zu liefern.

9.3 Konzept eines serviceorientierten AFG-Geschäftsmodells

Unschwer kann der Zusammenhang von AFG-Management mit der Notwendigkeit der Umsetzung eines AFG-Konzeptes in ein konkretes AFG-Geschäftsmodell hergestellt werden, das den Nutzenversprechen der Geschäftsidee entspricht. Daher gehören sowohl die Logik erfolgreicher Geschäftsmodelle als auch die Logik erfolgreicher Dienstleistungsproduktion miteinander verbunden.

> **Ein serviceorientiertes Geschäftsmodell** ist die strategisch-konzeptionelle Umsetzung einer Geschäftsidee in eine ganzheitliche Dienstleistungskonfiguration, deren Nutzenelemente kundenspezifisch im betrieblichen Wertschöpfungsprozess umgesetzt, durch Qualitätsstandards gesichert und einer unternehmerisch verantwortungsvollen Erlös-/Ertrags-Optimierung zugeführt wird.

Dabei steht *strategisch-konzeptionell* für eine systematische Vorgehensweise bei der Umsetzung der Geschäftsidee gemäß dem folgenden 7-Stufenprozess zur Entwicklung eines AFG-Geschäftsmodells. Mit dem Merkmal *ganzheitlich* wird darauf hingewiesen, mit welchem Design des Dienstleistungsbündels die Geschäftsidee abgebildet werden kann. *Kundenspezifisch* meint den Mehrwert, den ein an Affinitätsgruppen orientiertes Service Design liefern muss, wenn es den Leistungserwartungen und der Geschäftsidee gerecht werden will.

---

[405] Vgl. Schmid 2005, S. 259.

Konzeptionell wird die Begrifflichkeit eines serviceorientierten Geschäftsmodells über folgenden Bezugsrahmen abgebildet.

Abbildung 9.7 Bezugsrahmen des AFG-Geschäftsmodells

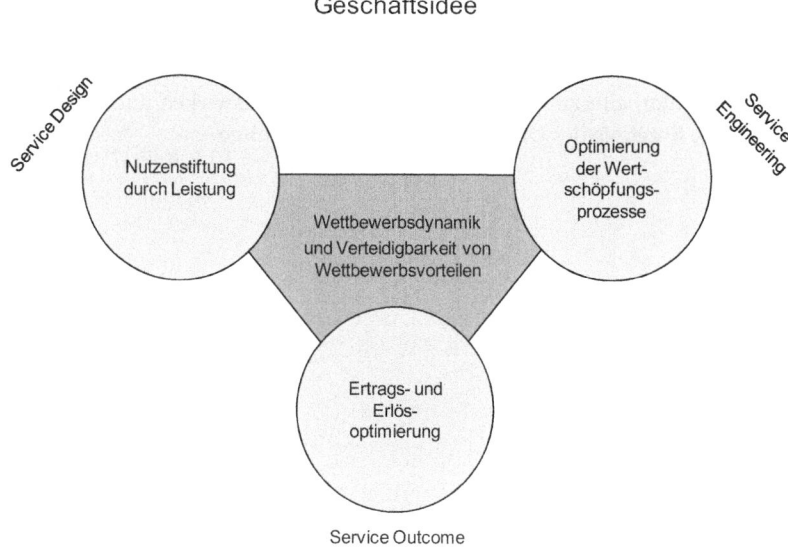

Entscheidend für den Erfolg eines Geschäftsmodells ist neben den oben genannten Komponenten das Erlösmodell, dessen Hauptfunktion in der Wertsicherung (Value Capture) liegt. Das Erlösmodell umfasst verschiedenste Entscheidungsbereiche und Bestandteile, die je nach Strategie verschiedenste Ausprägungen und Gewichtungen haben und zielt auf eine Optimierung dieser ab:[406]

- Nutzungsabhängige vs. nutzungsunabhängige Erlösformen, beispielsweise minutengenaue Abrechnung vs. Pauschalbetragsabrechnung („Flatrate") von Telefongebühren;
- Erlösströme lassen sich u.a. in Verkaufs-, Verleih-, oder Lizensierungserlöse unterscheiden; Erlösquellen geben hingegen das Verhältnis und die Herkunft der Erlöse einer Unternehmung an,
- Preissetzung und -festlegung, die in engem Zusammenhang mit den Erlösen stehen und abhängig von der zuvor gewählten Strategie sind.

Die Ertragsoptimierung stellt hierbei den Zusammenhang zu den Wertschöpfungsprozessen und somit zum Service Engineering heraus und betont die effiziente Konfiguration der

---

[406] Vgl. zu Knyphausen-Aufseß et al. 2011, S. 164ff.

Prozesse. Dies wird insbesondere vor dem Hintergrund des Outsourcings deutlich, bei dem Prozesse, die von einem anderen Unternehmen kostengünstiger erbracht werden können, ausgelagert werden.

Mit „unternehmerisch verantwortungsvoll" soll die Forderung nach mehr gesellschaftlicher Verantwortung von Unternehmen (Corporate Social Responsibility CSR) entsprochen werden.

So werden in der jüngsten Vergangenheit CSR-Maßnahmen als langfristige Investitionen gesehen, die sich positiv auf den Unternehmenswert im Sinne der Unternehmensreputation, Kunden- und Mitarbeiterzufriedenheit sowie Loyalität auswirken und so indirekt auch das wirtschaftliche Ergebnis des Unternehmens erhöhen können.

10 Prozessphasen eines serviceorientierten AFG-Geschäftsmodells

Wie bereits eingangs des vorangegangenen Kapitels, dient nun dieses Kapitel der Vorstellung einer systematischen Vorgehensweise bei der Dienstleistungsentwicklung und bezieht die folgenden, zentralen Erkenntnisse des Lehrbuchs mit in diese Überlegungen ein:

- Jedes Geschäftsmodell beruht auf einer Geschäftsidee
- Dienstleistungen müssen für spezielle Nutzergruppen gestaltet werden
- Die Leistung muss einen Nutzen für Kunden und einen ökonomischen Mehrwert für das Unternehmen haben

Hierbei war es der Anspruch ein Phasenmodell[407] zu konstruieren, das bei der Entwicklung von Dienstleistungen einen hohen Grad an Flexibilität beinhaltet, um das Modell auf eine größtmögliche Variation von Dienstleistungen – unabhängig von der Branche - übertragen zu können. Um dabei die inhaltliche Nachvollziehbarkeit zu gewährleisten, basieren die einzelnen Prozessstufen des AFG-Geschäftsmodells auf den Ausführungen des vorherigen Kapitels. Daher dient der vorgestellte Stufenprozess als Konzeption ausgehend von der AFG-Geschäftsidee und deren Übersetzung in ein Geschäftsmodell mit dem Ziel, innovative und konsequent auf die Befriedigung von Kundenbedürfnissen ausgerichtete Dienstleistungen zu entwickeln. Im Rahmen dieses AFG-Servicekonzepts wird die Geschäftsidee im normativen Management, das Geschäftsmodell hingegen im strategischen und operativen Managementbereich verortet.

Der strategischen Ebene sind insbesondere die generelle Machbarkeitsanalyse der Geschäftsidee und deren Umsetzung (Service Exploration), der gestalterische Entwurf der Dienstleistung (Service Design) mit dem Ziel der Nutzenstiftung für spezifische Kundengruppen und die Optimierung der Wertschöpfungsprozesse (Service Engineering) zugeordnet. Die eigentliche Implementierung mit der Leistungserstellung (Service Solution) und der Ergebniskontrolle (Service Controlling) erfolgt im Rahmen des operativen Managements. Die ökonomische Wertschöpfung durch die Leistungsproduktion und -konsumation (Service Pricing) stellt die Schnittstelle und den Übergang zwischen strategischem und operativem Management dar.

Das AFG-Servicekonzept sieht insgesamt folgende 7 Phasen mit den jeweils zugeordneten Teilschritten vor:

---

[407] Vgl. Stickdorn 2010, S. 122ff zu einem Vorschlag eines vierstufigen Service Design-Phasenmodells.

10.1 Der 7-Stufen-Prozess des AFG-Servicekonzeptes

1. Service Idea & Vision
2. Service Exploration
   a. Auswahl, Festlegung und Beschreibung der Geschäftsidee
   b. Verankerung der Geschäftsidee in der Unternehmenspolitik
   c. Übersetzung der Idee in einen strategischen Kontext
   d. Durchführung einer Machbarkeitsanalyse (Ressourcenanalyse, Umweltanalyse)
3. Service Design
   a. Nutzersegmentierung
   b. Nutzenbeschreibung pro Nutzensegment
   c. Definition der Leistungsträger
   d. Konfiguration der Teilleistungen
4. Service Engineering
   a. Analyse und Konfiguration der Wertschöpfungskette (Leistungserstellungsphasen sowie Kern- und Supportprozesse bestimmen)
   b. Definition von Qualitätsstandards
5. Service Solution
   a. Umsetzung des Modells
   b. Effiziente Konfiguration der Prozesse
6. Service Pricing
   a. Definition des Erlösmodells
7. Service Controlling
   a. Kontrolle mit Soll-Größen
   b. Korrekturmaßnahmen und Re-Design/Re-Engineering

Abbildung 10.1 Der 7-Stufen-Prozess des AFG-Servicekonzeptes

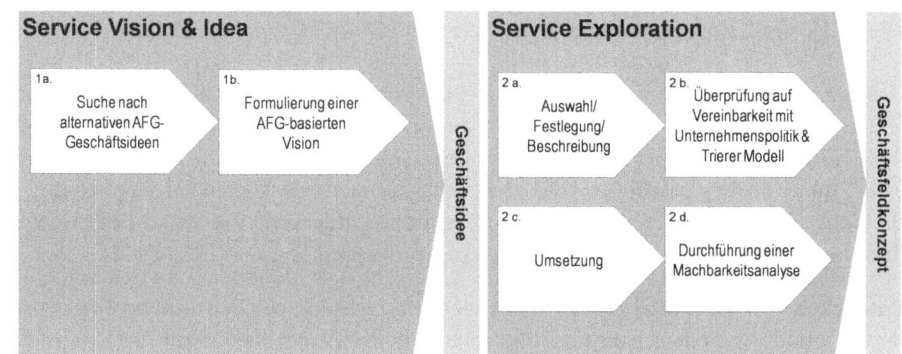
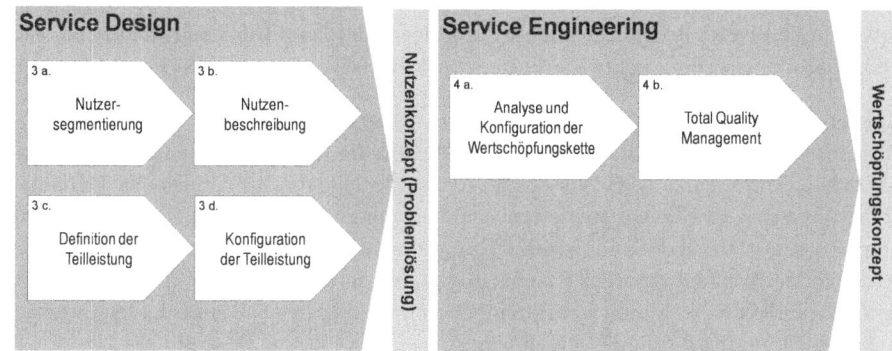
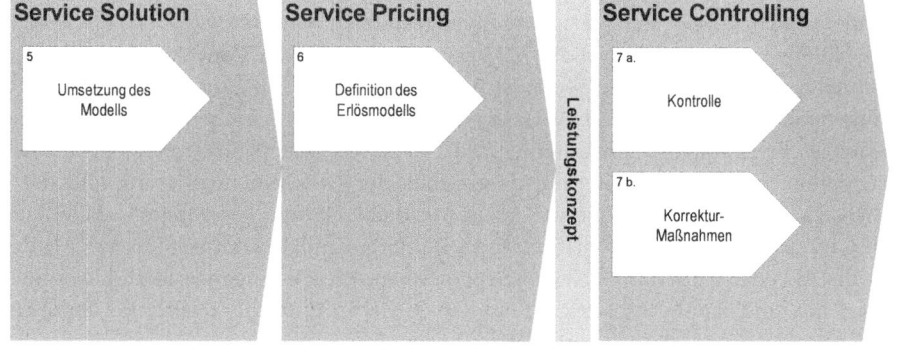

10.2 Suche nach alternativen Geschäftsideen

Die Entstehung von Geschäftsideen durch das AFG-Verständnis stellt die erste Stufe des Servicekonzepts und somit dessen Basis dar.

Geschäftsideen zu finden, heißt Märkte – im vorliegenden Fall AFG-Märkte – nach Geschäftsopportunitäten zu analysieren. In diesen AFG-Märkten gilt es, die Bedürfnisse der AFG-Mitglieder zu untersuchen, um „Angebotslücken" zu identifizieren und letztendlich eine Problemlösung zu finden. Die Geschäftsidee stellt das Potenzial zur Lösung dieses Problems in den Vordergrund, das Geschäftsmodell beschreibt die tatsächliche Umsetzung der Idee in die Resultate eines Problemlösungsprozesses.

Entdecken von Marktlücken: Bei sorgfältiger Betrachtung der Bedürfnisse einer bestimmten AFG und ihrer entsprechenden Abdeckung in der Angebotsstruktur des Unternehmens lassen sich oft Lücken erkennen. AFGs und deren Bedürfnisse entwickeln sich ständig weiter und bieten damit laufend Möglichkeiten für neue Geschäftsideen. So führten beispielsweise die steigenden Ansprüche der Mountainbiker an die Belastbarkeit der Bikes sowie an den Fahrkomfort zur Entwicklung der Feder- und Dämpfelemente (z.B. Federgabel), wodurch ein völlig neuer Markt innerhalb der AFG Mountainbike geschaffen wurde.

Kopieren erfolgreicher Konzepte: Sowohl in anderen Ländern als auch in anderen Branchen existiert eine Vielzahl an Geschäftsmodellen, die ihren Erfolgsbeweis bereits angetreten haben. Mithilfe des AFG-Wissens als Market Intelligence im Sinne einer Dynamic Capability lässt sich abschätzen, inwiefern sich diese übertragen lassen. Bei der Übertragung ist zum einen auf Urheber- und Schutzrechte zu achten und zum anderen, ob die vom Geschäftsmodellkonzept geforderte nachhaltige Generierung verteidigbarer Wettbewerbsvorteile gewährleistet ist. In den wenigsten Fällen wird dies der Fall sein, da das Unternehmen selbst eine Imitationsstrategie gewählt hat.

Nutzen von technischen Entwicklungen: Wenn Innovationen bekannt sind, ist von den technischen Entwicklungen ausgehend zu überlegen, wie diese einer AFG-Nutzen stiften können. So ist z.B. der Einsatz von satellitengestützten Navigationssystemen wie dem GPS (Global-Positioning-System) in der AFG Segeln oder der AFG Rallye schon seit Jahren weit verbreitet. Durch technische Weiterentwicklungen (z.B. Miniaturisierung) wird GPS seit einigen Jahren auch für andere AFGs wie z.B. Mountainbiker interessant und ermöglicht so neue Geschäftsmodelle. Das Unternehmen „GPS Gesellschaft für professionelle Satellitennavigation mbH" ist Vorreiter auf dem Gebiet der GPS Miniaturisierung und der Nutzbarmachung für unterschiedlichste AFGs. Mit dem „Garmin Forerunner", einem kompakten GPS Gerät in Armbanduhrformat, bot die GPS GmbH bereits ein erstes GPS Produkt für die AFG der Läufer an.[408] Auch Kooperationen, wie die eingangs geschilderte zwischen Nike, Inc. und Apple, Inc. zeigen, inwieweit die Technologie Treiber für Innovationen, Geschäftsideen und letztlich auch Geschäftsmodelle sein kann.

---

[408] Vgl. Garmin 2007, o.S.

Überzeugen durch Spezialisierung: Über eine technische Erweiterung oder einen besonderen Service für eine AFG kann sich eine neue Geschäftsidee entwickeln. Besonders im Bereich der Servicevariation und -differenzierung werden durch Value-added-Services Potenziale zur Leistungsdifferenzierung und somit auch zu verteidigbaren Wettbewerbsvorteilen deutlich.[409] Das Konzept der Nutzenanalyse steht auch hier besonders im Vordergrund, um Nachhaltigkeit nach dem Verständnis einer Unternehmenssicherung zu gewährleisten.

Erkennen neuer Trends: Das Wissen über die zukünftige Entwicklung in der AFG eröffnet Möglichkeiten, diese frühzeitig auszunutzen. Die Prognosen von AFG-Spezialisten, Testimonials sowie Trendscouts können wesentlich dazu beitragen, Marktwissen als Wettbewerbsvorteil aufzubauen. Die Entwicklungen des Golfsports vom Freizeitvergnügen elitärer Schichten hin zum Breitensport für jedermann bringt auch eine Heterogenisierung dieser AFG mit sich. So entstehen diverse Subgruppen, wie z.B. die Cross-Golfer, die abseits der Golfanlagen ihrer Leidenschaft nachgehen. Cross-Golfer unterscheiden sich in ihrer Werte- und Bedürfnisstruktur von den anderen Golfern und bilden eigene Kommunikations- und Interaktionsnetzwerke aus, was als Ansatzpunkt für neue Geschäftsideen genutzt werden kann.[410]

Wie die zuvor vorgestellte Geschäftsmodelldefinition nahelegt, ist die Entwicklung einer Geschäftsidee durch das AFG-Verständnis der Ausgangspunkt der strategisch-orientierten Umsetzung im Geschäftsmodell und erfolgt auf Basis eines systematischen Vorgehens des Dienstleistungsentwicklungsprozesses, der als nächsten Schritt die Phase „Service Exploration" vorsieht.

10.3 Service Exploration

Am Beginn dieser Phase stehen die „Formulierung der Geschäftsidee" und die „Prüfung der Geschäftsidee auf die Vereinbarkeit mit der Unternehmenspolitik". Danach folgt die „Übersetzung" der Idee in einen strategischen Kontext, der bestimmt, ob die weitere Entwicklung der Geschäftsidee eine Imitation von bereits im Markt angebotenen Leistungen bedeutet oder ob eine Innovationsstrategie notwendig wird.

Diese grundlegende strategische Entscheidung leitet zum vierten wichtigen Schritt – „Machbarkeitsanalyse" – über. Hierbei werden zuerst die unternehmensspezifischen Ressourcen (physische Ressourcen wie Rohstoffe und der Zugang zu diesen, Humanressourcen, strukturelle Ressourcen etc.) einer kritischen Analyse unterzogen und evaluiert, inwiefern diese zur Umsetzung der Geschäftsidee geeignet sind. Bereits in dieser Stufe der Machbarkeitsanalyse wird der Bezug zu den anderen definitorischen Merkmalen des Geschäftsmodells deutlich: Das Ziel dieser systematischen Vorgehensweise ist es, durch die Leistung einen Mehrwert zu schaffen und Nutzen für bestimmte Kundengruppen zu schaf-

---

[409] Vgl. Wirtz 2010, S. 453.
[410] Vgl. Crossgolfer 2005, o.S.

fen. Ergibt die Ressourcenanalyse, dass für die Leistung nicht alle Stufen der Wertschöpfung „in-house" vorhanden sind, so müssen die Wertschöpfungsstufen derart konfiguriert werden, dass eine Optimierung der Prozesse erreicht wird.[411]

Dann prüft die Machbarkeitsanalyse die spezifische Situation der Unternehmensumwelt. Im Rahmen dieser können alle klassischen Umweltanalyseinstrumente angewandt werden, um einerseits das Unternehmensumfeld (technologisches, regulatives, ökonomisches und gesellschaftliches Umfeld) zu bewerten und andererseits die Branchen- und Marktdynamiken in die strategische Überlegung mit einzubeziehen. Ähnlich den fünf Dimensionen der Branchenanalyse nach Porter[412] können hier Marktstrukturen, Nachfragerverhalten, Wettbewerber in existierenden Branchen etc. Gegenstand der Analyse sein.

Für die einzelnen Schritte der Service Exploration kommen grundsätzlich alle Instrumente der Strategischen Analyse in Frage, mit denen die Grundvoraussetzungen für die weitere realistische Entwicklung des AFG-Geschäftsmodells geprüft werden.

10.4 Service Design

Der Zweck und Nutzen von Geschäftsmodellen liegt in einer beschreibenden Abbildung der Organisationseinheiten eines Unternehmens und dessen Geschäftstätigkeit. Dabei stellt das Geschäftsmodell die Schnittstelle zwischen einer Geschäftsidee und deren konzeptionell strategischer und organisatorischer Umsetzung dar und versucht, Aussagen über Produkt- und Marktkombinationen, kritische Erfolgsfaktoren, Prozesse und Finanzströme vor dem Hintergrund der Kundenbedürfnisse zu treffen. Geschäftsmodelle dienen somit der Beschreibung grundsätzlicher unternehmerischer Tätigkeiten und bilden vor dem Hintergrund sich stetig wandelnder Wettbewerbslandschaften Zusammenhänge insbesondere zwischen Leistungserstellungsprozess, Nutzenstiftung der Leistung auf Seiten der Konsumenten und Erlösquellen ab. Wird die Geschäftsmodellsystematik nun mit den Ansprüchen an das strategische Dienstleistungsmanagement verknüpft, so wird die Relevanz von Service Design deutlich. Die Berücksichtigung dieser Erkenntnisse und der konzeptionellen Anforderungen durch das AFG-Management bei der Geschäftsmodellentwicklung stellt den wohl größten Unterschied zu bisherigen Service Design-Konzepten[413] dar.

Nutzersegmentierung
Wie bereits erwähnt, zielen die zu erstellenden Leistungen auf eine Nutzenstiftung für spezifische Kundensegmente (AFGs) ab. Hierbei wird die Leistung speziell auf die Bedürfnisse einer bestimmten AFG oder sogar auf ein Teilsegment einer AFG zugeschnitten. AFGs sind somit Produkt-/Markt-Kombinationen, die voneinander abgegrenzte, heterogene Tätigkeitsfelder eines Unternehmens darstellen. Daher werden AFGs auch als Strategische Geschäftseinheiten (SGEs) verstanden, die einen fest umrissenen Markt mit einem

---

[411] Vgl. Wirtz 2010, S. 210ff.
[412] Vgl. Porter 2008, S. 79ff.
[413] Vgl. hierzu ausführlicher Kapitel 9.2.2.

spezifischen Produkt bzw. einer spezifischen Leistung bedienen und unabhängig von anderen Unternehmensteilen geführt werden.[414] AFGs stellen intern homogene und extern heterogene Marktsegmente dar und eignen sich daher ideal als SGEs. Jede AFG verfügt über unterschiedliche Bedürfnisse, die mit unterschiedlichen Produkten und Dienstleistungen befriedigt werden müssen. Entscheidend ist, dass SGEs, bei denen unterschiedliche Wettbewerbsbedingungen vorherrschen und die verschieden hohe Wachstumspotenziale aufweisen, auch differenziert gesteuert werden müssen.[415] Dazu bedarf es unterschiedlicher, eigenständiger Strategien und Planungen.[416] Je nach Marktattraktivität der AFGs und relativer Wettbewerbsstärke des Unternehmens sind unterschiedliche AFGs in das Portfolio eines Unternehmens aufzunehmen und als unabhängige strategische Geschäftsfelder zu führen.

Nutzenbeschreibung pro Nutzersegment
Wird als Produkt nun die Dienstleistung betrachtet, so kommt insbesondere das Konzept des Service Design zum Tragen. Wie bereits definiert, wird im vorliegenden Beitrag unter Service Design die Gestaltung von Dienstleistungen mit dem Ergebnis einer (komplexen) Problemlösung für ein Nutzersegment verstanden. Zunächst müssen daher im Rahmen einer Anforderungsanalyse die Ressourcen auf das Potenzial einer Bedürfnisbefriedigung geprüft und evaluiert werden. Um den spezifischen Bedürfnissen Rechnung zu tragen, müssen AFGs in einzelne Nutzersegmente unterteilt werden; die Kriterien hierzu reichen von klassischen Segmentierungskriterien wie demographische Informationen über interpersonelle Beziehungen (übt eine Person ihre Leidenschaft vorzugsweise alleine oder bspw. in einer Gruppe aus) bis hin zu Erfahrungsausmaß (Anfänger, Fortgeschrittene etc.). Durch die Miteinbeziehung solcher Kriterien lassen sich verschiedene Anforderungen gemäß der Service Design Logik auf ein spezielles Nutzersegment ableiten.

Definition der Leistungsträger
Können einzelne Teilleistungen nicht vom Unternehmen selbst in der geforderten Qualität oder im benötigten Umfang erbracht werden, müssen diese von kooperierenden Unternehmen im Netzwerk erbracht werden. Hierbei ist es wichtig, nicht nur die entsprechenden Teilleistungen auszulagern, sondern diejenigen Unternehmen auszuwählen, die den Ansprüchen des Service Design, insbesondere im Hinblick auf die Qualität, gerecht werden. Erst nach diesem Abgleich von Produkt-/Markt-Kombination und den damit verbundenen Wertschöpfungsprozessen von Kooperationspartnern kann die Leistung erstellt werden und Nutzen beim Kunden hervorrufen. Anhand einer alpinen Destination lässt sich dieser Sachverhalt einfach illustrieren, wenn folgende Betriebe (Leistungsträger) betrachtet werden: Unterkunft/Hotellerie, Skischule, Skiverleihe und –ausrüster, Bergbahnen, Gastronomie (insbesondere Berg- und Après-Ski-Gastronomie) und Kleinunternehmen, wie zum Beispiel Taxigesellschaften. Da ein Gast in der Regel mit nahezu jedem dieser Leistungsträger in Kontakt kommt, müssen alle Schnittstellen identifiziert, ggf. modifiziert und in zyklischen Abschnitten überprüft werden, um so eine standardisierte Mindestqualität auf allen

---

[414] Vgl. Rothschild 1980, S. 14.
[415] Elbling/Kreuz 1994, S. 97f.
[416] Vgl. Porter 2010, S. 409f.

Ebenen zu erreichen.

Besonders im Rahmen dieses Teilschritts kommt dem zuvor erläuterten Prototyping hohe Bedeutung zu, denn hierdurch wird die Option eines vorläufigen Markttests anhand verschiedener Kriterien geboten. Je nach Ausmaß und Fokus des Prototypings ist dieser Schritt dem Service Design oder dem Service Engineering zuzurechnen. Wird beispielsweise der Prototyp auf die Gestaltung der eigentlichen Dienstleistung vor dem Hintergrund der Geschäftsidee untersucht, ist dieser Test mehr dem Service Design zuzuordnen. Werden die Teilleistungen und potenzielle Netzwerkpartner und deren Schnittstellen überprüft, liegt der Schwerpunkt des Prototyps im Service Engineering.

Konfiguration der Teilleistungen
Im Anschluss an die Definition der Leistungsträger werden nun die einzelnen Bestandteile des Dienstleistungsbündels konfiguriert. Konfiguration bedeutet in diesem Zusammenhang, dass zum einen gemäß dem Uno-actu-Prinzip zu der Dienstleistungserstellung sowohl die Anbieterseite als auch der Konsument beitragen und zum anderen, dass sich die Anbieterseite ihrerseits aus verschiedenen Leistungsträgern zusammensetzen kann. Ist dies der Fall, müssen die jeweilig erstellten Teilleistungen so miteinander verknüpft werden, dass das entstehende Dienstleistungsbündel den Bedürfnissen und Anforderungen des Konsumenten mindestens gerecht wird. Diese Bedürfnisse lassen sich nach dem hier vorliegenden Verständnis in allgemeine oder individuelle Bedürfnisse und in Bedürfnisse nach Nutzersegmenten unterteilen.

Die Art und das Ausmaß der Nutzenstiftung[417] dieser Dienstleistung determiniert die Kundenzufriedenheit und birgt bei hoher Zufriedenheit das Potenzial, den Kunden an das Unternehmen mit seinen Dienstleistungsbündeln zu binden. Diese Kundenloyalität schlägt sich wiederum im Erlös sowie Ertrag nieder, da durch Wiederholungskonsumation ökonomischer Wert bei vergleichsweise geringen Kosten realisiert werden kann.

10.5 Service Engineering: Optimierung affinitätsgetriebener Geschäftsprozesse

In Anbetracht dessen, dass nachgefragte Leistungen im Rahmen des Service Design zunehmend komplexer zu gestalten sind, gewinnt die systematische und strukturierte Entwicklung von Dienstleistungen an Bedeutung. An dieser Stelle des AFG-Geschäftsmodells setzt das Service Engineering als prozessuale Abbildung der Geschäftsprozesse des Service Design an. Wesentliche Ziele des Service Engineering sind die Optimierung der Wertschöpfungsprozesse und die Nutzenmaximierung sowie die Verteidigbarkeit der Wettbewerbsvorteile.

---

[417] Vgl. hierzu die Ausführungen zum Kano-Modell als Nutzenkonzept.

Analyse und Konfiguration der Wertschöpfungskette
Der erste Schritt in dieser Stufe ist die Analyse und Konfiguration der Wertschöpfungskette. Wie bereits angedeutet, ist es in wachsendem Maße nötig, Teilleistungen von Dritten zu beziehen, um ein nutzenstiftendes Dienstleistungsbündel für den Kunden zu produzieren. Diese Integration von anderen Unternehmen in die Wertschöpfungsaktivitäten eines Unternehmens beeinflusst die Unternehmensstruktur und die Ablauforganisation.

Die Bestimmung der zeitlichen Abfolge ermöglicht die Beschreibung der Leistungsträger und Kooperationspartner sowie deren spezifische Geschäftsprozesse, die an der AFG auszurichten sind. Allgemein lassen sich drei prinzipielle Leistungsphasen unterscheiden: die Vor-Prosumtions-, die Während-Prosumtions- und die Nach-Prosumtionsphase. Hier wurde bewusst der zusammengesetzte Begriff der „Prosumtion" aufgegriffen, um den Bezug zur Serviceorientierung hervorzuheben. Da es sich um eine Dienstleistung handelt, wird der Konsument einerseits in den Leistungserstellungsprozess als Ressource integriert, andererseits ist er auch Erfolgstreiber und Konsument, der die sequentielle Folge der Prozesse bestimmt. Durch das Involvement der AFG-Mitglieder gegenüber ihrer Leidenschaft lassen sich gemeinsame Kernprozesse identifizieren, die langfristig zu komparativen Wettbewerbsvorteilen und Kernkompetenzen eines Unternehmens ausgebaut werden können.

Durch den Dienstleistungsbezug der hier vorgestellten Geschäftsmodellentwicklung und der damit verbundenen Kundenintegration als Charakteristikum ergibt sich die Notwendigkeit, beide Sichtweisen miteinander zu verbinden. So ist der Kunde (als externer Faktor) sowohl Konsument der Leistung, der den Wert bestimmt, als auch Inputfaktor, der den Leistungserstellungsprozess sowie die Qualität der Leistung wesentlich beeinflusst. Hierdurch sind die Wertschöpfungsprozesse grundverschieden von denen reiner produzierender Unternehmen und zeichnen sich durch eine hohe Komplexität, intensive Informations- und Kommunikationsprozesse, vielschichtige Koordinationsprozesse etc. aus. Diese Ausprägungen von Wertschöpfungsprozessen bei Dienstleistungen bedarf es genau zu analysieren und die Konfiguration optimal zu gestalten. Dies ist die Aufgabe des Service Engineering, das somit darlegt, wie das Problemlösungspotenzial der Geschäftsidee ausgeschöpft und das Wert- und Nutzenversprechen gegenüber dem Kunden durch die Kombination von unternehmensinternen und -externen Ressourcen und Prozessen erbracht wird.

Das Festlegen und Managen von Schnittstellen zwischen Unternehmen sind nur zwei der vielfältigen Koordinationsaufgaben im Rahmen des Service Engineering. Insbesondere die „Kontaktpunkte" (vgl. hierzu Service Engineering und Gap-Modell) mit dem Kunden aufgrund des Uno-actu-Prinzips sind als erfolgskritisch zu bezeichnen, da zwischen kooperierenden Unternehmen trotz aller Vereinbarungen Qualitätsunterschiede aus Sicht des Kunden bestehen können. Daher bietet es sich an, in diesem Zusammenhang von den „moments of truth" zu sprechen. Wird beispielsweise das Angebot einer alpinen Wintersportdestination als komplexes Dienstleistungsangebot betrachtet, so sind die verschiedenen Leistungsträger dieser Destination maßgeblich für das Urlaubserlebnis und für die Zufriedenheit des Gastes verantwortlich. In Bezug auf das Service Engineering bedeutet dies, dass gewisse Prozess-Qualitätsstandards von allen Leistungsträgern definiert und eingehalten werden müssen, um den Erwartungen des Gastes mindestens gerecht zu werden. So hat ein negatives Erlebnis mit der Wintersportschule (Service Engineering) direkten Einfluss auf die Gesamtzufriedenheit des Gastes (Service Design) und kann nur bis zu einem gewissen Maße durch die Teilleistungen der anderen Leistungsanbieter (bspw. der Unterkunft) kompensiert werden. Aus diesem Grund müssen ausgelagerte Wertschöpfungsaktivitäten nicht als reine Outsourcing-Maßnahmen, sondern als kontrollierte Weitergabe von Teilleistungen an Dritte verstanden werden.

Bestimmung von Kern- und Supportprozessen
Die Bestimmung der Kern- und Supportprozesse knüpft an die im Rahmen des Service Design identifizierten Kundenbedürfnisse und die davon abgeleiteten Erwartungen an die Dienstleistung an und hat die kundenorientierte Prozessgestaltung zum Inhalt. Unter dem Begriff Prozessgestaltung wird die zielgerichtete Leistungserstellung durch eine Folge logisch zusammenhängender Aktivitäten verstanden, die innerhalb einer Zeitspanne in einem definierten Raum durchgeführt wird.

Der erste Schritt bei der Bestimmung der Prozesse besteht darin, den zu betrachtenden Geschäftsprozess in seine Teilprozesse zu zerlegen. Dies erfolgt in der Regel in mehreren hierarchischen Stufen, bis zur untersten Ebene der Elementarprozesse. Hierbei gibt es keine Vorgaben für die Auflösungstiefe, denn sie hängt von Art und Umfang der Aufgabe ab. Prozesse, die häufig durchgeführt werden, sollten eher tief gegliedert sein, um den Ablauf optimieren zu können. Hingegen sollten seltener durchgeführte Prozesse mit einem geringen Wertschöpfungsbeitrag weniger intensiv betrachtet werden. Dieser Identifizierungsprozess muss über alle zeitlichen Phasen hinweg geschehen und systematisch für jeden Leistungsträger erfolgen. Das bedeutet, dass jede Aktivität und jeder Kontaktpunkt auf der Prozesslandkarte festgehalten werden muss, um eine transparente Übersicht zu schaffen. Mit Hilfe einer Prozessmodulkette kann der Erstellungsprozess einer Dienstleistung anhand abstrakter Prozessmodule vergleichsweise einfach beschrieben werden. Ein Prozessmodul bildet dabei eine abgeschlossene Einheit, die einen sinnvollen und eindeutig abgegrenzten Teil eines Geschäftsprozesses widerspiegelt. Es handelt sich daher im Kern um eine Wertschöpfungskette, die um dienstleistungsspezifische Besonderheiten erweitert wird. Grundsätzlich werden die Module in Form von allgemein gehaltenen, produktunabhängigen Standardprozessbausteinen definiert, um eine Wiederverwendbarkeit unterschiedlicher Prozesse und Dienstleistungsträger zu gewährleisten. Lediglich das Grundkonzept der Leistungserstellungsphasen lässt sich als festes Konzept auf alle Erstellungsprozesse übertragen. Dadurch lassen sich Dienstleistungsprozesse für unterschiedliche Einsatzszenarien und leistungsspezifische Anforderungen individuell konfigurieren.

Im Service Engineering werden häufig die Begriffe Prozesskette, Prozessmodul und Kernprozess verwendet. Unter einer Prozesskette ist die aufeinanderfolgende Verbindung einzelner Prozesse (Prozessmodule) zu verstehen. Trägt das Ergebnis einer solchen Prozesskette wesentlich zum Unternehmenserfolg bei, wird von einem Kernprozess (auch Geschäftsprozess) gesprochen. Konkret sind Kernprozesse hierbei auf der Ebene des Service Engineering diejenigen Prozesse, die im Wesentlichen die Dienstleistung und das damit verbundene Erlebnis des Konsumenten prägen. In Anlehnung an die zuvor geschilderte Unterscheidung von Dienstleistungen, eignen sich die Kernprozesse zur Differenzierung von Mitbewerbern und sind somit als Kernkompetenzen zu verstehen, die einen Wettbewerbsvorteil ermöglichen. Unter Zuhilfenahme der zuvor definierten Untergruppen von AFGs können so dezidert Prozesse abgeleitet werden, die bei der Konsumtion der Dienstleistung zu Zufriedenheit bei den Kunden führen.

Supportprozesse hingegen dienen der Aufrechterhaltung des „laufenden Betriebes" und unterstützen die Bereitstellung der Kernleistung und somit auch die Kernprozesse. Auf das Beispiel einer alpinen Destination bezogen, kann eine geführte Tour mit einem Skilehrer im offenen Skiraum einen Kernprozess darstellen, der für den Gast ein einzigartiges Erlebnis darstellt und andererseits die Destination durch dieses Leistungsbündel von anderen abhebt. Ein möglicher Supportprozess hingegen ist, dass die Bergbahn den initiativen Aufstieg ermöglicht.

Dieser Schritt dient dazu, Kundenbedürfnisse zu analysieren und deren Erwartungen an die Dienstleistung einzugrenzen. Anregungen von Kunden, Wettbewerbern und aus der eigenen Organisation werden zunächst gesammelt, bewertet und letztlich selektiert. Abschließend gilt es, konkrete und praktikable Leistungen zu formulieren, um die Ideen im Rahmen der Prozessgestaltung und -entwicklung umzusetzen.

Qualitätsstandards definieren
Der letzte und wichtige Schritt in der Phase des Service Engineering stellt die Sicherung der Prozessqualität dar. Da sich Kundenbedürfnisse und somit auch die Anforderungen im Zeitverlauf ändern, gilt es eine kontinuierliche Sicherung der Qualität zu gewährleisten. Nur in den seltensten Fällen kann davon ausgegangen werden, dass ein Prozess jahrelang dem gleichen Ablauf folgen wird. In der Regel ist eine fortwährende Überarbeitung notwendig. Insbesondere müssen vor dem Hintergrund des Kano-Modells die Kernprozesse überprüft werden, ob sie weiterhin zur Differenzierung gegenüber Mitbewerbern geeignet sind. Das Einhalten von Mindestqualitätsstandards gilt aber auch für Teilleistungen die an weitere Unternehmen ausgelagert („Outsourcing") wurden.

10.6 Service Solution und Service Pricing

Die Gestaltung der Dienstleistung (Service Design) und die Dienstleistungserbringung mit seinen Kern- und Supportprozessen (Service Engineering) führt mittels der Integration des externen Faktors (Kunde) nun zur eigentlichen, wahrgenommenen Dienstleistung: Service Solution. Wesentlich für den Erfolg des Geschäftsmodells ist somit die Umsetzung der zuvor festgelegten strategischen Maßnahmen und insbesondere die Definition, Umsetzung und Einhaltung der Qualitätsstandards – auf allen Ebenen der Leistungsträger. Dies beinhaltet ebenfalls, dass Mitarbeiter kontinuierlich geschult und bei der Konfiguration der Prozesse involviert sind. Diese Stufe stellt das operative Management dar und die Mitarbeiter sind ein wesentlicher Erfolgsfaktor, da sie durch den direkten Kundenkontakt mit deren Bedürfnissen und den Anforderungen an eine Dienstleistung auf besondere Weise konfrontiert werden. Durch diese zielgruppenspezifische Leistungserstellung entsteht auch beim Kunden ein Mehrwert (Nutzenzuwachs), der sich nicht notwendigerweise monetär messen lässt. Allerdings besteht auf Seiten des Anbieters das Hauptziel, das Unternehmen langfristig zu sichern. Diese Existenzbedingung wird durch die „Bepreisung" der Dienstleistung erreicht.

Zuvor wurden bereits Formen und Quellen von Erlösen genannt, die nun um AFG-spezifische Beispiele ergänzt werden. Prinzipiell sind je nach Ausprägung der angebotenen Leistung nutzungsunabhängige und nutzungsabhängige Erlöse als Ertragsquellen denkbar, die direkt mit der im Rahmen des Service Design erstellten Dienstleistung in Zusammenhang stehen. Um beim Beispiel der alpinen Wintersportdestination zu bleiben, ist es denkbar, dass die Unterkunftsbetreiber zusätzliche, beispielsweise mit der AFG Skifahren in Verbindung stehende Leistungen anbieten: Skiservice sowie Ski- und Materialverleih im Hotel. Dies entspricht nicht der Kernleistung eines Hotelbetriebes, kann aber bei einem AFG-Mitglied einen großen Nutzen stiften und Begeisterung (da es nicht erwartet wird) auslösen. Wie die Preissetzung dieses zusätzlichen Services erfolgt, also nutzungsabhängig oder nutzungsunabhängig und im Zimmerpreis inkludiert, ist zunächst sekundär. Allein das Angebot, richtig kommuniziert, kann ein Alleinstellungskriterium für den Hotelbetrieb darstellen.

Darüber hinaus sind auch neue, innovative Erlösquellen möglich. Auf Basis des anzustrebenden Marktwissens über eine AFG sind weitere Einnahmen für ein Unternehmen möglich. So kann beispielsweise eine Tourismusorganisation ihr spezifisches, angesammeltes Zielgruppenwissen gegen Entgelt anderen (kooperierenden) Unternehmen zur Verfügung stellen. Allerdings ist zu beachten, dass dem Gedanken der Market Intelligence folgend, das systematisch gesammelte Wissen über eine AFG als Kernkompetenz und daher auch als komparativer Wettbewerbsvorteil aufgebaut wird, und daher nur bedingt an Dritte weitergegeben werden sollte.

Durch Netzwerkkooperation im Rahmen des Service Engineering können sowohl monetäre Vor- als auch Nachteile entstehen. Zum einen bedeutet eine „Mitgliedschaft" in einem Kooperationsnetzwerk höheren Koordinationsaufwand beispielsweise durch die Überwachung von Schnittstellen durch das Management. Zum anderen können auch positive Synergieeffekte auf Basis der Zusammenarbeit und den damit verbundenen Möglichkeiten des In- und Outsourcings realisiert werden. Wie bei jeder (strategischen) Entscheidung muss abgeschätzt werden, ob der potenzielle Nutzen aus einer Kooperation den Aufwand rechtfertigt und bestenfalls übersteigt.

Abschließend sei betont, dass durch das auf AFG-Wissen basierende Service Design eine wirtschaftliche Bearbeitung ermöglicht wird. Das Dienstleistungsbündel ist mit seinen Teilleistungen auf die speziellen Bedürfnisse der Kunden abgestimmt und reduziert die Streuverluste bei Marketingmaßnahmen. Darüber hinaus wird die Wahrscheinlichkeit erhöht, dass die Kunden mit dem speziell auf ihre Ansprüche abgestimmten Produkt zufrieden sind. Zufriedenheit mit einer Leistung ist eine Grundvoraussetzung für Wiederholungskäufe – die weniger kostenintensiv sind als bei Neukunden – und führt mittel- bis langfristig zu einer hohen Kundenloyalität. So ist es beispielsweise im Interesse aller Leistungsträger, dass ein Neugast an eine Destination gebunden wird (durch das Hervorrufen von Zufriedenheit beim Gast) und durch seine Loyalität zum Stammgast „weiterentwickelt" werden kann. Somit amortisieren sich die Investitionen in diesen Gast über die Dauer seiner Aufenthalte. Insgesamt birgt das AFG-Management großes Potenzial eine Erlös- und Ertragsoptimierung für das Unternehmen zu erreichen.

Aus diesen Gründen wird der Begriff Service Pricing durch die Optimierung der Erlöse und Erträge geprägt. Er steht stellvertretend für den Wertzuwachs für die Unternehmen durch das Gestalten (Design) und Umsetzen der unternehmerischen Aktivitäten in Geschäftsprozessen (Engineering) einer Dienstleistung.

10.7 Service Controlling

In der abschließenden Stufe, dem Service Controlling, werden mögliche Unterschiede zwischen Kundenerwartungen und tatsächlicher Wahrnehmung bei der Erbringung der Leistungen sowie der leistungsträgerspezifischen, internen Prozesse untersucht. Finanz- und betriebswirtschaftliche Größen, (Strategie-)Controllinginstrumente wie die Balanced Scorecard sowie weitere Feedback-Methoden sollen Fehler aufdecken und zu Verbesserungen im laufenden System führen. Somit kann mit dem Service Controlling der Erfolg der Geschäftsideeumsetzung zum Geschäftsmodell sowie der Bedürfnisbefriedigungsgrad der Dienstleistung gemessen und durch Kontrolle mit Sollgrößen gegebenenfalls Korrekturmaßnahmen eingeleitet werden. Diese sind im Rahmen eines Re-Design, also der Anpassung der Produkt-/Marktkombination oder eines Re-Engineering, also der Ausbesserung der Konfiguration der Wertschöpfungskette notwendig. Service Controlling beinhaltet neben der Überprüfung und Anpassung der Dienstleistungen, eine Strategieoptimierung sowie auch ein Qualitätsmanagement im Rahmen eines Total Quality Managements. Hierbei kann ebenfalls Bezug auf das bereits vorgestellte Gap-Modell sowie Service Blueprinting Instrument genommen werden.

Abschließend sei noch darauf hingewiesen, dass die aufgezeigten Merkmale von Dienstleistungen (Immaterialität, die Integration des externen Faktors, das Uno-actu-Prinzip etc.) durch das generelle Verwischen der Grenzen zwischen Sach- und Dienstleistung nicht immer eindeutig trennscharf sind. Viele der Merkmale, wenn auch in abgeschwächter Ausprägung, treten auch bei Sachleistungen auf. Daher ist es angeraten, sich beim Service Controlling (im Gegensatz zum Controlling bei Sachgütern) auf den Grad der Kundenintegration als bestimmende Richtgröße zu konzentrieren.

Literaturverzeichnis

Ackerschott, H. (2001): Wissensmanagement für Marketing und Vertrieb – Kompetenz steigern und Märkte erobern, Wiesbaden.

Airshow Bitburg (2005): o.V.: Internationale Airshow lockte rund 20.000 Zuschauer an, http://www.flugplatz-bitburg.de/newssystem/include_this/news.php?id=5, Stand 28.07.2005, Abfrage am 10.08.2005.

Ajzen, I./Fishbein, M. (1980): Understanding Attitudes and Predicting Social Behavior, Englewood Cliffs.

Al-Debei, M. M./El-Haddadeh, R./Avison, D. (2008): Defining the Business Model in the New World of Digital Business, in: Americas Conference on Information Systems 2008 Proceedings, Paper 300, Toronto.

Ansoff, I. (1965): Concept of Strategy, in: Ansoff, I. (1965): Corporate Strategy, New York et al., S 103-121.

Apple (2006a): o.V.: Nike and Apple Team Up to Launch Nike+iPod, Apple Press Info 23.05.2006, URL: http://www.apple.com/pr/library/2006/05/23Nike-and-Apple-Team-Up-to-Launch-Nike-iPod.html, Stand: 23.05.2006, Abfrage am 18.07.2011.

Apple (2006b): o.V.: The Apple Store, URL: http://www.apple.com/retail, Abfrage am 17.07.2011.

Apple (2006c): o.V.: The Apple Store, URL: http://www.apple.com/retail, Abfrage am 12.08.2006.

Asch, S. E. (1987): Social Psychology, Oxford.

Avermaet, E. von (1996): Sozialer Einfluß in Kleingruppen, in: Stroebe, W./Hewstone, M./Stephenson, G. M. (Hrsg.): Sozialpsychologie – Eine Einführung, 2. Auflage, Berlin.

Bach, V./Österle, H. (1999): Wissensmanagement – Eine unternehmerische Perspektive, in: Bach, V./Vogler, P./Österle, H. (Hrsg.): Business Knowledge Management – Praxiserfahrungen mit intranetbasierten Lösungen, Berlin.

Backhaus, K./Erichson, B./Plinke, W./Weiber, R. (2008): Multivariate Analysemethoden. Eine anwendungsorientierte Einführung, 12. Auflage, Heidelberg.

Bächle, M. (2006): Social Software, in: Informatik Spektrum, Ausgabe 29, Nr. 2, S. 121-124.

Bächle, M. (2006): o.V.: Social Software, URL: http://www.gi-ev.de/service/informatiklexikon/informatiklexikon-detailansicht/meldung/132/, Abfrage am 17.08.2006.

Baetzgen, A. (2005): Die Inszenierung des Außergewöhnlichen am Alltäglichen, in: Absatzwirtschaft, Nr. 5, S. 62-65.

Bagozzi, R. P. (2000): On the Concept of Intentional Social Action in Consumer Behavior, in: Journal of Consumer Research, Volume 27, Number 3, S. 388-396.

Bar-Tal, D. (1990): Group Beliefs – A Conception for Analyzing Group Structure, Process, and Behavior, New York.

Bartelt, A./Lamersdorf, W. (2000): Geschäftsmodelle des Electronic Commerce: Modellbildung und Klassifikation, in: Bodendorf, F./Grauer, M. (Hrsg.) (2000): Verbundtagung Wirtschaftsinformatik 2000, Aachen, S. 17-29.

Bauer, H. H./Sauer, N. E./Merx, K. (2002): Der Einfluss von Kundenemanzipation auf die Kundenzufriedenheit und Markentreue, in: Die Betriebswirtschaft, Jahrgang 62, Nummer 6, S. 644-663.

Bea, F. X./Göbel, E. (2010): Organisation – Theorie und Gestaltung, 4. Auflage, Stuttgart.

Beck, U. (1997): Die uneindeutige Sozialstruktur – Was heißt Armut, was Reichtum in der Selbst-Kultur?, in: Beck, U./Sopp, P. (Hrsg.): Individualisierung und Integration – Neue Konfliktlinien und neuer Integrationsmodus?, Opladen.

Becker, J. (1998): Marketing-Konzeption – Grundlagen des strategischen und operativen Marketing-Managements, 6. Auflage, München.

Becker, F./Schnee, S. (2005): Marktforschung in einer dynamischen Welt, in: Künzel, Hansjörg (Hrsg.): Handbuch Kundenzufriedenheit – Strategie und Umsetzung in der Praxis, Berlin.

Beck-Gernsheim, E. (1997): Stabilität der Familie oder Stabilität des Wandels? – Zur Dynamik der Familienentwicklung, in: Beck, U./Sopp, P. (Hrsg.): Individualisierung und Integration – Neue Konfliktlinien und neuer Integrationsmodus?, Opladen.

Benkenstein, M./Holtz, M. (2001): Qualitätsmanagement von Dienstleistungen, in: Bruhn, M./Meffert, H. (Hrsg.): Handbuch Dienstleistungsmanagement: Von der strategischen Konzeption zur praktischen Umsetzung, 2. Auflage, Wiesbaden, S. 195-209.

Benkenstein, M./von Strenglin, A. (2005): Prozessorientiertes Qualitätscontrolling von Dienstleistungen, in: Bruhn, M./Strass, B. (Hrsg.): Dienstleistungscontrolling, 1. Auflage, Wiesbaden, S. 55-70.

Bennett, A. (2002): Music, Media and Urban Mythscapes - A Study of the "Canterbury Sound", in: Media Culture, Nr.1, S. 87-100.

Bennett, A/Peterson, R. A. (2004): Introducing Music Scenes, in: Bennett, A./Peterson, R. A. (Hrsg.): Music Scenes - Local, Translocal and Virtual, Nashville, S. 1-17.

Benedikter, R. (2005): Aufmerksamkeit als Ware, URL: http://www.info3.de/ycms/printartikel_318.shtml, Abfrage am 28.09.2005.

Berth, R. (1993): Szenen und soziale Netzwerke – Was steht dahinter, in: Reigber, D. (Hrsg.): Social Networks – Neue Dimensionen der Markenführung, Düsseldorf.

Bieger, T. (2007): Dienstleistungsmanagement, 4. Auflage, Bern.

Bieger, T./Reinhold, S. (2011): Das wertbasierte Geschäftsmodell – Ein aktualisierter Strukturierungsansatz, in: Bieger, T./zu Knyphausen-Aufseß, D./Krys, C. (2011): Innovative Geschäftsmodelle. Konzeptionelle Grundlagen, Gestaltungsfelder und unternehmerische Praxis, Berlin, S. 13-70.

Bike Online (2011): o.V.: Mediainformationen, URL: http://www.delius-klasing.de/mediainformationen/bike?ansicht=&cat=mediadaten, Abfrage am 20.07.2011.

Bleicher, K. (2011): Das Konzept Integriertes Management – Visionen, Missionen, Programme, 8. Auflage, Frankfurt/Main.

Böhmann, T./Krcmar, H. (2007): Hybride Produkte: Merkmale und Herausforderungen, in: Bruhn, M./Stauss, B. (Hrsg): Forum Dienstleistungsmanagement: Wertschöpfungsprozesse bei Dienstleistungen, Wiesbaden, S. 239-256.

Bolz, N. (1997): Die Sinngesellschaft, Düsseldorf.

Bolz, N. (2004): Der Spirituelle Mehrwert der Marke, in Kemmler, S./Ballentin, J./Gerlitz, C./Emrich, S. (Hrsg.): Die Depression der Werbung, Göttingen.

Bolz, N./Bosshart, D. (1995): Kult-Marketing – Die neuen Götter des Marktes, 2. Auflage, Düsseldorf.

Bortz, J./Döring, N. (2003): Forschungsmethoden und Evaluation für Human- und Sozialwissenschaftler, 3. Auflage, Berlin.

Brandmeyer, K. (2002): Achtung Marke, Hamburg.

Bruhn, M. (2004): Qualitätsmanagement für Dienstleistungen - Grundlagen, Konzepte, Methoden, 5. Auflage, Berlin u.a.

Bruhn, M./Georgi, D./Treyer, M./Leumann, S. (2000): Wertorientiertes Relationship Marketing – Vom Kundenwert zum Customer Lifetime Value, in: Die Unternehmung, 54, Nr. 3, S. 167-187.

Bullinger, H.-J/Scheer, A.-W. (2006): Service Engineering - Entwicklung und Gestaltung innovativer Dienstleistungen, in: Bullinger, H.-J./Scheer, A.-W. (Hrsg.): Service Engineering: Entwicklung und Gestaltung innovativer Dienstleistungen, 2. Auflage, Berlin u.a., S. 3-18.

Bullinger, H.-J./Schreiner, P. (2006): Service Engineering: Ein Rahmenkonzept für die systematische Entwicklung von Dienstleistungen, in: Bullinger, H.-J./Scheer, A.-W. (Hrsg.): Service Engineering - Entwicklung und Gestaltung innovativer Dienstleistungen, 2. Auflage, Berlin u.a., S. 53-84.

Chandler, A. (1962): Strategy and Structure. Chapters in the History of the Industrial Enterprise, Cambridge et al.

Christ, O. (2003): Content-Management in der Praxis – Erfolgreicher Aufbau und Betrieb unternehmensweiter Portale, 1. Auflage, Berlin.

Coenenberg, A. (1997): Jahresabschluss und Jahresabschlussanalyse: Grundfragen der Bilanzierung nach betriebswirtschaftlichen, steuerrechtlichen und internationalen Grundsätzen, 16. Auflage, Landsberg/Lech.

Cornelsen, J. (1998): Kundenbewertung mit Referenzwerten – Theorie und Ergebnisse des Kooperationsprojektes 'Kundenwert' in Zusammenarbeit mit der GfK AG, Nürnberg, Arbeitspapier Nr. 64, Lehrstuhl für Marketing, Universität Erlangen-Nürnberg, Nürnberg.

Corsten, H. (2001): Dienstleistungsmanagement, 4. Auflage, München u.a.

Corsten, H./Stuhlmann, S. (2001): Kapazitätsplanung in Dienstleistungsunternehmungen, in: Bruhn, M./Meffert, H. (Hrsg.): Handbuch Dienstleistungsmanagement: Von der strategischen Konzeption zur praktischen Umsetzung, 2. Auflage, Wiesbaden, S. 179-192.

Deichsel, A. (2004): Jahrbuch Markentechnik. Markensoziologie, Frankfurt.

Crossgolfer (2005): o.V.: Die Crossgolfer kommen! URL: http://www.golfsportmagazin.de/vermischtes/vermischtes_corssgolf.htm, Stand vom 02.03.2005, Abfrage am 10.08.2006.

Dittrich, R./Hölscher, B. (2001): Transfer von Lebensstilkonzepten – Zu den Voraussetzungen interkultureller Vergleichsforschungen, Münster.

Dorland, G. N. (2004): Der Weg in die Normalität, in: Kemmler, S./Balletin, J./ Gerlitz, C./Emrich, S. (Hrsg.): Die Depression der Werbung, Göttingen.

Dorland, G./van der Wal, J. (1978): The Business Idea. From Birth to Profitable Company, New York.

Drieseberg, T. J. (1995): Lebensstilforschung – Theoretische Grundlagen und praktische Anwendungen, Heidelberg.

Drucker, P. (1967): The Effective Executive, London et al.

Drucker, P. (1969): The Practice of Management, London.

Drucker, P. (1994): The Theory of the Business, in: Havard Business Review, Sep.-Oct. 1994, S. 95-104.

E-Facts (2006): Bundesministerium für Wirtschaft und Technologie (Hrsg.): Informationen zum E-Business – Innovationspolitik, Informationsgesellschaft, Telekommunikation, URL: http://www.bmwi.de/Dateien/BMWi/PDF/e-facts/e-facts-nr-10-wissensmanagement,property=pdf,bereich=bmwi,sprache=de,rwb=true.pdf, Abfrage am 28.08.2006.

Eggert, A. (2006): Die zwei Perspektiven des Kundenwerts – Darstellung und Versuch einer Integration, in: Günter, B./Helm, S. (Hrsg.): Kundenwert – Grundlagen, Innovative Konzepte, Praktische Umsetzungen, 3. Auflage, Wiesbaden, S. 41-60.

Eggert, U. (1997): Konsumententrends, Düsseldorf.

Elbling, O./Kreuz, C. (1994): Handbuch der strategischen Instrumente, Wien.

Farin, K. (2001): generation-kick.de – Jugendsubkulturen heute, München.

Felson, R. B. (1992): Self-Concept, in: Borgotta, E. F./Borgotta, M. L. (Hrsg.): Encyclopaedia of Sociology, Band 4, New York, S. 1743-1749.

Fine, G. A. (1995): Public Narration and Group Culture: Discerning Discourse in Social Movements, in: Johnston, H./Klandermans, B. (Hrsg.): Social Movements and Culture, London, S. 127-143.

Forgas, J. P./Williams, K. (2002): The Social Self – Introduction and Overview, in: Forgas, J. P./Williams, K. (Hrsg.): The Social Self – Cognitive, Interpersonal, and Intergroup Perspectives, New York, S. 1-17.

Foster, L. (2006): Sole man wins board approval in: Financial Times Financial Times, 24.08.2006, S. 5.

Förster, A./Kreuz, P. (2003): Marketing-Trends – Ideen und Konzepte für Ihren Markterfolg, Wiesbaden.

Foscht, T./Swoboda, B. (2011): Käuferverhalten – Grundlagen, Perspektiven, Anwendungen, 4. Auflage, Wiesbaden.

Fournier, S./Mick, D. G. (1999): Rediscovering Satisfaction, in: Journal of Marketing, Volume 63, Number 4, S. 5-23.

Franck, G. (1999): Jenseits von Geld und Information – Zur Ökonomie der Aufmerksamkeit, in: Medien + Erziehung, Nr. 3, S. 146-153.

Freeski-Forum (2005): Freeski-Forum – Online-Befragung, URL: http://www.freeski.net/showthread.php?t=7776&page=5&highlight=Befragung, Abfrage am 20.08.2006.

Freter, H. (1983): Marktsegmentierung, Stuttgart.

Freter, H. (2001): Marktsegmentierung im Dienstleistungsbereich, in: Bruhn, M./Meffert, H. (Hrsg.): Handbuch Dienstleistungsmanagement – Von der strategischen Konzeption zur praktischen Umsetzung, 2. Auflage, Wiesbaden.

Gälweiler, A. (2005): Strategische Unternehmensführung, 3. Auflage, Frankfurt/Main.

Garmin (2007): o.V.: Garmin erfolgreich bei Runner's World Leserwahl ‚Best Brands 2006', URL: http://www.garminonline.de/common/pdf/pressemitteilung/Garmin_PMD _RunnersWorld_BestBrands.pdf, Abfrage am 17.07.2011.

Get in the Game – Gaming in the sun (2005): o.V.: Get in the Game – Gaming in the sun, URL: http://www.ruf.de/a/info/get_in_the_game.asp?AgenturNr=1&EMail=&Para= &session_id=a656892149404084, Abfrage am 11.08.2005.

Gerken, G. (1996): Szenen statt Zielgruppen, in: Gerken, G./Merks, M. (Hrsg.): Szenen statt Zielgruppen, Frankfurt/Main.

Goldammer, P. (1996): Die Angst der Marken vor den Szenen, in: Gerken, G./ Merks, M. (Hrsg.): Szenen statt Zielgruppen, Frankfurt/Main.

Gordijn, J./Akkermanns, H. (2001): Ontology-Based Operators for e-Business Model De- and Reconstruction, in Proceedings of International Conference on Knowledge Capture 2001, New York, S. 60-67.

Griese, K.-M. (2002): Der Einfluss von Emotionen auf die Kundenzufriedenheit – Ansätze für ein erfolgreiches Consumer Relationship Marketing mit 18- bis 25-jährigen Bankkunden, Wiesbaden.

Gross, P. (2005): Selbstinterpretation als Selbstermächtigung – oder: Sechs Milliarden Personen suchen einen Autor, in: Hitzler, R./Pfadenhauer, M. (Hrsg.): Gegenwärtige Zukünfte, Wiesbaden, S. 244-256.

Gukenbiehl, H. L. (1999): Bezugsgruppen, in: Schäfers, B. (Hrsg.): Einführung in die Gruppensoziologie – Geschichte, Theorien, Analysen, 3. Auflage, Wiesbaden.

Gukenbiehl, H. L./Schäfers, B. (2002): Gruppe, in: Schäfers, B. (Hrsg.): Grundbegriffe der Soziologie, 8. Auflage, Opladen.

Gulati, R./Oldroyd, J. B. (2005): Koordination ist alles, in: Harvard Businessmanager, Juli.

Haller, S. (2010): Dienstleistungsmanagement. Grundlagen, Konzepte, Instrumente, 4. Auflage, Wiesbaden.

Harms, R./Kraus, S. (2005): Gründungsplanung: Von der Geschäftsidee zum Geschäftsmodell, in: Konrad, E. (Hrsg.) (2005): Aspekte erfolgreicher Unternehmungsgründung. Hinweise – Vorgehen – Empfehlungen, Münster, S. 57-72.

Harré, R. (1979): Social Being – A Theory for Social Psychology, Oxford.

Hayek, F. A. (2003): Gesammelte Werke: Recht, Gesetz und Freiheit: Eine Neufassung der liberalen Grundsätze der Gerechtigkeit und der politischen Ökonomie: BD 4, Tübingen.

Heffler, M./Möbus, P. (2004): Der Werbemarkt 2004, URL: http://www.ard-werbung.de/showfile.phtml/06-2005_heffler.pdf?foid=14795, Abfrage am 25.07.2005.

Heintz, B./Müller, C. (2000): Virtuelle Vergemeinschaftung – die Sozialwelt des Internet, URL: http://www.soz.unibe.ch/ii/virt/sb00.pdf, Stand: 09.2000, Abfrage am 25.05.2005.

Herrmanns A./Sauter M. (2001): E-Commerce – Grundlagen, Einsatzbereiche und aktuelle Tendenzen, in: Herrmanns, A. (Hrsg.) (2001): Management-Handbuch E-Commerce. Grundlagen, Strategien und Praxisbeispiele, München, S. 15-32.

Herstatt, C./Sander, J. G. (2004): Einführung – virtuelle Communities, in: Herstatt, C./Sander, J. G. (Hrsg.): Produktentwicklung mit virtuellen Communities – Kundenwünsche erfahren und Innovationen realisieren, 1. Auflage, Wiesbaden, S. 1-13.

Hess, T./Anding, M. (2002): Online Content Syndication – eine transaktionskostentheoretische Analyse, in: Gabriel, R./Hoppe, U. (Hrsg.): Electronic Business – Theoretische Aspekte und Anwendungen in der betrieblichen Praxis, 1. Auflage, Heidelberg, S. 163-189.

Hillmann, K.-H. (2001): Zur Wertewandelforschung – Einführung, Übersicht und Ausblick, in: Oesterdiefhoff, G. W./Jegelka, N. (Hrsg.): Werte und Wertewandel in westlichen Gesellschaften – Resultate und Perspektiven der Sozialwissenschaften, Opladen, S. 15-46.

Hinterhuber, H. H. (2004): Strategische Unternehmensführung. Band I, Strategisches Denken. Vision, Unternehmenspolitik, Strategie, 7. Auflage, Berlin et al.

Hitzler, R. (1997): Der Vorhang im Tempel zerreißt – Orientierungsprobleme im Übergang zu einer „anderen" Moderne, in: Beck, U./Sopp, P. (Hrsg.): Individualisierung und Integration – Neue Konfliktlinien und neuer Integrationmodus?, Opladen.

Hitzler, R. (2005): Möglichkeitsräume – Diagnosen der Existenz am Übergang zu einer anderen Moderne, in: Hitzler, R./Pfadenhauer, M. (Hrsg.): Gegenwärtige Zukünfte, Wiesbaden.

Hitzler, R./Bucher, T./Niederbacher, A. (2001): Leben in Szenen – Formen jugendlicher Vergemeinschaftung heute, Opladen.

Hodkinson, P. (2004): Translocal Connections in the Goth Scene, in: Bennett, A./Peterson, R. A. (Hrsg.): Music Scenes – Local, Translocal and Virtual, Nashville, S. 131-149.

Hoffmann, A. (2003): Jugendliche Freizeitstile – dynamisch, integrativ, und frei wählbar?, Berlin.

Hofmann, M./Mertiens, M. (2000): Customer-Lifetime-Value-Management: Kundenwert schaffen und erhöhen. Konzepte, Strategien, Praxisbeispiele, 1. Auflage, Wiesbaden.

Hofstede, G. (1980): Culture's Consequences – International Differences in Work-Related Values, Beverly Hills.

Hogg, M. A./Abrams, D. (1988): Social Identifications – A Social Psychology of Intergroup Relations and Group Processes, London.

Holland, H. (2004): Direkt Marketing, 2. Auflage, München.

Hornig, F. (2006): Web 2.0 – Du bist das Netz, in: Der Spiegel, Ausgabe 29/2006, S. 60-74.

Horx, M. (2002): Die acht Sphären der Zukunft – Ein Wegweiser in die Kultur des 21. Jahrhunderts, 4. Auflage, München.

Horx, M. (1994): Trendbuch, 2. Auflage, Düsseldorf.

Hradil, S. (1992): Alte Begriffe und neue Strukturen – Die Milieu-, Subkultur- und Lebensstilforschung der 80er Jahre, in: Hradil, S. (Hrsg.): Zwischen Bewusstsein und Sein – Die Vermittlung objektiver Lebensbedingungen und subjektiver Lebensweisen, Opladen.

Huber, T. (2002): Consumer Trends 2005 – 17 Konsumententrends für das Zukunfts-Marketing, Frankfurt/Main.

Huber, F./Hermann, A./Braunstein, C. (2008): Der Zusammenhang zwischen Produktqualität, Kundenzufriedenheit und Unternehmenserfolg, in: Hinterhuber, H. H./Matzler, K. (Hrsg.): Kundenorientierte Unternehmensführung, Kundenorientierung – Kundenzufriedenheit – Kundenbindung, 6. Auflage, Wiesbaden, S. 69-85.

Jäckel, M. (2008): Medienwirkung – Ein Studienbuch zur Einführung, 4. Auflage, Wiesbaden.

Johnson, M. W./Christensen, C. M/Kagermann, H. (2008): Reinventing Your Business Model, in: Harvard Business Review (December), S. 50-59.

Jolly, J. (2005): Marken sind die TV-Helden von morgen, in: absatzwirtschaft, Nr. 3, 2005, S. 92-94.

Kahle, U./Hasler, W. (2001): Informationsbedarf und Informationsbereitstellung im Rahmen von CRM-Projekten, in: Link, Jörg (Hrsg.): Customer Relatioship Management – Erfolgreiche Kundenbeziehungen durch integrierte Informationssysteme, Berlin.

Karmasin, H. (1993): Produkte als Botschaften, Wien.

Kelley, K. (1999): Net-Economy – Zehn radikale Strategien für die Wirtschaft der Zukunft, München.

Kirmani, A./Rao, A. R. (2000): No Pain, No Gain: A Critical Review of the Literature on Signalling Unobservable Product Quality, in: Journal of Marketing, Volume 64, Number 2, S. 66-79.

Klandt, H. (1999): Gründungsmanagement: Der integrierte Unternehmensplan, München et al.

Klandt, H. (2006): Gründungsmanagement: Der Integrierte Unternehmensplan, 2. Auflage, München et al.

Kleinaltenkamp, M. (1996): Customer Integration – Was ändert sich im Marketing?, in: Kleinaltenkamp, M./Fließ, S./Jacob, F. (Hrsg.): Customer Integration – Von der Kundenorientierung zur Kundenintegration, Wiesbaden, S. 13-24.

Kluckhohn, F. F./Strodtbeck, F. L. (1961): Variations in Value Orientations, Westport.

Klueber, R. (2000): Business Model Design and Implementation for services, in Chung, H. M. (Hrsg.) (2000): Americas Conference on Information Systems 2000 Proceedings, Long Beach, S. 797-800.

Kneissl, M./Becker, U. (1993): Das Netzwerk unter dem Hochseil – Modernes Zielgruppenmarketing vor dem Trend-Szenario der 90er Jahre, in: Reigber, D. (Hrsg.): Social Networks – Neue Dimensionen der Markenführung, Düsseldorf, S. 79-94.

Knop, C. (2009): Erfolgsfaktoren strategischer Netzwerke kleiner und mittlerer Unternehmen - Ein IT-gestützter Wegweiser zum Kooperationserfolg, 1. Auflage, Wiesbaden.

Köhler, R. (2003): Kundenorientiertes Rechnungswesen als Voraussetzung des Kundenbindungsmanagements, in: Bruhn, M./Homburg, C. (Hrsg.): Handbuch Kundenbindungsmanagement – Strategien und Instrumente für ein erfolgreiches CRM, 4. Auflage, Wiesbaden, S. 391-422.

Kollmann, T. (2008): E-Entrepreneurship. Grundlagen der Unternehmensgründung in der Net Economy, 3. Auflage, Wiesbaden.

Konrad, E. (2005): Der Businessplan: Zweck und Inhalt – Tipps und Tricks, in: Konrad, E. (Hrsg.) (2005): Aspekte erfolgreicher Unternehmungsgründung. Hinweise – Vorgehen – Empfehlungen, Münster, S. 73-102.

Koschnik, W. J. (1997): Lexikon Marketing, Band A-L, 2. Auflage, Stuttgart.

Kotler, P. (2005a): Die Zehn Todsünden im Marketing, Berlin.

Kotler, P. (2005b): Marketing funktioniert nicht mehr, in: Marketing Journal Vol. 38, Nr.3, S. 35.

Kotler, P./Rein, I./Shields, B. (2006): The Elusive Fan. Reinventing Sports in a Crowded Marketplace, New York.

Krafft, M. (1999): Der Kunde im Fokus – Kundenähe, Kundenzufriedenheit, Kundenbindung – und Kundenwert?, in: Die Betriebswirtschaft, 59, Nr. 4, S. 511-530.

Krafft, M./Rutsatz, U. (2006): Konzepte zur Messung des ökonomischen Kundenwerts, in: Günter, B./Helm, S. (Hrsg.): Kundenwert: Grundlagen – Innovative Konzepte – Praktische Umsetzungen, 3. Auflage, Wiesbaden, S. 269-291.

Kramer, S. (1991): Europäische Life-Style-Analysen zur Verhaltensprognose von Konsumenten, Hamburg.

Kreilkamp, E./Nöthel, T. (1996): Zielgruppenfragmentierung durch Szene-Positionierung, in: Tomczak, T./Rudolph, T./Roosdorp, A. (Hrsg.): Positionierung – Kernentscheidung des Marketing, St. Gallen, S. 134-145.

Kroeber-Riel, W./Weinberg, P. (1990): Konsumentenverhalten, 4. Auflage, München.

Kroeber-Riel, W./Weinberg, P. (2003): Konsumentenverhalten, 8. Auflage, München.

Krüger, W./Bach, N. (2001): Geschäftsmodelle und Wettbewerb im e-Business, in Buchholz, W./Werner, H. (Hrsg.) (2001): Supply Chain Solutions – Best Practice im E-Business, S. 29-51.

Kumar, V. (2008): Customer Lifetime Value - the Path to Profitability, Now Publishers Inc, Hannover, MA.Kutschker, M. (1994): Strategische Kooperationen als Mittel der Internationalisierung, in: Schuster, L. (Hrsg.): Die Unternehmung im internationalen Wettbewerb, Berlin.

Langner, H. (1991): Segmentierungsstrategien für den europäischen Markt, Wiesbaden.

Leadbeater, C. (2002): Das Zeitalter der Selbstbestimmung, in: Bertelsmann Stiftung (Hrsg.): Was kommt nach der Informationsgesellschaft?, Gütersloh.

Lettau, H.-G. (1990): Ganzheitliches Marketing – Entwicklung, Bedeutung, Umsetzung, Landsberg/Lech.

Lewis, D./Bridger, D. (2001): Die neuen Konsumenten – Was sie kaufen, warum sie kaufen, wie man sie als Kunden gewinnt, Frankfurt.

Liebl, F. (1999): Marketing für Bastler, in: Econy, Nr. 4, S. 132-133.

Mager, B. (2007): Service Design, in: Erlhoff, M./Marshall,T. (Hrsg.): Wörterbuch Design: Begriffliche Perspektiven des Design, 1. Auflage, Heidelberg, S. 361-364.

Magretta, J. (2002): Why Business Models Matter, in: Harvard Business Review 80/5, S. 86-92.

Mahadevan, B: (2000): Business Models for Internet based E-Commerce – An Anatomy, in: California Management Reviews, Jg. 42, Nr. 4, S. 55-69.

Matzler, K./Sauerwein, E./Stark, C. (2008): Methoden zur Identifikation von Basis-, Leistungs- und Begeisterungsfaktoren in: Hinterhuber, H. H./Matzler, K. (Hrsg.): Kundenorientierte Unternehmensführung, Kundenorientierung – Kundenzufriedenheit – Kundenbindung, 6. Auflage, Wiesbaden, S. 319-344.

Matzler, K./Stahl, H. K./Hinterhuber, H. H.(2008): Die Customer-based View der Unternehmung, in: Hinterhuber, H. H./Matzler, K. (Hrsg.): Kundenorientierte Unternehmensführung, Kundenorientierung – Kundenzufriedenheit – Kundenbindung, 6. Auflage, Wiesbaden, S. 3-31.

McAlexander, J. H./Schouten, J. W./Koenig, H. F. (2002): Building Brand Community, in: Journal of Marketing, Volume 66, Number 1, S. 38-54.

Meffert, H. (1999a): Marktorientierte Unternehmensführung im Umbruch, in: Meffert, H. (Hrsg.): Marktorientierte Unternehmensführung im Wandel – Retrospektive und Perspektiven des Marketing, Wiesbaden.

Meffert, H. (1999b): Größere Flexibilität als Unternehmenskonzept, in: Meffert, H. (Hrsg.): Marktorientierte Unternehmensführung im Wandel – Retrospektive und Perspektiven des Marketing, Wiesbaden.

Meffert, H. (2000): Marketing – Grundlagen marktorientierter Unternehmensführung, 9. Auflage, Wiesbaden.

Meffert, H. (2008): Marketing – Grundlagen marktorientierter Unternehmensführung, 10. Auflage, Wiesbaden.

Meffert, H./Bruhn, M. (2003): Dienstleistungsmarketing, Grundlagen – Konzepte - Methoden, 4. Auflage, Wiesbaden.

Meffert, H./Bruhn, M. (2009): Dienstleistungsmarketing, Grundlagen – Konzepte - Methoden, 6. Auflage, Wiesbaden.

Menhorn, C. (2001): Skinheads – Portrait einer Subkultur, Baden-Baden.

Mendling, J./Rausch, M./Sommer, G. (2005): Reference Modelling for Destination Marketing Organisations – The Case of Austrian National Tourist Office, in: Bartmann D./Rajola, F./Kallinikos, J./Avison, D./Winter, R./Ein-Dor, P./Becker, J./Bodendorf F./Weinhardt, C. (Hrsg.): Proceedings of the Thirteenth European Conference on Information Systems, Regensburg, o.S.

Merks, M. J. (1996): Future-Marketing ist Innovations-Management, in: Gerken, G./Merks, M. J. (Hrsg.): Szenen statt Zielgruppen – Vom Produkt zum Kult, Frankfurt/Main, S. 29-46.

Müller, H. (2004): Qualitätsorientiertes Tourismus-Management. Bern.

Müller-Stevens, G./Lechner, C. (2005): Strategisches Management – Wie strategische Initiativen zum Wandel führen, 3. Auflage, Stuttgart.

Mummendey, A./Otten, S. (2008): Theorien intergruppalen Verhaltens, in: Frey,D./Irle, M. (Hrsg.): Theorien der Sozialpsychologie, Band 2, 2. Auflage, Bern, S. 95-119.

Neff, J.: P&G chief – We need new model now, URL: http://adage.com/article/news/p-g-chief-model/101188/ Abfrage am 11.07.2011.

Nieschlag, R./Dichtl, E./Hörschgen, H. (2002): Marketing, 19. Auflage, Berlin.

Nike (2006): o.V., The Nike Free Collection, URL: http://nikeid.nike.com/nikeid/index.jhtml#free,free,n_free_0503_public, Abfrage am 08.08.2006.

Norco/Air Canada (2006): Werbeanzeige in: Mountainbike Rider 02/2006, S. 39.

North, K. (2005): Wissensorientierte Unternehmensführung – Wertschöpfung durch Wissen, 4. Auflage, Wiesbaden.

North, K. (2011): Wissensorientierte Unternehmensführung: Wertschöpfung durch Wissen. 5. Auflage. Wiesbaden.

Nöthel, T. (1999): Szenen-Marketing und Produkt-Positionierung, Wiesbaden.

Odlyzkol, A./Tilly, B. (2005): A refutation of Metcalfe's Law and a better estimate for the value of networks and network interconnections, URL: http://www.dtc.umn.edu/~odlyzko/doc/metcalfe.pdf, Abfrage am 28.10.2005.

Österle, H. (1996): Business Engineering: Transition to the Networked Enterprise, in: EM – Electronic Markets, Jg. 6, Nr. 2, S. 14-16.

Oguachuba, J. (2009): Markenprofilierung durch produktbegleitende Dientleistungen, 1. Auflage, Wiesbaden.

Opaschowski, H. W. (2002a): Was uns zusammenhält – Krise und Zukunft der westlichen Wertewelt, München.

Opaschowski, H. W. (2002b): Wir werden es erleben – Zehn Zukunftstrends für unser Leben von morgen, Darmstadt.

O'Reilly, T. (2005): What is Web 2.0 – Design Patterns and Business Models for the Next Generation of Software, URL: http://oreilly.com/web2/archive/what-is-web-20.html, Abfrage am 14.06.2011.

Osterwalder, A./Pigneur, Y./Tucci, C.L. (2005): Clarifying Business Models: Origins, Present, and Future of the Concept, in: Communications of the Association for Information Systems, 16. Jg., Nr. 1, S. 1-25.

Parry, T. (2004): Samsung Opens Virtual Showroom, URL: http://promomagazine.com/news/samsung_virtual_showroom/index.html, Abfrage am 17.07.2011.

Pawlowitz, N. (2001): Kunden gewinnen und binden mit Online Communities – So profitieren Sie von Foren, Chats, Newsgroups und Newslettern, 1. Auflage, Frankfurt/Main.

Pepels, W. (1995): Einführung in das Dienstleistungsmarketing, München.

Peppers, D./Rogers, M. (2002): The one to one manager - Real-World Lessons in Customer Relationship Management, New York.

Peuckert, R. (2003): Soziale Einstellung, in: Schäfers, B. (Hrsg.): Grundbegriffe der Soziologie, 8. Auflage, Opladen, o.S.

Picot, A./Reichwald, R./Wigand, R. T. (2001): Die grenzenlose Unternehmung – Information, Organisation und Management, 4. Auflage, Wiesbaden.

Plummer, J. T. (1974): The Concept and Application of Life Style Segmentation, in: Journal of Marketing, Vol. 38, S. 34.

Porter, M. E. (2010): Wettbewerbsvorteile, 7. Auflage, Frankfurt/Main.

Porter, M. E. (2008): The Five Competitive Forces That Shape Strategy, in Havard Business Review, Januar 2008, S. 79-93.

Powderpark (2005): Powderpark-Stories, URL: http://www.powderpark.de; Abfrage am 13.12.2005.

Prahl, H.-W. (2002): Soziologie der Freizeit, Paderborn.

Pritzl, R./Lauer, A. (2004): Kundenbindung und Loyalitätsmanagement, in: Management Consulting Fieldbox – Die Ansätze der großen Unternehmensberater, 2. Auflage, Zürich, o.S.

Probst, G./Raub, S./Romhard, K. (2003): Wissen managen – Wie Unternehmen ihre wertvollste Ressource optimal nutzen, 4. Auflage, Frankfurt.

Probst, G./Raub, S./Romhard, K. (2006): Wissen managen: Wie Unternehmen ihre wertvollste Ressource optimal nutzen. 5. Auflage. Wiesbaden.

Radsport-Aktiv-Forum (2006): Radsport-Aktiv-Forum – Rennradfahrer-Befragung, URL: http://forum.radsport-aktiv.de/forum/forum.php; Abfrage am 20.08.2006.

Rall, W./König, B. (2005): Aktuelle Herausforderungen an das strategische Management, in: Hungenberg, H./Meffert, J. (Hrsg.): Handbuch Strategisches Management, Wiesbaden, S. 9-34.

Rausch, M. (2010): Entwicklung einer Market Intelligence (MINT)-Datenbank für das betriebliche Wissensmanagement. Dargestellt am Praxisbeispiel einer nationalen Tourismusorganisation (NTO). Hamburg.

Redwitz, G. (1991): Handelsentwicklung – Wertewandel-Perspektiven für die Handelslandschaft, in: Szallies, R./Wiswede, G. (Hrsg.): Wertewandel und Konsum, 2. Auflage, Landsberg/Lech, S. 257-282.

Reeb, M. (1998): Lebensstilanalysen in der strategischen Marktforschung, Wiesbaden.

Reichheld, F. F. (2003): Loyalität und die Renaissance des Marketing, in: Payne, A./ Rapp, R. (Hrsg.): Handbuch Relationship Marketing – Konzeption und erfolgreiche Umsetzung, 2. Auflage, München, S. 75-92.

Reichelt, F. F./Schefter, P. (2001): Warum Kundentreue auch im Internet zählt, in: Harvard Business Manager, 1/2001.

Reichwald, R. (1999): Informationsmanagement, in: Bitz, M. (Hrsg.): Vahlens Kompendium der Betriebswirtschaftslehre, 4. Auflage, München, S. 221-288.

Reinecke, S./Janz, S. (2007): Marketingcontrolling – Sicherstellung von Marketingeffektivität und -effizienz, 1. Auflage, Stuttgart.

Reinmann-Rothmeier, G. (2000): Communities und Wissensmanagement – Wenn hohe Erwartungen und wenig Wissen zusammentreffen, Forschungsberichte, Nr. 129/2000, Lehrstuhl für Empirische Pädagogik und Pädagogische Psychologie, Ludwig Maximilians Universität (Hrsg.), München.

Rentmeister, J./Klein, S. (2001): Geschäftsmodelle in der New Economy, in: WISU – das Wirtschaftsstudium, Heft 3, S. 354-361.

Rentmeister, J./Klein, S. (2003): Geschäftsmodelle – ein Modebegriff auf der Waagschale, in: Zeitschrift für Betriebswirtschaft (ZfB), Ergänzungsheft 1/2003, S. 17-30.

Rheingold, H. (1993): The Virtual Community – Homesteading of the Electronic Frontier, Cambridge.

Robledo, A. (1999): DBM as a Source of Competetive Advantage for the Hotel Industry, in: Buhalis, D./Schertler, W. (Hrsg.): Information and Communication Technologies in Tourism 1999 – Proceedings of International Conference in Innsbruck, S. 36-45.

Rothschild, W. E. (1980): How to Ensure the Continual Growth of Strategic Planning, in: The Journal of Business Strategy, Nr. 1, S. 11-18.

Rudolph, A./Rudolph, M. (2000): Customer Relationship Marketing – individuelle Kundenbeziehungen, Berlin.

Sader, M. (1991): Psychologie der Gruppe, München.

Salmon, R. (1996): Alle Wege führen zum Menschen – Mit humanem Management zu dauerhaftem Erfolg, Wiesbaden, S. 19-36.

Schäfers, B. (1999): Entwicklung der Gruppensoziologie und Eigenständigkeit der Gruppe als Sozialgebilde, in: Schäfers, B. (Hrsg.): Einführung in die Gruppensoziologie – Geschichte, Theorien, Analysen, 3. Auflage, Wiesbaden.

Scheer, C./Deelmann, T./Loos, P. (2003): Geschäftsmodelle und internetbasierte Geschäftsmodelle. Begriffsbestimmung und Teilnehmermodell, ISYM Paper 12, Mainz.

Scheer, A.-W./Grieble, O./Klein, R. (2006): Modellbasiertes Dienstleistungsmanagement, in: Bullinger, H.-J./Scheer, A.-W. (Hrsg.): Service Engineering – Entwicklung und Gestaltung innovativer Dienstleistungen, 2. Auflage, Berlin u.a., S. 19-47.

Schertler, W. (1995): Management von Unternehmenskooperationen – Entwurf eines Bezugsrahmens, in: Schertler, W. (Hrsg.): Management von Unternehmenskooperationen, Wien, S. 19-54.

Schertler, W. (1998): Unternehmensorganisation, 7. Auflage, München.

Schertler, W. (2008): Wettbewerbsvorteile durch Wissensmanagement in Nischenmärkten von Affinity Groups: Gedanken zur Notwendigkeit einer neuen Interpretation von Wissensmanagement als Wettbewerbsvorteil. In: Mühlbacher, J. et al. (Hrsg.): Management Development. Wandel der Anforderungen an Führungskräfte. Wien, 147–164.

Scheuch, E. K. (1993): Netzwerke, in: Reigber, D. (Hrsg.): Social Networks – Neue Dimensionen der Markenführung, Düsseldorf.

Schmid, M. (2005): Service Engineering – Innovationsmanagement für Industrie und Dienstleister, 1. Auflage, Stuttgart.

Schmidt, S. J. (2000): Werte-Rohstoff: Aufmerksamkeit als Leitwährung, in: epd-medien, Nr. 84, S. 5-10.

Scholz, C. (1994): Die virtuelle Organisation als Strukturkonzept der Zukunft?, Arbeitspapier, Nr. 30/1994, (Hrsg.): Lehrstuhl für Betriebswirtschaftslehre insbesondere Organisation, Personal- und Informationsmanagement, Universität Saarbrücken, Saarbrücken.

Schölnhammer, C./Webhofer, M. (2005): Marke braucht Spannung, in: marketing journal, Nr. 4, S. 16-19.

Schönherr, M. (2006): Knowledge Café – ein intranetbasiertes WM-System, URL: http://www.wissensmanagement.net/online/archiv/2000/Februar-Maerz/KnowledgeCafe.shtml, Abfrage am 15.08.2006.

Schrand, A. (1993): Urlaubertypologien, in: Hahn, H./Kagelmann, J. H. (Hrsg.): Tourismuspsychologie und Tourismussoziologie – Ein Handbuch zur Tourismuswissenschaft, München.

Schreiner, P. (2005): Gestaltung kundenorientierter Dienstleistungsprozesse, 1. Auflage, Wiesbaden.

Schreyögg, G. (2008): Organisation – Grundlagen moderner Organisationsgestaltung, 5. Auflage, Wiesbaden.

Schulze, G. (1996): Die Erlebnis-Gesellschaft – Kultursoziologie der Gegenwart, 6. Auflage, Frankfurt/Main.

Schulze, G. (2003): Die beste aller Welten – Wohin bewegt sich die Gesellschaft im 21. Jahrhundert?, München.

Schulze, G. (2005): Die Erlebnis-Gesellschaft – Kultursoziologie der Gegenwart, 2. Auflage, Frankfurt/Main.

Schumacher, J./Meyer, M. (2004): Customer Relationship Management strukturiert dargestellt – Prozesse, Systeme, Technologien, Berlin.

Schwarze, J. (2003): Kundenorientiertes Qualitätsmanagement in der Automobilindustrie, 1. Auflage, Wiesbaden

Schwendter, R. (1981): Theorie der Subkultur, 3. Auflage, Hamburg.

Siering, F. (2005): Schneefrei für die Belegschaft, URL: http://www.handelsblatt.com/unternehmen/management/strategie/schneefrei-fuer-die-belegschaft/2465180.html, Abfrage am 17.07.2011.

Simmel, G. (1900): Philosophie des Geldes, Leipzig.

Smith, E. R. (2002): Overlapping Mental Representations of Self and Groups – Evidence and Implications, in: Forgas, J. P./Williams, K. D. (Hrsg.): The Social Self – Cognitive, Interpersonal, and Intergroup Perspectives, New York, S. 21-37.

Spar, T. (1996): Die Szene als Product-Manager, in: Gerken, G./Merks, M. J. (Hrsg.): Szenen statt Zielgruppen, Frankfurt/Main, o.S.

Spath, D./Zahn, E. (2003): Kundenorientierte Dienstleistungsentwicklung in deutschen Unternehmen, 2. Auflage, Berlin.

Spiegel Online (2011): o.V.: Spiegel Anzeigenpreise, URL: http://www.spiegel-qc.de/deutsch/partner__preise/der_spiegel/preise.php; Abfrage am 20.07.2011.

Stahl, H. K. (1996): Beziehungskompetenz, in: Hinterhuber, H. H./Al-Ani, A./Handlbauer, G. (Hrsg.): Das Neue Strategische Management – Elemente und Perspektiven einer zukunftsorientierten Unternehmensführung, Wiesbaden, S. 217-244.

Stahl, H. K./Hinterhuber, H. H./von den Eichen, S. A. F./Matzler, K. (2009): Kundenzufriedenheit und Kundenwert, in: Hinterhuber, H. H./Matzler, K. (Hrsg.): Kundenorientierte Unternehmensführung – Kundenorientierung, Kundenzufriedenheit, Kundenbindung, 6. Auflage, Wiesbaden, S. 247-266.

Star Alliance (2011): o.V.: Mitgliedsgesellschaften, URL: http://www.staralliance.com/de/about/airlines/, Abfrage am 26.07.2011.

Stephan, W. G./Stephan, C. W. (1996): Intergroup Relations, Boulder.

Stickdorn, M. (2010a): Definitions: Service Design as an interdisciplinary Approach, in: Stickdorn, M./Schneider, J. (Hrsg.): This Is Service Design Thinking, Amsterdam, 2010, S. 28-33.

Stickdorn, M. (2010b): Tools of Service Design Thinking, in: Stickdorn, M./Schneider, J. (Hrsg.): This Is Service Design Thinking, Amsterdam, 2010, S. 122-135.

Sturm, A. (2005): Egal, wohin die Reise geht? in: Touristik report EXTRA, Juli 2005, S. 3.

Thakor, A./DeGraff, J./Quinn, R. (1999): Creating Sustained Shareholder Value – and Dispelling Some Myths in: Financial Times, Pt. 5, 25.10.1999, S. 8-10.

The future of advertising (2004): o.V.: The future of advertising – The harder hard sell, URL: http://www.economist.com/business/displaystory.cfm?story_id=2787854, Abfrage am 17.07.2011.

Thierfleder, R. H. (2001): Wertewandel in der Unternehmensführung – Die Unternehmenspersönlichkeit als Ausdruck ökonomischer Vernunft, Sternenfels.

Timmers, P. (2000): Electronic Commerce. Strategies and Models for Business-to-Business Trading, Chichester et al.

Timmons, J./Spinelli, S. (2003): New Venture Creation: Entrepreneurship for the 21st Century, 6. Auflage, Boston.

Trommsdorff, V. (2004): Konsumentenverhalten, 6. Auflage, Stuttgart.

Turner, J. C./Reynolds, K. J. (2004): The Social Identity Perspective in Intergroup Relations: Theories, Themes, and Controversies, in: Brewer, M. B./Hewstone, M. (Hrsg.): Self and Social Identity, Malden.

Ulich, K. (1972): Soziale Systeme als Bezugssysteme für soziales Handeln – Versuch einer Kritik und Revision der Bezugsgruppentheorie, Frankfurt/M.

Veblen, T. (1899): The theory of the leisure class, New York.

Vollmer, D. (1999): Mountainbiking und Tourismus – Marktsegmentierung der Zielgruppe, Eichstätt.

Von Clausewitz, C. (1857): Hinterlassene Werke über Krieg und Kriegsführung, Erster Band, Berlin.

Vorbeck, J./Finke, I. (2001): Motivation and Competence for Knowledge Management, in: Mertins, K./Heisig, P./Vorbeck, J. (Hrsg.): Knowledge Management – Best Practices in Europe, Berlin, S. 66-92.

Wagner, J. W. L. (1999): Soziale Vergleiche und Selbsteinschätzungen – Theorien, Befunde und schulische Anwendungsmöglichkeiten, Münster.

Weber, M. (1921): Wirtschaft und Gesellschaft, Tübingen.

Weiber, R. (2002a): Herausforderungen Electronic Business – Mit dem Informations-Dreisprung zu Wettbewerbsvorteilen auf den Märkten der Zukunft, in: Weiber, R. (Hrsg.): Handbuch Electronic Business, 2. Auflage, Wiesbaden, o.S.

Weiber, R. (2002b): Markterfolg im Electronic Business durch wettbewerbsorientiertes Informationsmanagement, in: Weiber, R. (Hrsg.): Handbuch Electronic Business, 2. Auflage, Wiesbaden, S. 143-186.

Weiber, R. (2002c): Auswirkungen von IT-Innovationen auf den ökonomischen Handlungsrahmen, in: Die Unternehmung, Nr. 56, Heft 5.

Weiber, R./Meyer, J. (2000): Virtual Communities, in: Weiber, R. (Hrsg.): Handbuch Electronic Business – Informationstechnologien – Electronic Commerce – Geschäftsprozesse, 1. Auflage, Wiesbaden, S. 277-295.

Weimann, G. (1994): The Influentials – People who Influence People, New York.

Wells, W./Tigert, D. J. (1971): Activities, Interests and Opinions, in: Journal of Advertising Research, Vol. 11, S. 27-35.

Wendt, O./von Westarp, F./König, W. (2000): Diffusionsprozesse in Märkten für Netzeffektgüter - Determinanten, Simulationsmodell und Marktklassifikation, WIRTSCHAFTSINFORMATIK 42, S. 422-433.

Wenzel, S. (2001): Streetball – Ein jugendkulturelles Phänomen aus sozialwissenschaftlicher Perspektive, Opladen.

Wilke, H. (1998): Systematisches Wissensmanagement, Stuttgart.

Windeler, A. (2005): Netzwerktheorien – Vor einer relationalen Wende?, in: Zentes, J./Swoboda, B./Morschett, D. (Hrsg.): Kooperationen, Allianzen und Netzwerke, 2. Auflage, Wiesbaden, S. 211-234.

Wirtz, B. W. (2001): Electronic Business, 2. Auflage, Wiesbaden.

Wirtz, B. W. (2010): Business Model Managmement. Design – Instrumente – Erfolgsfaktoren von Geschäftsmodellen, Wiesbaden.

Wirtz, B. W./Becker, D. R. (2002): Geschäftsmodellansätze und Geschäftsmodellvarianten im Electronic Business. Eine Analyse zu Erscheinungsformen von Geschäftsmodellen, in: WiSt - Wirtschaftswissenschaftliches Studium, 31. Jg., Nr. 2, S. 85-90.

Wiswede, G. (1995): Marktsoziologie, in: Tietz, B. (Hrsg.): Handwörterbuch des Marketing, 2. Auflage, Stuttgart.

Wöhrstein, T. (1998): Mountainbiking und Umwelt – Ökologische Auswirkungen und Nutzungskonflikte, Saarbrücken.

Zeithaml, V.A./Berry, L.L./Parasuraman, A. (1988): Communication and Control Processes in the Delivery of Service Quality, in: Journal of Academy of Marketing Science, Vol. 52, Nr. 4, S. 35-48.

Zimmermann, H.-D. (2000): Understanding the Digital Economy: Challenges for new Business Models, in: Chung, H. M. (Hrsg.) (2000): Americas Conference on Information Systems 2000 Proceedings, Long Beach, S. 729-732.

Zollenkop, M. (2006): Geschäftsmodellinnovation: Initiierung eines systematischen Innovationsmanagements für Geschäftsmodelle auf Basis lebenszyklusorientierter Frühaufklärung, Wiesbaden.

zu Knyphausen-Aufseß, D./van Hettinga, E./Harren, H./Franke, T. (2011): Das Erlösmodell als Teilkomponente des Geschäftsmodells, in: Bieger, T./zu Knyphausen-Aufseß, D./Krys, C. (2011): Innovative Geschäftsmodelle. Konzeptionelle Grundlagen, Gestaltungsfelder und unternehmerische Praxis, Berlin, S. 163-184.

zu Knyphausen-Aufseß, D./Meinhardt, Y. (2002): Revisting Strategy - Ein Ansatz zur Systematisierung von Geschäftsmodellen, in: Bieger, T./Bickhoff, N./Caspers, R./zu Knyphausen-Aufseß, D./Reding, K. (Hrsg.): Zukünftige Geschäftsmodelle – Konzepte und Anwendungen in der Netzökonomie, Berlin, S. 63-90.

Management / Unternehmensführung / Organisation

Rolf Franken / Swetlana Franken
Integriertes Wissens- und Innovationsmanagement
Mit Fallstudien und Beispielen aus der Unternehmenspraxis
2011. 320 S. mit 78 Abb. Br. € (D) 32,95
ISBN 978-3-8349-2599-2

Erich Frese / Matthias Graumann / Ludwig Theuvsen
Grundlagen der Organisation
Entscheidungsorientiertes Konzept der Organisationsgestaltung
10., überarb. u. erw. Aufl. 2012. XVIII, 711 S. mit 120 Abb. u. 4 Tab. Br. € (D) 49,95
ISBN 978-3-8349-3029-3

Harald Hungenberg
Strategisches Management in Unternehmen
Ziele - Prozesse - Verfahren
6., überarb. u. erw. Aufl. 2010.
XXIII, 605 S., Br. € (D) 46,95
ISBN 978-3-8349-2546-6

Klaus Macharzina / Joachim Wolf
Unternehmensführung
Das internationale Managementwissen
Konzepte - Methoden - Praxis
7., vollst. überarb. u. erw. Aufl. 2010.
XXXIX, 1.181 S., Geb. EUR 59,95
ISBN 978-3-8349-2214-4

Klaus North
Wissensorientierte Unternehmensführung
Wertschöpfung durch Wissen
5. Aufl. 2010. XII, 378 S., Br. € (D) 49,95
ISBN 978-3-8349-2538-1

Marc Oliver Opresnik / Carsten Rennhak
Grundlagen der Allgemeinen Betriebswirtschaftslehre
Eine Einführung aus marketingorientierter Sicht
2012. XII, 478 S. mit 92 Abb. u. 33 Tab. Br.
€ (D) 39,95 ISBN 978-3-8349-1562-7

Georg Schreyögg
Organisation
Grundlagen moderner Organisationsgestaltung
Mit Fallstudien
5., vollst. überarb. u. erw. Aufl. 2008.
XII, 516 S., Br. € (D) 36,90
ISBN 978-3-8349-0703-5

Horst Steinmann / Georg Schreyögg
Management
Grundlagen der Unternehmensführung
Konzepte - Funktionen - Fallstudien
6., vollst. überarb. Aufl. 2005.
XX, 952 S., Geb. € (D) 44,90
ISBN 978-3-409-63312-3

Martin K. Welge / Andreas Al-Laham
Strategisches Management
Grundlagen - Prozess - Implementierung
6., akt. Aufl. 2012. XXII, 1028 S., Geb.
€ (D) 57,95 ISBN 978-3-8349-2476-6

Martin Welge / Marc Eulerich
Corporate-Governance-Management
Theorie und Praxis der guten Unternehmensführung
2012. XX, 250 S. mit 79 Abb. Br. EUR 32,95
ISBN 978-3-8349-3003-3

Joachim Wolf
Organisation, Management, Unternehmensführung
Theorien Praxisbeispiele und Kritik
4., vollst. überarb. u. erw. Aufl. 2010.
XXVIII, 712 S., Br. € (D) 46,95
ISBN 978-3–8349-2628-9

Stand: Januar 2012. Änderungen vorbehalten.
Erhältlich im Buchhandel oder beim Verlag.

Abraham-Lincoln-Straße 46. D-65189 Wiesbaden
Tel. +49(0)6221/345 - 4301. springer-gabler.de

The manufacturer's authorised representative in the EU is Springer Nature Customer Service Centre GmbH, Europaplatz 3, 69115 Heidelberg, Germany. If you have any concerns regarding our products, please contact ProductSafety@springernature.com

Printed and bound by CPI Group (UK) Ltd, Croydon, CR0 4YY

25/03/2026

02078221-0003